愛知大学国研叢書
第5期第3冊

中国の外交と
国連システム

「国際の平和及び安全」をめぐるパラドクス

加治宏基
KAJI Hiromoto

明石書店

凡　例

一、役職・肩書きは全て当時のものとする。

一、初出の人名について、中国人は「姓 - 名」の順で、漢字（ピンイン）表記とした。欧米人は
　　「ファーストネーム - ファミリーネーム」の順で、カタカナ（ローマ字）表記とした。なお、
　　日本人氏名については漢字表記のみとした。

一、中国語文献については、書籍・雑誌名を《》、論文名や雑誌、新聞タイトルなどを〈〉で表
　　記している。

一、中国語原文から日本語への翻訳は、基本的には著者によるものである。

中国の外交と国連システム

「国際の平和及び安全」をめぐるパラドクス

目　次

序　章

「中国」の「平和及び安全」……………………………… 009

本書の問題意識　/　010

学術議論の整理　/　016

戦後国際秩序──二元一体構造の変容　/　020

政治力学としての「安全保障化」　/　022

第Ⅰ章

「中国」の"戦後"構想

──国連創設と戦後処理 ……………………………… 033

はじめに　/　034

連合国戦争犯罪委員会での模索──過去に対する自己正当化

　　/　037

極東太平洋小委員会での定礎──過去、そして現在に対する

　自己正当化　/　040

ダンバートン・オークス会議での飛躍──未来に対する自己

　正当化　/　044

おわりに　/　057

第Ⅱ章

国連の「中心」を目指す中国

——「中国代表権」問題をめぐる非同盟会議と対外援助………… 061

はじめに / 062

2つのアジア・アフリカ連帯運動——国連の「周辺」からの胎動
 / 064

1960年代の国連の変容——東西・南北対立と「中国代表権」問題
 / 091

だれが中国の「安全」を保障したのか？ / 106

おわりに / 115

第Ⅲ章

国連の「中心」による「平和及び安全」

——国際平和（維持）活動と国益の対峙 ……………………… 121

はじめに / 122

「中国脅威論」の膨張と変質——日本世論への波及 / 124

国連の目的と平和（維持）活動——法文規定なき平和維持の
 授権者 / 131

中国による国連平和（維持）活動の黎明——慎重姿勢の背景
 / 136

中国の「国際の平和及び安全」の維持——積極姿勢の背景

/ 141

おわりに / 147

第Ⅳ章

中華世界の復興と国際秩序との相克

——UNESCO 世界遺産をめぐる政治力学 ····················· 151

はじめに / 152

UNESCO 世界遺産「行政」をめぐる政治的相克 / 154

UNESCO における中国とその世界遺産政策 / 162

おわりに / 170

第Ⅴ章

安全保障としてのグローバル・ヘルス

——WHO における「中国」の恣意性 ························· 173

はじめに / 174

国連における中国プレゼンス——台湾排除の合法性と合理性

　　/ 176

台湾の WHO「参加」——説明変数としてのグローバル・ヘルス？

　　/ 180

グローバルヘルス・ガバナンスをめぐる「中国方案」 / 188

おわりに / 193

終　章

中国の「国際の平和及び安全」にある不変と普遍？ …… 197

「国際の平和及び安全」という目的と原則、そして「正義」
／ 198

中国の「国際の平和及び安全」 ／ 199

中国の「国際の平和及び安全」にある不変 ／ 204

中国の「国際の平和及び安全」にある普遍？ ／ 209

あとがき ……………………………………………………… 216

参考文献 ……………………………………………………… 223

図表一覧 ……………………………………………………… 246

序　章

「中国」の「平和及び安全」

本書の問題意識

　創設から80年を経て、国際連合（以下、国連）は制度疲労を来してしまったのだろうか。2022年2月、ロシアがウクライナへの武力侵攻を開始すると、国連安保理はロシアに対する制裁について審議するも、同国の拒否権によって決議案は否決された。同年9月、親ロシア派が多数を占めるウクライナ東部地域での「住民投票」は不当かつ無効だとして、ロシアに即時撤退を要求する非難決議案が安保理に提出、審議された。しかし、この決議案についても2月の会合と同様に同国が反対し否決された。

　対ロ制裁をめぐる審議が不調に終わったことを理由に、もしくはより率直にいえば、国連加盟国への国連加盟国による侵攻が起きてなお、安保理で対ロ制裁を結実させられなかったからといって、ただちに「安保理、ひいては国連は無用の長物である」などと結論づけるのは性急に過ぎよう。ヴェルサイユ体制の破綻を教訓にして構想された国連は、「国際の平和及び安全」の維持（国連憲章第1章第1条）という目的のために、安全保障体制の中枢にある安全保障理事会（以下、安保理）に対して、国際連盟に比して強大かつ集権的な権能を認めている。

　　第7章
　　平和に対する脅威、平和の破壊及び侵略行為に関する行動
　　第39条
　　　安全保障理事会は、平和に対する脅威、平和の破壊又は侵略行為の存在を決定し、並びに、国際の平和及び安全を維持し又は回復するために、勧告をし、又は第41条及び第42条に従って

序　章　「中国」の「平和及び安全」

いかなる措置をとるかを決定する。

第40条

　事態の悪化を防ぐため、第39条の規定により勧告をし、又は措置を決定する前に、安全保障理事会は、必要又は望ましいと認める暫定措置に従うように関係当事者に要請することができる。この暫定措置は、関係当事者の権利、請求権又は地位を害するものではない。安全保障理事会は、関係当事者がこの暫定措置に従わなかったときは、そのことに妥当な考慮を払わなければならない。

第41条

　安全保障理事会は、その決定を実施するために、兵力の使用を伴わないいかなる措置を使用すべきかを決定することができ、且つ、この措置を適用するように国際連合加盟国に要請することができる。この措置は、経済関係及び鉄道、航海、航空、郵便、電信、無線通信その他の運輸通信の手段の全部又は一部の中断並びに外交関係の断絶を含むことができる。

第42条

　安全保障理事会は、第41条に定める措置では不十分であろうと認め、又は不十分なことが判明したと認めるときは、国際の平和及び安全の維持又は回復に必要な空軍、海軍又は陸軍の行動をとることができる。この行動は、国際連合加盟国の空軍、海軍又は陸軍による示威、封鎖その他の行動を含むことができる。

　安保理常任理事国間の協調は、米国、ロシア、英国、仏国、中国による五大国が国連の安全保障体制を掌握するための必須要件である。翻っ

011

て、常任理事国にとって拒否権という絶対的権力は、自らの権威を維持するため、行使に歯止めをかけるという自己拘束ともなる。国連の創設者たちは、冷戦対立を見据えてそのような設計図を描いた、はずであった。しかしながら、国連の歴史を振り返れば、これまでにもいくつもの困難な局面があった。

　朝鮮戦争期にソ連が7つの関連決議案に対して拒否権を行使し[01]、安保理は主たる責任を履行し得ない状況に陥った。その状況下で安保理に代わり総会は、「国際の平和及び安全を維持または回復するために、（略）武力の行使を含む集団的措置について加盟国に適切な勧告を行う」権限が付与された（平和のための結集（Uniting for peace）決議）[02]。

　また、1999年3月から6月にかけて、セルビア共和国のコソヴォ・メトヒヤ自治州でセルビア人を中心とする連邦軍や民兵組織などの武装勢力による非人道行為を阻止するためとの大義を掲げて、北大西洋条約機構（NATO）は安保理の授権を経ぬまま空爆を強行した。NATO を主導する米英等はロシアと中国の拒否権を懸念し、安保理での審議を回避した結果、国連の安全保障体制の枠外で平和執行が断行されたのであった。それにもかかわらず、安保理は6月、同作戦が「憲章第7条に明記される軍事的強制措置だった」と事後承認し[03]、コソヴォに関する独立国際委員会による調査報告書「コソヴォ・リポート」（2000年）でも、爆撃は平和実現にむけた「違法だが正当」（illegal, yet legitimate）な行為だったと結論付けられた[04]。

---

01)　各決議案に関する安保理議事録は以下を参照。
　　S/2688, S/2671, S/1894, S/1894 (second part of draft resolution), S/1894 (first three preambular paras. of draft resolution), S/1752, S/1653.
02)　総会決議 A/RES/377（V）.
03)　安保理決議第 1244 号：S/RES/1244（1999）.
04)　Independent International Commission on Kosovo, *Kosovo Report*, Oxford: Oxford University Press, 2000, p.186.

もとより大国間の協調は、国家指導者らが人々を戦場に送り出す決定を重ねた第二次世界大戦のさなかに、消去法で編み出された国際平和維持の作法であった。また、各国の個別的自衛権に加えて、その防衛措置を加盟国が支援し合う集団的自衛権（国連憲章第51条）を捕捉すれば、今日の安全保障体制をめぐる現実政治は、なお国連の設計図の延長線上にある。

　そうであるからこそ、2022年2月に始まったロシアによるウクライナ侵攻は、安保理が司るべき「国際の平和及び安全」の「維持または回復」もしくは「平和に対する脅威、平和の破壊又は侵略行為の存在」をめぐり、重大な問題を提起した「事件」である。第一に、常任理事国が他の国連加盟国に対して軍事侵攻した場合、安保理は審議を凍結する、意思決定の問題が確認できよう。第二には、常任理事国が他の国連加盟国や国連以外の国際機構などに武力行使の授権を与えることのない状況が続くといった、手段の問題がある。

　これらの問題点は、1999年のNATO軍によるユーゴスラヴィア連邦共和国への空爆をめぐっても露見され、すでに指摘されていた[05]。逆説的ではあるが、こうした問題は、国連の安全保障体制における自らの権能を延命させるため、常任理事国によって恣意的に残されてきたのである。

　本書は、国連システムにおける中華民国（民国）とそれを「承継」した中華人民共和国（共和国）が、国連憲章で措定される「国際の平和及び安全」の維持を、自国にとっての「平和」そして「安全」といかに接続し、どのように獲得してきたかを検証する。この「中国」の国連外交ディシプリンを体系的に検証するため、6つの課題を設定する。

---

05)　清水奈名子『冷戦後の国連安全保障体制と文民の保護：多主体間主義による規範的秩序の模索』日本経済評論社、2011、pp.78-80。

第一に、民国がいかなる戦後構想を描き、その具現策として国連システムにどのような機能を埋め込んだのか、その結果、どういう地位を獲得・確立し得たのかを検証する。第二に、共和国が、「中国代表権」を受け継ぐ過程で、アジア・アフリカ諸国への対外援助を通じて支持を獲得していった実態、そして共和国を支持した主体についても討究する。第三に、共和国が安保理常任理事国として担う責任と自国の国益をいかに接続してきたのか、国連平和（維持）活動（United Nations Peacekeeping Operations/ Peace Operations: 日本では一般的に PKO）に関する政策展開と決定因から分析する。第四は、共和国の国連教育科学文化機関（UNESCO）世界遺産政策から、同国がウェストファリア体制的国際関係のなかで中華文化圏の輪郭を誇示し、いかなる「平和」「安全」を獲得したかを考察する。第五が、世界保健機関（WHO）が所管する公共衛生領域で、「中国」を保障するため、そのセーフティネットから台湾を排除する共和国によるグローバル・ガバナンスの「中国方案」について検証する。

　本書の目的は、第一に、1940年代から2020年代までの国連80年史を考察対象とすることで、「民国」と「共和国」の国連外交を貫くディシプリンを抽出することである。国連における「中国」は、1971年の中国代表権の承認交代を経て、国府と人民政府という2つの政府が単一主権を承継した二位一体の構造をなす国家主体である。この「中国」は、アジア・アフリカ諸国の多くがそうであったように、米ソなど大国の意向によって投票行動など国連政策に制約を受けてきた。しかし同時に、同国は主要な創設国であり安保理常任理事国でもあったため、いわば国連の「中心の周辺部」という唯一のプレゼンスを発揮する。共和国は、「別にかまどを築く（別起炉灶）」という建国当初の外交指針にあるとおり、概して民国の「遺産」に対して否定的である。従って、国連外交に

014

おいては例外的な「継承」があったのか否か、そしてその政策状況について明らかにする。

　本書のもう1つの目的は、グローバル・ガバナンスの「中国方案」[06]が国連システムにもたらした協調と相克の状況を提示することである。冷戦が終結し、さらに2000年代になると、領域主権的・軍事的分野から公共衛生まで、国際政治空間では安全保障化（securitization）がグローバルに拡張していった。それにしたがい、主権国家からなる国連は、PKO、UNESCO 世界遺産、そして WHO が所管する公共衛生といった、国家主権・領域を超越する「平和及び安全」にかかるアジェンダに取り組んできた。国連システムにおいて中国（共和国）は、どのような課題を重点化し「全球治理」[07]のイニシアティブを執ろうとしてきたのだろうか。本書は、国家イメージ戦略の考察といった従来の研究とは異なり、それら機関や活動における政策分析を通じて、中国が追求する「平和」と「安全」という国益の質的変化、その拡張と凝集を明らかにする。以上の作業によって、戦後国際秩序における「中国」プレゼンスに関する視座を提示しようと試みる。

---

06)　「中国方案」とは、中国当局が国内外の重大問題を対処する際に提示し実践する政策や方法を指す。中国の政治的主張を特色として、近年はグローバル・ガバナンスにおける同国の立場や貢献について用いられる。

07)　菱田雅晴は、中国のガバナンスは、中国共産党による支配的「党治理」が規定することを指摘する。
　　菱田雅晴「Governance から治理へ：党治理への収斂」愛知大学現代中国学会編『中国21』Vol.57、東方書店 2022、pp.41-64。

学術議論の整理

国連史研究と「中国」研究・外交論

冷戦終結が近づくと、米国など西側の学術界では、第二次世界大戦末期の国連創設史を紐解く考察が多くなされるようになった。それは偶然の産物でなく、1950年代から米国政府が推し進めた重要課題の「非国連化」[08] が、ロナルド・レーガン（Ronald Wilson Reagan）政権下で総仕上げされたことへの反作用であった。すなわち、ロバート・ヒルダーブランド（Robert Hilderbrand）[09] やタウンゼント・ホープスとダグラス・ブリンクリィ（Townsend Hoopes & Douglas Brinkley）[10] は、新たに公開された英文一次史料を精査することで、国連安保理の権限と責任に関して連合国の主要国間でみられた意見の同異を明らかにした。また、アリー・コチャーヴィ（Arieh Kochavi）[11] は、連合国戦争犯罪委員会の資料を渉猟し、その実態を描き出した。

一連の研究蓄積を受けて、日本の中国外交論を含む中国研究でも2000年代以降に、民国の国連創設政策や戦後構想に関する研究が画期を迎える。西村成雄[12] や段瑞聡[13] らも公開された中文一次資料を活用して、当時の国際関係のなかでの中国の位置づけをより明確に示した。翻って、1971年に「中国代表権」を承認された中国にも学術的関心が

---

08) 河辺一郎『国連政策』日本経済評論社、2004。
09) Robert Hilderbrand, *Dumbarton*, Oaks, 1990.
10) Townsend Hoopes & Douglas Brinkley, *FDR and he Creation of the U.N.*, 1997.
11) Arieh J. Kochavi, *Prelude to Nuremberg: Allied War Crimes Policy and the Question of Punishment*, The University of North Carolina Press, 1998.
12) 西村成雄編『中国外交と国連の成立』法律文化社、2004。
13) 段瑞聡『蔣介石の戦時外交と戦後構想』慶應義塾大学出版会、2021。

序　章　「中国」の「平和及び安全」

向けられるようになった。張紹鐸[14]は、共和国が支持を獲得していった過程を国際関係の変化と重ねて議論した。さらに増田雅之[15]や廣野美和ら[16]は、中国の国連平和（維持）活動に関して、派遣実績の分析に加えて、紛争当事国・地域での経済的つながりにも焦点を当てた。こうした点はデボラ・ブローティガム（Deborah Brautigam）[17]による対外援助研究でも、同様の政策目的が指摘される。

「中国」研究では、民国と共和国を異なる国家主体として分類することが、所与とされており、「中国」の国連外交に関する研究には、1971年を境とする「断絶」が埋め込まれている。先述したとおりではあるが、本書では、国連における「中国」を、国府と人民政府という2つの政府が単一主権を承継した二位一体の構造をなす国家主体と位置づけ、その国連政策に通底する「遺産」を確認しようと試みる。

戦後国際秩序と「中国」研究・外交論

アーロン・フリードバーグ（Aaron Friedberg）[18]は、米国が中国と向き合ってきた政策について、従来の「封じ込め政策」か「関与政策」かという二項対立的なものでなく、表裏一体的な「コンゲージメント（congagement）」が展開されてきたことを指摘した。また、対中強硬論の論客として知られるマイケル・ピルズベリー（Michael Pillsbury）は、戦後国

---

14)　張紹鐸『国連中国代表権問題をめぐる国際関係（1961-1971）』国際書院、2007。

15)　増田雅之「中国の国連 PKO 政策と兵員・部隊派遣をめぐる文脈変遷」『防衛研究所紀要』第 13 巻第 2 号（2011 年 1 月）、pp.1-24。

16)　Marc Lanteigne and Miwa Hirono eds., *China's Evolving Approach to Peacekeeping*, Routledge, 2012.

17)　Deborah Brautigam, *The Dragon's Gift: The Real Story of China in Africa*, Oxford University Press, 2009.

18)　Aaron L. Friedberg, *A Contest for Supremacy: China, America, and the Struggle for Mastery in Asia*, W. W. Norton & Co. Inc., 2011.

際レジームへの「挑戦」の要因は米国などが企図する政治体制の崩壊に対する脅威認識にあると主張する[19]。中国を戦後国際レジームに対する挑戦者とみなす一連の議論は、中国の海洋権益をめぐる領海問題や人権問題などと結びつき、国際学術界でも主流をなす。

　こうした議論とは対照的に、国連など国際機構における中国の対外政策を専門とするサミュエル・キム（Samuel Kim）は、中国共産党政権の国内統治が国連での中国代表権承認以降の国際経験に相乗効果をもたらし、国際的プレゼンスの拡充に寄与している、と指摘した[20]。また、中国の著名な国際政治学者である王逸舟（Wang Yizhou）は、国際レジームにおいて米英ソなど主要国と対立・緊張関係にあった中国を、「ステークホルダーへと変容させたのは鄧小平（Deng Xiaoping）である」と、その功績を評価した[21]。そして、中国外交論を国際政治学の文脈で位置付ける蘇長和（Su Changhe）も、「中国はいまや責任ある大国として戦後国際レジームの擁護者になった」と指摘する[22]。かつてデイビッド・シャンボー（David Shambaugh）はその理由について、中国共産党（中共）政権にとって国内統治こそが最優先事項であって、それに準ずるグローバル・ガバナンスにかかる主導権に対しては、限定的かつ自制的な姿勢をとる、と解した[23]。

---

19) Michael Pillsbury, *The Hundred-Year Marathon: China's Secret Strategy to Replace America As the Global Superpower*, Henry Holt & Co., 2015.

20) Samuel Kim, China's International Organizational Behavior, Thomas Robinson and David Shambaugh eds., *Chinese Foreign Policy: Theory and Practice*, Oxford: Clarendon Press, 1994, pp. 401-434.

21) 王逸舟〈融入：中国与世界関係的歴史性変化〉中国社会科学院《中国社会科学報》2009 年第 1 期.

22) 蘇長和〈中国与国際制度〉中国社会科学院世界経済与政治研究所《世界経済与政治》2002 年第 10 期，pp.5-9.

23) David Shambaugh, *China Goes Global: The Partial Power*, Oxford University Press, 2013.

序　章　「中国」の「平和及び安全」

　それに対して張峰（Zhang Feng）[24] や閻学通（Yan Xuetong）[25] らは、21世紀には中国が現実主義に根差す国際関係論と中国古来の道義を融合した「道義的現実主義」をもって世界権力の中心に立つと反証する。習近平政権が推進する「一帯一路」やアジアインフラ投資銀行といった戦略パッケージは、経済・政治的な、時には軍事的な連携を通じて関係諸国の対中依存を深化させている。しかも、「他者を侵略し覇を唱えようとする遺伝子はない」といった中国共産党政権の一貫した主張からは、非伝統的安全保障チャネルを活用して国際レジームでの「話語権」拡充を目指す戦略文化が看取されよう。これは、アラステア・イアン・ジョンストン（Alastair Iain Johnston）の指摘とも符合する[26]。

　以上みてきたように、第二次世界大戦後の国際秩序における中国、とりわけ共和国に関する議論は、実に対照的な姿勢やプレゼンスを描き出してきた。このように評価が分かれる中国の姿勢であるが、そもそも現行の国際秩序に即して国際協調の既成事実を蓄積しては、より好ましい国際環境へと変革を求めてきた。同国は、国際秩序を「擁護」しつつ「挑戦」してきたともいえよう。

---

24)　Zhang Feng, The Tsinghua approach and the Inception of Chinese Theories of International Relations, *The Chinese Journal of International Politics*, 5(1), Spring 2012, pp.95-96.

25)　閻学通《世界権力的転移：政治領導与戦略競争》北京大学出版社，2015.

26)　Alastair Iain Johnston, Is Chinese Exceptionalism Undermining China's Foreign Policy Interests?, Jennifer Rudolph and Michael Szonyi eds, *The China Questions: Critical Insights into a Rising Power*, Harvard University Press, 2018, pp.90-98.

戦後国際秩序──二元一体構造の変容

　確かに、中国が重視し擁護に努めてきたのは、冷戦対立を内包しながら、南北問題という対立が先鋭化するなかでも、多国間交渉のアリーナを提供してきた、国際機構としての「国連」である[27]。そして、その国連創設の理念が「国際の平和及び安全」の維持であって、今日なお同機構の中枢神経をなす。より精確にいえば、1942年1月の連合国宣言は前文で、「これら政府の敵国に対する完全な勝利（complete victory）が、生命、自由、独立及び信教の自由を擁護するため、並びに自国の国土において及び他国の国土において人類の権利と正義を保持するために必要不可欠である」と謳う[28]。連合国は、現下に展開する第二次世界大戦をまさしく"正戦"と措定しており、特に連合国を率いた米国、英国、ソ連、そして民国は、正義の勝利をアプリオリなものとして、戦後国際秩序に埋め込んだのである。

　留意すべきは、共和国がこの理念を継承し、それに基づく国連を重視しながら、米国を中心とするリベラル・デモクラシーへの対抗姿勢を堅持してきた点である。冷戦末期からポスト冷戦初期には、「党国体制」を脅かすソフトパワーについて「和平演変」だとして警戒意識を高めた。特に2000年代に入ると、上海協力機構や「一帯一路」といった対抗勢力の設立・強化を急いだことからも、第二次世界大戦後の国際秩序は、国連システムとともに、主権国家間の協調による「政府なき統治」を志

---

27)　加治宏基「米中対立の遠景としての国連における台湾問題：キッシンジャーからの"宿題"をどう解くか」『東亜』(649)、霞山会、2021、pp.10-17。

28)　正式名称は連合国共同宣言。United Nations Dept. of Public Information, *Yearbook of the United Nations 1946-47*, New York: 1947, p.1.

序　章　「中国」の「平和及び安全」

第二次世界大戦後の国際秩序：①と②による二位一体構造

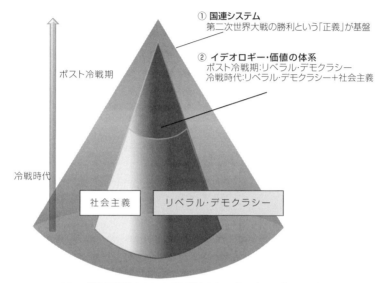

図1　戦後国際秩序をなす「国際連合」と「イデオロギー・価値」

向するネオ・リベラルの価値体系からなる二元一体構造にある。

　ただし、リベラル・デモクラシーというイデオロギー・価値が基盤をなすグローバルな規範的体系が、明示的に国連システムとシンクロするのは、あくまでポスト冷戦期に入ってからのことである[29]。国連創設過程から冷戦期にかけては、社会主義とリベラル・デモクラシーがハイブリッドに戦後国際秩序のイデオロギー・価値体系を構成していた（**図1**

---

29) Tim Dunne, Lene Hansen, and Colin Wight, The End of International Relations theory?, *European Journal of International Relations*, 19(3), The European International Studies Association, 2013, pp. 405-425. John G. Ikenberry, The end of Liberal Order?, *International Affairs*, 94 (1), 2018, pp. 7-23. 古城佳子「グローバル・ガバナンス論再考：国際制度論の視点から」グローバル・ガバナンス学会編／大矢根聡・菅英輝・松井康浩責任編集『グローバル・ガバナンス学Ⅰ　理論・歴史・規範』法律文化社、2018、pp.20-36。

021

を参照）。リベラル・デモクラシーの価値体系は、ポスト冷戦期の暫定的情勢「歴史の終わり」のなかで膨張し、それが国連という「骨格」とともに、戦後国際秩序の「神経」や「血管」のように解されるようになった。ただし、戦後国際秩序が国連とリベラル・デモクラシーの価値体系からなる二元一体構造となったのは、その歴史のなかでは半分にも満たない。

政治力学としての「安全保障化」

　中国に限らず、すべての国家にとって軍事的、政治的安全を保障することは至上命題である。世界全体での軍事支出は、マルタで冷戦終結が宣言された1989年に計6,585億2,000万ドル（実質米ドル（2020年基準））であったが、2021年には2兆1,130億ドルにまで増加した[30]。米国のそれは同年間に6,719億7,600万ドルから7,677億8,000万ドルとなり、2021年ベースで世界総支出の38％を占める[31]。これに対して中国は200億6,800万ドルから2,930億ドルへと約15倍に増加し、いまや世界シェアの14％を占める[32]。主権国家の共同体であり、第二次世界大戦後の国際秩序を構成する国連は、この論理に則って安全保障体制を構築してきた。
　ところが、冷戦の終結によって各地で「力／イデオロギーの空白」が

---

30)　SIPRI, SIPRI Fact Sheet TRENDS IN WORLD MILITARY EXPENDITURE 2021, April 2022.
31)　米国の数値は、SIPRI Military Expenditure Database による。
32)　SIPRI, SIPRI Fact Sheet TRENDS IN WORLD MILITARY EXPENDITURE 2021, April 2022.

生まれた。新興・復興感染症や貧困、資源、テロリズム、ジェンダーといったグローバルなリスクの多様化に伴って、国家間政治が培ってきた伝統的安全保障観は刷新を余儀なくされ、それに基づく体制にも瑕疵が散見されるようになる。国連開発計画（UNDP）によって提唱された「人間の安全保障（Human Security）」は、安保理に偏重した国連システムへのアンチテーゼでもあった[33]。

　特にコペンハーゲン学派[34]は、安全保障を軍事的、政治的な「セクター」に加えて経済的、社会的及び環境的なそれを含め5分類した。そして、世界で画一的にではなく、それぞれのセクターに応じて「非軍事的脅威」が構成されると指摘した。これはオーレ・ヴェーヴァ（Ole Wæver）がいうところの「安全保障化（Securitization）」である。ポスト冷戦期、安全保障の対象アジェンダは食糧問題からテロリズム、公共衛生へと次々と顕在化し、世界のリスクが加速的に拡張した。付言すれば、それとは逆に安全保障の対象アジェンダでなくなるうごきを、彼は「脱安全保障化（Desecuritization）」と称した[35]。

　中国は何を安全保障化し、その一方で何を脱安全保障化してきたのだろうか。いまや中国は世界政治、国際関係の変動力学の中核をなしており、それは軍事分野や経済分野に限ったことではない。国連システム

---

33) UNDP, *Human Development Report 1993*, New York: Oxford University Press, 1993, UNDP, *Human Development Report 1994: New Dimensions of Human Security*, New York: Oxford University Press, 1994.

34) Barry Buzan, Ole Wæver, and Jaap de Wilde, *Security: A New Framework for Analysis*, Boulder: Lynne Rienner, 1998.
　なお、ブザンが捉える経済安全保障論、そして国際システムとの連関の脆弱性を指摘したものとして、原田太津男「第9章　経済安全保障：安全保障概念の深層へ向けた問いかけ」南山淳・前田幸男編『批判的安全保障論：アプローチとイシューを理解する』法律文化社、2022、pp.153-173。

35) Ole Wæver, 3. Securitization and Desecuritization, Ronnie D. Lipschutz eds., *On Security*, Columbia University Press: New York, 1995.

で拡張される安全保障化を中国が内在化し、安全保障観を更新してきた。とりわけ総会決議第2758号により安保理常任理事国という地位を獲得し、そのプレゼンス維持に努めてきた中国にとって、非伝統的安全保障への対応は内政と外交が絡み合う重要課題となった。

1996年7月、第3回ASEAN地域フォーラム（ARF）に出席した銭其琛（Qian Qichen）外交部長は、「冷戦思考から脱して」「対話と交渉を通じた相互理解・信頼を醸成し、（略）総合的安全保障を確立する用意がある」と述べ、多様化する安全保障観と体制構築の可能性に同政府高官として初めて言及した[36]。折しも1995年からの第三次台湾海峡危機に際して、軍事力の誇示から一転して対話を重視するという銭談話は、緊張緩和を望む同国の意志表示であった。

2002年5月、第9回ARF閣僚会合で中国は、非伝統的安全保障に関する初の公式文書（ポジションペーパー）となる〈関与加強非伝統安全領域合作的中方立場文件〉を公表した。本文書によれば「非伝統的安全保障とは、政治、経済、民族、宗教など各種問題の複合体」を対象とするが、「貧困や停滞といった不公正や不合理な社会現象が（危機の）温床となる」。そのうえで、同領域での国際協力は、「主権尊重と内政不干渉の原則を堅持し、相互信頼、互恵、平等、協調を核心に置くことで展開しうる」と主張する。以来、これまでの軍事面に集中した国家安全保障領域を拡大刷新してきた。2000年代はじめになると、新安全保障観は非伝統的安全保障に内包される。

同年9月、朱鎔基（Zhu Rongji）首相は国連の持続可能な開発に関する世界サミットでも、「主権国家組織である国連の憲章の趣旨と原則を遵守することで、国連自体及び安保理の機能は発揮されうる」と、国連重視を訴えた。中国政府による一連の立場表明からは、既存の国際体制

---

36)　中国外交部「銭其琛在東盟地区論壇外長会議上的講話」（1996年7月26日）.

を強化することで非伝統的安全保障のガバナンスに臨む政治的意図が確認できる。加えて、台湾排除をデファクトとする国連における中国は、SARS（重症急性呼吸器症候群）対応をめぐって WHO との対峙と連携を通じて、さらに大きな合法的正当性と論理的合理性を保証されることとなる。

　そして、2014年に打ち出された総体的国家安全保障観は、開発問題やパブリックヘルス、気候変動に加えてサイバー空間、宇宙空間をむしろ主眼とする。さらには、同国では2018年を転機として行政機構改革が政治的に推し進められたとおり、国内治安、軍系統制の強化、警戒認識を改めて強調した「全方位の安全保障化」が整備された。この間、中国は安全保障観を膨張させつつ、それに基づく世界認識や政策を、国連システムにフィードバックした。

安全保障化とガバナンスをめぐる学術的関心
　また、国際政治や国連システムにおける安全保障化と、中国の安全保障観の更新との相関は、同国における学術的関心の動向によっても裏付けられる。「中国学術情報データベース」（CNKI、中国知網）で、2000～2022年における論文テーマをキーワード検索し、その出現頻度（論文数）と研究課題の推移から、学術的関心の変化及び要因について、社会状況をふまえて検討する（**図2**を参照）。

　まず、安全保障化の拡充にともない1990年代末に提起された「非伝統的安全保障（非伝統安全）」を研究テーマとする論文は、2000年に12本ある。これと類似する概念の「新安全保障観（新安全観）」は、1997～1998年のアジア金融危機を契機として、中国でも諸国間の共通利益の拡大を目指す文脈で「経済安全保障」を解釈し、議論されたものであ

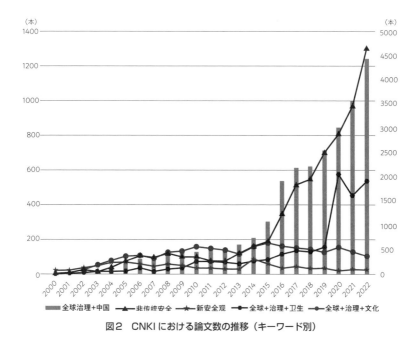

図2　CNKIにおける論文数の推移（キーワード別）

る[37]。新安全保障観は2000年時点で19本だったが、その後、ASEAN＋3の金融協力スキームを定めたチェンマイ・イニシアティブの合意によって経済分野での喫緊課題が改善したこと、また安全保障リスクが公共衛生やテロリズムなどに拡散したことで、概念規範は希薄になった。

他方で非伝統的安全保障は、2002〜2003年のSARSを機にグローバル・ガバナンスにおける主要課題の1つとして定着し、2003年に新安全保障観を逆転して以降（非伝統的安全保障：52本、新安全保障観：47本）、両者の差は広がった。対象期間を通してみれば、非伝統的安全保障が2010年に最初のピークを迎え159本に達したのに対して、新安

37）　王逸舟〈論総合安全〉中国社会科学院世界経済与政治研究所《世界経済与政治》1998年第4期，pp.5-9.

序　章　「中国」の「平和及び安全」

全保障観は36本であった。第一次ピークの要因は、新型インフルエンザの世界的流行（パンデミック (pandemic)）であった。世界保健機関（WHO）は2009年6月にパンデミック（A(H1N1)pdm09）を宣言し、翌2010年8月に終息宣言を行っており、論文テーマは公共衛生に関するものが多い。なお、2010年以降2022年までの13年間でみると、非伝統的安全保障は年平均144.2本であったのに対して新安全保障観は36.8本に過ぎない。つまり、前者が後者を内包していく。

　安全保障化という時代潮流に加えて、SARS以降にも新型インフルエンザなどの世界的流行を幾度となく経験したことで、グローバルヘルスをいかに保障するかは中国にとっても重要課題となった。「グローバル＋ガバナンス＋衛生（全球＋治理＋衛生）」という3つのキーワードをテーマに含む論文数は、2000年代を通じて漸増していく。そして、2020年に始まるCOVID-19（新型コロナウイルス感染症）パンデミックによって、論文数は前年比375％増の577本となった。その後も翌2021年に451本、さらに2022年には538本と、高い水準を維持した。経済活動や国民生活を大幅に制約した中国の防疫対策は、他方で「ワクチン外交」や「マスク外交」でも示されたように、グローバル・ガバナンスにおける同国の影響力を改めて誇示するものであった。

　中国の影響力を測る意味で着目したのが、「グローバル＋ガバナンス＋文化（全球＋治理＋文化）」という3つのキーワードである。中国政府は、かねてより自国の文化的論理や価値観に即した要求、あるいは不満を国際社会に訴えてきた。2007年10月の第17回中国共産党全国代表大会（17大）では、胡錦濤（Hu Jintao）総書記が政治報告において、「全民族の文化的創造力を発揚し国家の文化ソフトパワー（軟実力）を増強する」と宣言した[38]。さらに、2011年10月の中国共産党第17期中央

38)　胡錦濤在党的17大上的報告〈高挙中国特色社会主義偉大旗幟為奪取全

委員会第6回全体会議（第17期6中全会）では、「文化体制改革を深化
させ、社会主義文化の大発展と大繁栄を推進するための若干の重大問題
に関する中共中央の決定」が採択された。この「決定」も、「国家の文
化ソフトパワーを増強し、中華文化を高揚し、社会主義文化強国の建設
に努める」と強調する[39]。つまり、同国は経済成長にともない国力を高
めるとともに、中華文化や社会主義文化といった独自要素を国際的影響
力に活用することに注力してきたのだ。

　習近平（Xi Jinping）が共産党総書記に就任した2012年11月からの
「新時代」には、3つのキーワードをテーマとする論文は、顕著な増
加傾向がみられる（2011年：75本、2012年：73本、2013年：122本）。
2013年11月の中国共産党第18期中央委員会第3回全体会議（第18期3
中全会）で採択された「改革の全面的深化における若干の重大問題に
関する中共中央の決定」は、国内統制の強化ばかりが注目されがちで
ある。しかし、当該「決定」は、社会主義文化強国や国家の文化ソフ
トパワーといった従来の論点に加えて、「社会主義核心価値観」の育
成を訴えると同時に、「国際的発信能力を強化し対外的話語体系を建
設することで、中華文化を世界に向けて推し出そう」と提起した[40]。つ
まり、経済成長を実現した中国は、自国文化を基盤としてさらなる国
際的影響力を求めるようになった。2013年はその強度を高める転換点
であった[41]。

　　面建設小康社会新勝利而奮闘〉（2007年10月15日）
　　https://fuwu.12371.cn/2012/06/11/ARTI1339412115437623.shtml
39)　〈中共中央関与深化文化体制改革，推動社会主義文化大発展大繁栄若
　　干重大問題的決定〉（2011年10月18日）https://www.gov.cn/jrzg/2011-10/18/
　　content_1972749.htm
40)　〈中共中央関与全面深化改革若干重大問題的決定〉（2013年11月16日）
　　http://cpc.people.com.cn/n/2013/1116/c64094-23561785-11.html
41)　江藤名保子「習近平政権の『話語体系建設』が目指すもの：普遍的価値
　　への挑戦となるか」（2017年7月25日）「Views on China」東京財団政策研究所

序　章　「中国」の「平和及び安全」

　改めて論文数の推移をみると、2016年以降に著しい増加が認められる（2016年：前年比186.6％増の349本、2017年：同147.3％増の514本）。同年7月1日に習総書記は、中国共産党創立95周年祝賀大会で行った講話のなかで、中国の特色ある社会主義の「路線への自信（道路自信）」「理論への自信（理論自信）」「制度への自信（制度自信）」に加えて、「文化への自信（文化自信）」を総合した「4つの自信（四個自信）」を提唱した。なかでも文化への自信は、5,000年余りの中華民族の発展過程で育まれたより基礎的かつ幅広い、そして奥深いものとされ、これを基盤にして、やはり世界を視野に入れた全党全国各民族人民の精神力量の増強を呼び掛けている[42]。

　この「グローバル＋ガバナンス＋文化」と相関的に増加するのが、「グローバル・ガバナンス＋中国（全球治理＋中国）」をテーマとする論文である。習総書記は、2016年9月27日に主宰した中国共産党第18期中央政治局第35回グループ学習会で、「グローバル・ガバナンスの構造は国際的なパワーバランスによって決まる」と強調し、よって「国際的な発言力と実行力を不断に高め」、「積極的にグローバル・ガバナンスに参画し国際的責任を担う」よう、幹部らを鼓舞した[43]。この年は前年比176.9％増の1,925本であったが、その後も論文数は増えていき、2021年に3,581本、さらに2022年には前年比124.1％増の4,445本に達した。

　習近平「新時代」には、既存の国際的規範やルールでは自国の影響力

---

https://www.tkfd.or.jp/research/detail.php?id=258
42)　習近平〈在慶祝中国共産党成立95周年大会上的講話〉（2016年7月1日）
　　https://www.gov.cn/xinwen/2021-04/15/content_5599747.htm
43)　〈習近平在中共中央政治局第三十五次集団学習時強調加強合作推動全球治理体系変革共同促進人類和平与発展崇高事業〉（2016年9月28日）
　　https://www.gov.cn/xinwen/2016-09/28/content_5113091.htm

を存分に発揮し得ないという不満や、あるいはいっそうの国益獲得を狙う外交戦略を包括し、中華民族の偉大な復興を掲げる。この対外姿勢が伝統的中華文化や社会主義文化の強化と表裏をなすことは、贅言を俟たない。

本書の構成

　繰り返しになるが、すべての国家政府にとって軍事的、政治的安全を保障することは最優先の命題である。2008年のリーマン・ショック後、「保八」（GDP8％成長の維持）を掲げた中国は、公共投資など4兆元規模の景気対策を講じて世界経済を下支えしたことで、「責任あるステークホルダー（負責任的利益攸関者）」としての自覚を高めた。その後、2010年にGDPで米国に次ぐ世界第2位となったが、CNKIデータベースによれば、「責任ある＋中国（負責任＋中国）」をテーマとする論文数は2008年に初めて200本を超えている（2008～2010年はそれぞれ219本、236本、217本）。いうなれば、戦後国際秩序のなかで中国は、最大の受益国の1つとなったのである。

　今日の中国、すなわち中華人民共和国が追究する「平和及び安全」の起源は、第二次世界大戦の戦勝国として中華民国が臨んだ国連創設過程であり、戦後処理過程にある。「中国」が米英等とともに取り組んだこれら2つの戦後構想が、民国と共和国にとっていかなる成果をもたらし、あるいは不調に終わったのか。第Ⅰ章では、戦後構想が「中国」、そして戦後国際秩序にどのような意義をもつのかを検証する。

　1971年10月、国連総会は決議第2758号を採択し、「中華人民共和国にそのすべての権利を回復させ、同国政府の代表を国連における唯一の合法的代表であると認め、蔣介石政権の代表を彼らが国連とその関連機

関において不法に占めている地位から追放する」ことを決定した[44]。戦後国際秩序における「中国」は、台湾の排除によって担保されるデファクトとなったのである。続く第Ⅱ章では、「中国代表権」がいかにして国連総会で提案され（「国連化」）、同決議案が採択されるに至ったのか、その経緯を中国によるアジア・アフリカ諸国への対外援助を中心とした関係史から読み解く。

　国連の目的である「国際の平和及び安全」の維持において、中国は絶対的権限を有する安保理常任理事国として、安全保障体制の最高意思決定にかかわると同時に、突出した派遣数を誇る。つまり、同国は軍事的、政治的な安全保障のグローバル・ガバナンスにおいて、国連の最高意思決定機関と現場を直結させた。第Ⅲ章では、国連平和（維持）活動（PKO）による「国際の平和及び安全」の維持をめぐる「中国方案」が、同国の「平和及び安全」とどのように接続するのか、その外交成果について考察する。

　第Ⅳ章では、民国が国連創設過程で遺した中華の「遺産」を共和国がいかに継承し、世界遺産政策を通じてどのような外交成果を得たかを考える。同国は世界遺産委員会の権限を活用し、世界トップレベルの世界遺産保有国となった（59件：2025年1月時点）。その過程で発揮した政治力とともに、将来的「安全」を獲得すべく積極的に政策展開する中国の「実績」から、多くの示唆と課題を分析する。

　2000年代になると、領域主権的・軍事的分野だけでなく、非伝統的分野にまで安全保障化がグローバルに拡張していった。第Ⅴ章では、世界保健機関（WHO）が所管するパブリック・ヘルスの領域で中国が発揮するイニシアティブ（「中国方案」）の意味を考える。世界保健機関（WHO）は、「最高基準の健康を享有することは、すべての人々が持つ

---

44)　国連総会決議 A/RES/2758(XXVI).

基本的な権利だ」とする活動理念（Health For All）を掲げるが、主権国家がそれぞれの「平和及び安全」を追究するアリーナたる国連の限界と可能性は、まさにこの領域に凝縮されている。

　共和国は、建国後22年間にわたって国連の「周辺」に置かれた。1971年に民国から国連の「周辺の中心部」という地位を継承して以降、50年余りを経た今日、共和国は名実ともに国連の「中心」にある。安保理常任理事国間の協調は、五大国が国連の安全保障体制を掌握するための必須要件である一方で、戦後国際秩序の変質とともに、国連の「中心」が「国際の平和及び安全」を揺るがしてきたことも事実である。「中国」が国連システムにおいて追求してきた／する「平和及び安全」は、この「パラドクス」をいかに包摂し、あるいは否定するのか、各章で考察していく。

第Ⅰ章

「中国」の"戦後"構想

──国連創設と戦後処理

はじめに

1941年12月、ヨーロッパ戦線とアジア戦線が日本の真珠湾攻撃によって接続され、第二次世界大戦が始まった。そして、1940年代の前半は、文字通り戦後国際秩序の揺籃期であった。そのさなかで連合国は、戦後世界をめぐる2枚の青写真を描きだした。1枚目が戦後処理、すなわち戦争犯罪の処理であり、もう1枚が戦後の国際平和機構の設立である。これら戦後構想はパラレルに検討され、"終戦"とともに具現化した。

1941年10月、米英二大国の指導者による声明に応じて[01]、ソ連や中華民国（以下、中国、民国または国府と表記）等の連合国は、ドイツや日本の組織的な非人道的行為を"合法的に"断罪すべく、戦争犯罪の法的定義を拡大する協議に着手した。このうごきに併行するかたちで、大西洋憲章に賛同した連合国26カ国は、翌1942年1月に連合国宣言に署名した。同前文は、「これら政府の敵国に対する完全な勝利（complete victory）が、生命、自由、独立及び信教の自由を擁護するため、並びに自国の国土において及び他国の国土において人類の権利と正義を保持するために必要不可欠である」と謳う[02]。連合国は、現下に展開する第二次世界大戦をまさしく"正戦"と措定していたのである[03]。

---

01)　チャーチル声明では「これらの犯罪の懲罰はいまや主要な戦争目的の一つに数えられるべきである」と宣言した。〈関与列席欧州九占領国懲治徳人暴行宣言簽字会議之報告与建議〉（1942年1月）国民政府外交部檔案〈懲処徳国日本戦犯問題〉檔案号：020/010117/0055/0030-0036, 国史館所蔵. 林博史編集・解説『連合国対日戦争犯罪政策資料：連合国戦争犯罪委員会』第1-8巻、現代史料出版、2008年、p. ⅰ。

02)　正式名称は連合国共同宣言。United Nations Dept. of Public Information, *Yearbook of the United Nations 1946-47*, New York: 1947, p.1.

03)　マーク・マゾワー（伊田卓巳　訳）『国際協調の先駆者たち：理想と現実の

第 I 章「中国」の "戦後" 構想

　さらに、連合国を率いた米英等の大国は、この段階で1945年の勝利をアプリオリなものとして、戦後構想を練っていた。この "戦後" の起点からみれば、1枚目の青写真は、連合国が自らのあらゆる戦闘行為に法的正当性を付与する手続きであり、過去に対する自己正当化であった。そして2枚目の青写真は、連合国が国連安保理という戦後国際秩序の中枢に坐す権限を獲得することを目的とした、未来に対する自己正当化に他ならない。

　日本と中立条約を結ぶソ連のスターリンは、"戦後" の処し方にむけて中国と協議することを拒んだため、同国を1943年10〜11月に開催されたモスクワ会談には招集しなかった。他方で、中国は同年に発足した連合国戦争犯罪委員会（the United Nations War Crimes Commission: UNWCC）に参画することで、過去に対する自己正当化に携わった。同国は英米等とともに戦後処理方針を策定する当事者であり、日本軍による戦争犯罪を断罪すべく、極東太平洋小委員会（Far Eastern and Pacific Sub-Commission：以下、極東小委員会と表記）を重慶に誘致することにも成功した。しかもそこでは、特に日本の指導者らに対する厳罰化を強く求めた[04]。しかし、UNWCCの議論を俯瞰すると、中国のそうしたイニシアティブは影を潜め、同国の主張が共有されることはなかった。

　確かに中国は、米英らとともに戦後構想の協議過程にかかわっていた。しかしその実、軍事力や経済力に基づく国力に比例した政治的影響力・発言力は、他の「中心」諸国に比せば限定的であった。また、中国は被侵略国であり戦争犯罪被害国でもあるといった特殊性を有しており[05]、

　200年』NTT出版、2015、pp.176-193。

04)　例えば、UNWCC Minutes of 35th Meeting (10 Oct. 1944), pp.1-10.

05)　和田英穂「被侵略国による対日戦争犯罪裁判：国民政府が行った戦犯裁判の特徴」『中国研究月報』第645号、中国研究所、2001年、pp.17-331。藍適齊〈戦犯的審判〉《中国抗日戦争史新編　第六編　戦後中国》国史館,

その主張、そして決定力は米英等の連合国を率いた大国とは異なるものであった。

　中国国内に視点を転じれば、民国期の政治外交研究者として著名な西村成雄は、国府と中国共産党の個別性を指摘する。当時の中国の政策過程は、「中国国民党の指導的影響力から相対的に独立していた中国共産党とその政権の並存的状態が、国際関係のレベルにも恒常的に影響して」おり、「国民政府、および、事実上地域権力化していた中国共産党地方政府という二つの政治的アクター」を区別して戦後構想過程を検証せねばなるまい[06]。

　先行研究では、連合国の2つの自己正当化と、その現実政治のなかで「中国」が目指した独自の戦後構想を関連づけて考察したものは、管見の限りない。本章では、UNWCC、殊に極東小委員会と、国連創設過程の連合国会議、なかでもダンバートン・オークス会議という2つの協議アリーナでの「中国」の主張を精査することで、連合国の戦後構想と同国のそれとの同意を明らかにする。

　また本章のもう1つの課題は、ダンバートン・オークス会議での「中国」プレゼンスの変化を検証するととともに、「国際機構創設のための連合国会議：サンフランシスコ会議（the United Nations Conference on International Organizations：UNCIO）」への「中国」代表団に、共産党員を派遣したことで獲得された合法的、政治的意義について検討する。この作業は、戦後国際秩序としての国連を一貫して重視する中華人民共和

　2015 年，pp.210-247.

06)　　西村成雄は、米ソ連合国側と「中国」との当時の国際関係のレベルを「三カ国四方関係」と整理・区別した上で、「蒋介石の立場から」連合国側の内的構造と戦後中国政治とその国際政治空間における特徴を検証している。西村成雄「1945 年東アジアの国際関係と中国政治：ヤルタ『密約』の衝撃と東北接収」日本現代中国学会『現代中国』第 71 号、1997、p.6。

第Ⅰ章「中国」の"戦後"構想

国の姿勢を読み解く手がかりとなろう。

連合国戦争犯罪委員会での模索——過去に対する自己正当化

　UNWCC での議論の前提とされたのは、近代国際社会における戦争犯罪をめぐる法的定義であり、それは1899年と1907年に開かれたハーグ平和会議のハーグ陸戦条約を端緒とする。同条約は交戦者を規定し、それが負う義務（俘虜への人道的給養など）や害敵手段における禁止事項（防守されていない都市、集落、建物への攻撃など）を協定したが、第一次世界大戦では違反行為が繰り返された。

　そこでパリ講和会議では、米国務長官ロバート・ランシング（Robert Lansing）を委員長とする「戦争開始責任及び刑罰執行委員会」が中央同盟国首脳による「国際道義及び条約の尊厳に対する重大な犯罪」を訴追しようと検討するも、米国、英国、フランス、日本などが軒並み反対したため、国際戦犯法廷は実現しなかった。ただヴェルサイユ条約以降も、「戦争放棄に関する条約」（不戦条約またはケロッグ＝ブリアン条約）など国際法によって、戦争という手段に訴えること自体を違法とする「戦争の違法化」が進められた。

　こうした努力にもかかわらず、第二次世界大戦のさなか、連合国は従来の戦時国際法では対応しきれぬ戦争形態や戦争犯罪に直面した。つまり、当時の国際法は個々の戦争犯罪事案について命令者と実行者を裁くことを想定したもので、広範かつ無差別の大量殺戮を含む国家レベルの残虐行為に対する法的効力は無きに等しかった。1941年10月に米英二大国の指導者が同時に出したそれぞれの声明は、組織的な残虐行為を

037

"合法的に"断罪することを共通目標に掲げた。これに呼応して、ドイツに本国を追われた亡命政府を含む連合国の17カ国・地域の外交代表団が、1943年10月にロンドンに集結し、UNWCCを設立することを議決した。

3度の非公式会合を経て、UNWCCは1944年初めに「戦争犯罪を扱う、連合国を代表する唯一の機関」として正式に発足した[07]。これを機に、連合国諸国で犯された残虐行為の実体解明や特定といった調査手続きだけでなく、被害国政府への結果通知、容疑者の法廷移管後における法的勧告など実質的な処罰手続きをも管轄範囲に組み込むべきとの意識が、同委員会で共有されていく。以後1948年3月の解散までに、UNWCCは130回あまり議論を重ね、実際に取り扱った戦争犯罪事案は3万7,000件に上る。

その存在意義をめぐっては、当時の実質的機能と、その後の戦争犯罪に対する国際法体系、制度設計との関連から、評価が分かれる。設立当初に主導的役割を期待された英国が、同委員会の機能拡充に否定的な姿勢を取ったほか、英国と対立していたソ連も参画することはなかった。連合国の戦後処理過程を総括したとき、これら阻害要因によって同委員会が機能を十分に発揮できなかったとの評価がつきまとう[08]。

UNWCCについて包括的な検証を進めた林博史が指摘するように、そもそも同委員会の歴史的意義を検討した研究は稀有である[09]。そのな

---

07) UNWCC議長セシル・ハースト（英国代表）が第5回会議で行った前回議事内容の確認における発言による。UNWCC Minutes of The 5th Meeting (18 Jan. 1944), p.3、林博史『戦犯裁判の研究：戦犯裁判政策の形成から東京裁判・BC級裁判まで』勉誠出版、2010年、p.63。

08) 例えば、日暮吉延『東京裁判の国際関係』木鐸社、2002年。

09) 林博史「連合国戦争犯罪政策の形成：連合国戦争犯罪委員会と英米（上）」関東学院大学経済学部総合学術論叢『自然・人間・社会』第36号、2004年、pp.1-42。以下の書籍のなかでも同様の指摘がなされている。林博史『戦犯裁判の研究：戦犯裁判政策の形成から東京裁判・BC級裁判まで』前掲。こ

かでも清水正義は、「人道に対する罪」と共同謀議論を関連づけた議論を提起するなど、同委員会の役割に「本格的に光をあてようとしており」、相対的意義を見出した[10]。これら先行研究により、枢軸国が残虐行為の断罪にむけた同委員会の設立背景や組織概要、その設立構想を主導的に描いた英米二大国の政策とのちに乖離した実態が明らかにされつつある。

　ここ20年ほどの動向は、UNWCCが連合国により施行された戦犯法廷に残した功績と意義について再評価を促すものである。かつて大沼保昭は、人道に対する罪に関する法的概念を深化させたと指摘した[11]。人道に対する罪は2003年に設立した国際刑事裁判所の主たる管轄領域でもあって、同委員会が果たした役割と問題提起はグローバル化が進む今日、いっそう重要度を増しているといえよう。

　清水正義や林博史はまた、UNWCCの活動意義について、侵略戦争を戦争犯罪とする「平和に対する罪」をめぐる法整備にあったとも再評価する[12]。実際に、ニュルンベルク裁判ではナチスによるユダヤ人大量殺戮に対して平和に対する罪が適用され、1948年12月に第3回国連総会で採択された「ジェノサイド条約（集団抹殺犯罪の防止及び処罰に関する条約）」として結実した[13]。とはいえ、連合国による戦後処理、とり

　　れまでに挙げた先行研究のほか、大沼保昭『戦争責任論序説』東京大学出版会、1975年。Arieh J. Kochavi, *Prelude to Nuremberg: Allied War Crimes Policy and the Question of Punishment*, The University of North Carolina Press, 1998など。

10)　清水正義「先駆的だが不発に終わった連合国戦争犯罪委員会の活動1944年：ナチ犯罪処罰の方法をめぐって」『東京女学館短期大学紀要』第20輯、1998年。

11)　大沼保昭『戦争責任論序説』東京大学出版会、1975年。

12)　清水正義「先駆的だが不発に終わった連合国戦争犯罪委員会の活動1944年：ナチ犯罪処罰の方法をめぐって」前掲。林博史「連合国戦争犯罪政策の形成：連合国戦争犯罪委員会と英米（上）」前掲。

13)　国連総会決議260: A/RES/3/260.

わけ戦犯裁判に関しては、「勝者の裁き」や「勝者による報復」との見方も根強く、研究者の間でも見解が分かれる大きな論点であるからこそ、同委員会に関するさらなる研究が求められる。

極東太平洋小委員会での定礎──過去、そして現在に対する自己正当化

　この時期に中国国内では、それまで外交部が中心となって進めてきた日本による戦争犯罪の調査体制を強化している。1944年2月、行政院の指揮下で司法行政部、軍政部と外交部が連携し、敵人罪行調査委員会が重慶に設置された。司法行政部長の謝冠生（Hsieh Kuan-sheng）と元外交部長の王正廷（Wang Cheng-t'ing）が常務委員に就任したのに加えて、内政部、外交部、軍政部、中央設計局などから11名の委員が選出され、王は主任委員を兼任した[14]。同委員会は、調査計画の作成、犯罪証拠の収集、審査、登録及び統計作業といった戦犯リストの作成を担った。実質的な調査は〈敵人罪行調査弁法（修正案）〉（1945年9月14日公布・施行）に準拠し、主管機関である司法行政部が県政府とともに地方法院検察署や県司法処を指定し、被害関係者からの告発を受けヒアリングに基づき犯罪調査表の作成にあたった。
　こうした日本による戦争犯罪に関する一連の調査強化は、国際的動向と連動したものであった。1944年5月、ロンドンのUNWCCでは情報が得にくい日本の戦争犯罪事案を主に扱う機関として、中国政府の主

---

14)　宋志勇「終戦前後における中国の対日政策：戦争犯罪裁判を中心に」『史苑』第54巻1号、立教大学史学会、1993年、p.70。胡菊蓉《中外軍事法廷審判日本戦犯：関於南京大屠殺》南開大学出版社，1988年，p.111.

040

導により重慶に極東小委員会が付設され、同年11月29日に初審議が行われた。構成国は日本と敵対関係にある以下11カ国である。オーストラリア、ベルギー、中国、チェコスロバキア、フランス、インド、ルクセンブルク（出席実績なし）、オランダ、英国、米国、後に加盟したポーランド。初代議長には中国国防最高委員会秘書長の王寵恵（Wang Ch'ung-hui）が選出され、1946年6月に2代目議長として中国外交部常務次長の劉鍇（Liu-Chieh）が後任となり、極東小委員会の黎明期を支えた。以後は英国駐華大使のホレス・シーモア（Horace Seymour）ほかベルギー大使のジャックス・デルヴォー・デ・フェンフェが歴任した。

　UNWCCは当初、戦争犯罪に領域的制限はないとの認識に立っており、アジア太平洋地域における主要戦犯であっても極東小委員会の上部機関である同委員会が取り扱った。しかし、1947年3月に同小委員会が活動を終えるまでの約3年間に計38回の会議を重ねるなかで、関係諸国は容疑者引き渡しまでの体系的な協力体制を整備していくこととなる。委員国から同小委員会秘書処に提出された戦犯事案資料（日本の戦犯事案は3,158件）に基づき、証拠委員会が検証を行い認可した事案を、最後は秘書処が戦犯リストとしてまとめる。

　最終的に、極東小委員会は設置期間中に合計26の戦犯リストを作成し、3,147人を戦犯として指名した。戦犯リストのうち中国による指名は2,523人を占め、UNWCCでは対象外とされた真珠湾攻撃以前の中国における犯罪行為も、極東小委員会で議論の俎上に載せられた[15]。さらに国府は、2回にわたり極東国際軍事裁判所に33人の重要戦犯リストを提出しているが、このなかの12人は蔣介石（Chang Kai-shek）が指名し

---

15)　Minutes of 2nd Meeting of the Far Eastern and Pacific Sub-Commission of the UNWCC (5 Jan. 1945), pp.1-2.

041

たものと指摘される[16]。これらは一連の外交成果として国内でも高い評価を受けた。

　中国国内でこの任務を所管したのは敵人罪行調査委員会であった。司法行政部でとりまとめられた訴状事案は、国防部の検証を経て外交部により英訳されるという国内手順を踏み、UNWCC事務局長を経由して極東小委員会に移管される。同小委員会の遂行する実務規定は、UNWCCにおける人道に対する罪に関する法概念の発展[17]とパラレルに確定されており、それはニュルンベルクや東京で連合国が開廷した国際戦犯裁判の骨子ともなった[18]。

　財政面においても中国は、分相応以上の負担を積極的に負った。極東小委員会の年次ごとの支出額は年を追うごとに膨張していき、初年度の1943年10月～1944年3月は730ポンド（半年）、1944年4月～1945年3月で4,238ポンド（以下、1年）、1945年4月～1946年3月は1万2,452ポンド、1946年4月～1947年3月は1万5,137ポンド、そして1947年4月～1948年3月には1万5,388ポンドに上った。これに対して400ポンド分を委員国の分担金で賄うこととされていた。分担額は以下のとおり（単位：ポンド）。中国は最多額の100、オーストラリア30、ベルギー20、カナダ60、チェコスロバキア20、デンマーク6、フランス80、ギリシャ10、インド80、ルクセンブルク1、オランダ30、ニュージーランド6[19]。

　こうした積極姿勢には、戦後処理をめぐる各国の思惑が色濃く反映さ

---

16)　中国国民党中央委員会党史委員会編印《中華民国重要史料初編：対日抗戦時期》第二編　作戦経過（四）, 1981年, p.417. 宋志勇, 前掲, p.72.

17)　The UNWCC, *The History of the United Nations War Crimes Commission*, London: His Majesty's Stationary Office, 1948.

18)　林博史「連合国戦争犯罪政策の形成：連合国戦争犯罪委員会と英米（上）」前掲。林博史「連合国戦争犯罪政策の形成：連合国戦争犯罪委員会と英米（下）」関東学院大学経済学部総合学術論叢『自然・人間・社会』第37号、2004年、pp.51-77。

19)　The UNWCC, *op. cit.*, pp.133-134.

第 I 章「中国」の "戦後" 構想

れていた。委員国はおしなべて敵国の犯罪に対して厳罰化を求めており[20]、この時点では、中国の方針と合致するものだった。金問泗（Wunz King）[21] も、セントジェームズ宣言にある対独戦犯処罰規定に賛同するとの中国政府の見解を述べている。その姿勢は同時期のモスクワ会談やカイロ会談などに関する立場表明からも看取できるとおり[22]、中国は一貫して、日本軍が中国で行った残虐行為にも等しくこれを適用するよう求めた[23]。

　ただし、UNWCC での再三にわたる主張を精査すれば、中国政府が厳罰化を求めた対象は、その多くが平和に対する罪に限定するもので、一部は人道に対する罪を含んでいた。金問泗は極東小委員会の第33回、35回会議にて「ドイツと日本による侵略戦争の張本人がしかるべく処罰されないなら、戦犯裁判の戦争抑止力は無力化され」「新たな戦争が起きたときに、残虐行為はより大規模かつ非道なかたちで繰り返されるだろう」からこそ、「ヒトラーと同様に、ヒロヒトや東条のような人物を処罰せぬままとすべきでない」と強調した[24]。

---

20) The UNWCC, *Punishment for War Crimes: The Inter-Allied Declaration Signed at St. James's Palace*, London: His Majesty's Stationary Office, January 1942, FRUS, 851.00/2618: Telegram, The Ambassador to the Polish Government in Exile（Biddle）to the Secretary of State, London: January 14, 1942.
21) 金問泗は、関税専門家であり中国の外交官として 1919 年のパリ講和会議や 1944 年のブレトンウッズ会議など多くの国際会議に出席している。また後に彼はオランダ、ベルギー、ノルウェー、チェコスロバキア及びルクセンブルクにて大使を歴任した。
22) 中国国民党中央委員会党史委員会編印《中華民国重要史料初編：対日抗戦時期》第三編，戦時外交（三），1981，p.499.
23)〈関与列席欧州九占領国懲治徳人暴行宣言簽字会議之報告与建議〉（1942 年 1 月）国民政府外交部檔案〈懲処徳国日本戦犯問題〉檔案号：020/010117/0055/0030-0032，国史館所蔵.
24) UNWCC Minutes of 33rd Meeting (26 Sep. 1944), p.4, UNWCC Minutes of 35th Meeting (10 Oct. 1944), p.1, 10.

043

さらに、中華民国と中華人民共和国[25]のいずれの史料にも示される
「以徳報怨」との戦犯処理方針に加えて、中国による過去に対する自己
正当化における大きな特徴が、漢奸（漢人の奸なる者の意。転じて、中
華国家に対する売国奴を指す）への厳罰である[26]。そこに台湾出身及び
朝鮮出身の旧日本軍人320人あまり（死刑を受けたのは台湾人26人、朝
鮮人23人）が含まれていたことは特筆すべきである[27]。周到に絞り込ま
れた厳罰対象からは、国府にとって"戦後"を迎えた暁に自らの手で再
編する国民統一、ひいては国家統治にむけた要諦が、改めて確認できよ
う。

ダンバートン・オークス会議での飛躍——未来に対する自己正当化

　UNWCCの下部組織として極東小委員会が正式に発足したのと同時
期に、国連創設に向けたうごきも重要な局面を迎えている。1944年8月
から2カ月にわたりワシントン郊外で「ダンバートン・オークス会議」
が開催され、国連システムの最高法規となる国連憲章の草案がまとめら
れた。この会議は、英国、米国、ソ連による第一段階と英国、米国、中

---

25) 中国の対日戦犯処理問題については、大澤武司『毛沢東の対日戦犯裁判：
中国共産党の思惑と1526名の日本人』中央公論新社、2016を参照。

26) 〈蒋介石致宋子文電〉（1942年11月14日）,〈蒋介石致呉国楨電〉（1943年8月
13日）民国政府外交部档案〈倫敦戦罪委員会成立及我国参加経過〉档案号：
020/010117/0020/0075-0077,　/0161-0162,　国史館所蔵.

27) 〈蒋主席為日本投降対全国軍民及世界人士広播詞〉（1945年8月）蒋中正総
統箕案《革命文献 戡乱時期（処置日本）上 第52冊》国史館所蔵, pp.56-59.
大澤武司『毛沢東の対日戦犯裁判：中国共産党の思惑と1526名の日本人』
中央公論新社、2016、伊香俊哉「中国国民政府の日本戦犯処罰方針の展開」
（上）（下）『戦争責任研究』第32、33号、2001、和田英穂、前掲。

第Ⅰ章 「中国」の"戦後"構想

国による第二段階に分かれて開催され、連合国の「中心」の間にあった温度差が、改めて露呈したことでも知られる。

戦後世界を見据えた米英は、政治判断としては当然のことながら中国よりもソ連を優先した。中国首席代表に任命された顧維鈞（Wellington Koo）は、回顧録で「中国は（米英ソが合意した）既成事実を受け容れる他なく、第二段階も形式的なものに過ぎなかった」と恨み節を述べている[28]。厳しい制約を受けつつも、中国代表団は本国の蔣介石からの指示の下、戦後国際秩序の「中心」に足場を築く努力を惜しまなかった。顧維鈞をはじめ中国代表には、第一次世界大戦のパリ講和会議への出席者が含まれていた。彼らは戦勝国の一員として同会議に臨むも、山東半島の利権をめぐるパワーポリティクスを目の当たりにして、ヴェルサイユ条約への署名を断念した経験をもつ。そこで国府としては、力でなく法に則った青写真を用意していた。

10月2日の第二次全体会議にて、国連システムの重点として以下7項目からなる補充提案（いわゆる「中国の提案」）を行った。

① 正義と国際公法の諸原則に則った国際紛争の調停または解決
② 各加盟国の政治的独立と領土保全の保障
③ 「侵略」定義の明確な規定
④ 国際空軍の設立
⑤ 国際公法体系の整備・編纂
⑥ 国際司法裁判所による強制裁判権の保持
⑦ 国際教育文化協力の促進に関する明確な規定

---

28) 顧維鈞著，中国社会科学院近代史研究所訳《顧維鈞回顧録》第五分冊，中華書局，1987，p.405.

045

米英は第1項「正義と国際公法の諸原則に則った国際紛争の調停また
は解決」、第5項「国際公法体系の整備・編纂」、及び第7項「国際教育
文化協力の促進に関する明確な規定」の3項目に同意し、ソ連からも了
承をとりつけた。最終日となる10月7日、米英ソは三国建議書をコミュ
ニケ（共同声明）として調印した[29]。

　連合国の「中心」は、翌1945年にサンフランシスコで開催された
「国際機構創設のための連合国会議」[30]で足並みを揃える。米英らととも
に中国も共同提案国として、ダンバートン・オークスの地で合意された
3項目を含む「普遍的国際機構設立のための提案」を提示した。参加国
はこれを戦後国際秩序の骨子と議決し、中国は晴れて国連安保理常任理
事国の地位を得た。憲章署名式典が開催された6月26日の朝、国名のア
ルファベット順によって最初の署名国となった中国代表団は、顧維鈞を
筆頭に署名した。同国はここに国連創設国かつ原加盟国としての法的根
拠を獲得した。

　共和国で国連研究の第一人者である李鉄城は、戦後構想の過程におけ
る中国の国際的プレゼンスについて以下のように指摘する。「反ファシ
ズム戦争及び国連創設に対して多大なる貢献を果たした中国は、サン
フランシスコ会議の提案国であり議長国の1つとなった。こうした功績
によって国連の原加盟国に名を連ね、何よりのちに安保理常任理事国と
なった」[31]。

---

29)　United Nations Dept. of Public Information, *op. cit.*, pp.4-9. 清水奈名子・竹峰誠
　　一郎・加治宏基「「戦後」再論：その多元性について」愛知大学現代中国学
　　会編『中国21』Vol.45、東方書店、2017、pp.3-34。
30)　50カ国もの連合国代表団（282人の各国代表、1,500人あまりの専門家、1,000人以
　　上の事務担当）が国連憲章を完成させるため一堂に会し、1945年4月から6
　　月にかけてサンフランシスコで開催された。
31)　李鉄城主編《聯合国的歴程》北京語言学院出版社，1993，pp.80-88.
　　同様の主張は他の先行研究にも看取される。李鉄城《聯合国50年　増
　　訂本》中国書籍出版社，1996，pp.405-410. 謝啓美・王杏芳主編《中国与

第Ⅰ章「中国」の“戦後”構想

　ただし、連合国の「中心」という地位を手に入れた時機については諸
説ある。1942年1月、宋子文外交部長が中国政府を代表して「連合国宣
言」草案に署名したことを評価し、「ここに中国政府は、「四強」の一角
の地位を獲得した」とする朱坤泉の分析は[32]、当時の外交部の認識を裏
付ける[33]。この見解に対して先に紹介した李鉄城は、連合国宣言という
「書面上で」「四強の1つとして連合国諸国から承認された」に過ぎない
と、慎重である[34]。また同氏は、国連創設過程の前半には、中国政府に
よる自己規定と実際の国際的地位は乖離しており、「四強の一角」とい
う地位と権力を手中に収めたのは、どれだけ早く見積もっても、連合
国の対日政策や中国対応に合意した1943年11月下旬の「カイロ会議」
だったと判断する[35]。さらに入江啓四郎によれば、それは同年10月30日
のモスクワでの四大国宣言（モスクワ宣言）を俟たねばならなかったと

聯合国》世界知識出版社，1995，pp.8-26．王杏芳主編《聯合国春秋》当代
世界出版社，1998，pp.896-904．田進・孟嘉等著《中国在聯合国》世界知
識出版社，1999，pp.5-6．唐家璇主編《中国外交辞典》世界知識出版社，
2000，p.610 など．
32)　朱坤泉〈四強之旅与大国之夢〉張圻福主編《中華民国外交史綱》人民日
報出版社，1995，p.378．
33)　〈外交部長宋子文電蔣委員長報告羅総統約商晤簽談関於元旦由美，英，俄，
中四強先行於連合宣言〉（1942 年 1 月 1 日，張群・黃少谷《蔣総統為自由
正義輿和平而奮闘述略》蔣総統対中国及世界之貢献纂編編纂委員会，1968，
p.450．国史館《中華民国与聯合国史料彙編　籌設編》国史館，2001，導論
pp.3-5．
34)　李鉄城〈中国的大国地位与対創建聯合国做出的重大貢献〉陳魯直・李鉄
城主編《聯合国与世界秩序》北京語言学院出版社，1993，pp.375-376．
　　黒岩亜維も、秦孝儀総編纂《総統蔣公大事長編初稿》巻五（上），1978 の
文中での 1942 年 1 月 1 日の項に「この（連合国：加治加筆）宣言は中米英ソ
四国を中心とし、わが国が世界四強の 1 つに列せられるのはこの時から
始まった」とある点を指摘しており、「書面の上だけではあるが、四大国
の仲間入りを果たした」との認識を示す。黒岩亜維「第二章　モスクワ
外相会議と四国宣言」西村成雄編『中国外交と国連の成立』法律文化社、
2004、pp.47-48．
35)　李鉄城主編，前掲，pp.92-93．

の認識を示した[36]。

　先述のとおり、時期をめぐる見解の相違はあれども、戦後構想過程において中国が連合国の「中心」に参入するのを可能ならしめたのは、中国代表団が求めた「大国化」政策を米国が後方支援（ときに前方支援）したからに他ならない[37]。他方で、中国以外の「中心」も戦後構想の実現にむけ独自の原動力を発揮した。最上敏樹の言を借りれば、戦後国際秩序に対して「相互依存ベネフィットあるいは客観的共通利益を発見し、創出し、正統化する場」となることのみならず、「自国国益の伸長」が適う場となることを期待した[38]。冷戦前夜にあって、国連創設は「「すべての国に共通ではない」共通利益」がまさに具現化した奇遇であった。

　国連の「中心」が、安全保障を主題に自国利益を確保すべくせめぎ合うなか、中国は大国のパワーポリティクスに左右されない「法の支配」を、この国際機構に埋め込もうと努めた。ダンバートン・オークス会議の時点で、すでに安保理常任理事国のポストが約束されたにもかかわらず、一国一票制をとる総会の権限拡充を唱えている。特筆すべきは、同国が、安保理よりも代表性が広く担保された経済社会理事会の権限拡大を提起し、それは国連憲章第9章「経済的及び社会的国際協力」第55〜

---

36)　入江啓四郎「國際政治における中國の地位」愛知大学国際問題研究所『国際政経事情』第18号、1954-Ⅱ、p.1.
　　モスクワ会談での「四大国宣言」（中国は会議に招聘されず署名のみ）
　　The Avalon Project October, 1943 JOINT FOUR-NATION DECLARATION The Moscow Conference; October 1943.
　　https://avalon.law.yale.edu/wwii/moscow.asp
　　The US Office of The Historian, FRUS: Diplomatic Papers, 1943, General, Volume I 740.0011 Moscow/340, Protocol, Signed at Moscow, November 1, 1943
　　内閣情報局「三国会談共同公表全文（一）、（二）」、1943年11月04日、JAC-AR,　Ref.A03025355400,　情00061100（国立公文書館）。
37)　西村成雄編、前掲。
38)　最上敏樹「第二章 国際機構創設の動因」『国際機構論』東京大学出版会、2006、pp.50-70。

048

第Ⅰ章「中国」の"戦後"構想

56条へと盛り込まれた[39]。他の「中心」諸国よりも政治力が微弱だった中国は、国連システムの法整備や経済社会分野の充実に重要性を見出していた。

同国の主張は、第一次世界大戦の戦勝国として臨んだパリ講和会議で、大国政治によって山東権益を奪われた教訓が反映されている。日中戦争と国共内戦の二方面での戦闘状況の下で国連創設を実現し、近代国家「中国」、すなわち今日の中華人民共和国にとっても外交利益を享受しうる制度設計、憲章規定を確定した。この時、国連の「中心の周辺部」として中国政府を代表していたのは国府であり、その共通利益と共産党のそれとは異質のものだった。共産党政権もまた「中国」が国連の「中心の周辺部」であるという認識を共有していたが、国家主体を担う国民党に対し、共産党が求める共通利益とは、自らが「中国」政府の主体となることに他ならない。国連創設に関しては国内新聞紙上で多く議論されており、そこから安保理の拒否権などに関する同党の姿勢も読み取ることができる[40]。

---

39) 国連憲章第9章　経済的及び社会的国際協力
　　第55条　人民の同権及び自決の原則の尊重に基礎をおく諸国間の平和的且つ友好的関係に必要な安定及び福祉の条件を創造するために、国際連合は、次のことを促進しなければならない。
　　1. いっそう高い生活水準、完全雇用並びに経済的及び社会的の進歩及び発展の条件
　　2. 経済的、社会的及び保健的国際問題と関係国際問題の解決並びに文化的及び教育的国際協力
　　3. 人種、性、言語又は宗教による差別のないすべての者のための人権及び基本的自由の普遍的な尊重及び遵守
　　第56条　すべての加盟国は、第55条に掲げる目的を達成するために、この機構と協力して、共同及び個別の行動をとることを誓約する。
40) 安保理の投票手続きに関して、「中国」が参与していなかったモスクワ会談での決定と憲章上の規定がまとめられている。また将来的に自らがその権利・権力を握るものという共産党の意識が述べられている。《解放日報》1945年3月25日。

また、国連創設をめざすなかで中国共産党（中共）が、正統中国政府たることに一貫して固執する姿勢も確認できる。中共はヤルタ会談の成功を評価するとともに[41]、同年4月にサンフランシスコで開催される連合国会議への中国代表団の人員配分について、国民党から3分の1、共産党・民主同盟・無党派から3分の2を選出すべきという提案を初めて表明している[42]。この時期に中共は複数回にわたり同様の提案（翌18日付の周恩来中共中央軍事委員会副主席のパトリック・ハーレー（Patrick Hurley）駐華米国大使宛て電報等）を行っている[43]。3月20日、ハーレーは連合国会議とは政党代表ではなく国家代表によって構成されるべきとの観点から共産党政権を諌めた[44]。

　これを受けて毛沢東（Mao Zedong）は、同年3月7日、中共駐重慶代表の王若飛（Wang Ruofei）宛ての電文で、代表団人選作業に共産党も参加させるよう、王世傑（Wang Shih-chieh）国民党中央宣伝部長に対し働きかけることを指示している[45]。さらに3月9日にも、共産党と民主同盟を含む代表選出を要請している[46]。周恩来（Zhou Enlai）は同日、ハーレーと王世傑に対し、国民党による独占的な「中国」代表団の選出方法

---

41)　《解放日報》1945年2月17日.

42)　《解放日報》1945年3月11日は、山西省、河北省、(旧)察哈尔省の各界が同提案に賛同していると報じている。

43)　それ以前は各解放区からの代表派遣を主張していた。
　　《解放日報》1945年3月16日など.
　　上記提案以降の新聞記事については、《解放日報》1945年3月22日など。

44)　日本国際問題研究所中国部会編『中国共産党史資料集12』勁草書房、1975、pp.202-205。

45)　張樹徳《中国重返連合国紀実》黒竜江人民出版社, 1999, pp.50-51。ただし、本書は、記載事実に誤認も多い。

46)　その他同主旨の論評としては、社論〈われわれの断固とした明確な態度〉《解放日報》4月5日や〈二つの道理は不要である：民主団結か？それとも軍事統一か？〉《新華日報》4月8日など、その他に日本国際問題研究所中国部会編、前掲12、pp.211-212。

第Ⅰ章「中国」の"戦後"構想

は不公平で不合理なものであると書簡で批判している。また米国と国民党の両当局に対し、「共産党は、周恩来、董必武（Dong Biwu）、博古（Bo Gu、本名：秦邦憲）の3名を『中国』代表団に参加させるつもりであるが、もし国民党がこれを拒否するようなことがあれば、共産党としては国民党の国共合作を分裂に導く行動に反対し、あらゆる発言権を確保するため戦う。そうなれば、全中国人民の批判の声と連合国の圧力の下、国民党は譲歩を迫られることになろう」との内容を正式に通告した[47]。

　当時、フランクリン・D・ルーズヴェルト（Franklin Delano Roosevelt）米大統領と彼の特使であったハーレーとでは、共産主義に関する反応に温度差がみてとれる。共産党による代表派遣について比較的柔軟な姿勢の大統領に対して、ハーレーは反共的な姿勢を崩さなかった。蔣介石も「中国」代表団への共産党員加入の要請に否定的態度をとり続け、一旦は国民党員8名から構成される代表団を内定している。それを宋子文から通達された顧維鈞駐英大使は、米国の対「中国」評価の低下と国内の不安定化を危惧した。なぜなら、彼は共産党員を含む「中国」代表団の編成を示唆したルーズヴェルトの蔣介石宛て電文（3月15日）を託されていたからだ[48]。

　この電文を渡すため彼は重慶から昆明へと向かい、蔣介石との会談で「董必武が適任である」と直訴している。董との交友は顧がフランス大使であった当時から深く、その人となり、そして彼の経歴を熟知するがゆえの提言であった[49]。最終的に蔣介石は、ルーズヴェルトと顧維鈞による勧告を受け入れざるを得なかった[50]。米国が「中国」の内政に対し

47)　日本国際問題研究所中国部会編、前掲12、pp.211-212。
48)　張樹徳，前掲，pp.51-52.
49)　顧維鈞著，中国社会科学院近代史研究所訳，前掲書，pp.509-535.
50)　田進　孟嘉等著，前掲，p.16. なお，《新華日報》1945年3月4日では、ルー

051

て決定力を保持した一方で、代表団選考手続きを通じて共産党に与えられた権限と情報はあまりに限定的なものだった。行政院による派遣代表発表の前日、共産党は国府に対して同党からの派遣人員を「中国」代表に加えるよう要求している[51]。翌日発表される代表人員について国民党から情報提供されていなかったようだ。

　連合国五大国の1つとして、また国連創設国かつ安保理常任理事国の1つとしての正統中国政府に承認されることを共通利益と定め、共産党は「中国」代表への人員派遣を実現することでその布石を打った。こうした共産党のうごきを受け、国民党は「中国」政府として共産党のそれとは共通ではない共通利益を実現することに注力している。つまり、米国の庇護の下でのみ国連の「中心」を射止めることができると考えたわけだ。国連創設をめぐる一連の実質的協議に携わった顧維鈞が、中国代表団から共産党を排除することで米国からの評価を落としかねないと危惧したのも、そうした政治判断が効いたからであろう。

　3月27日、10名から構成される「中国」政府代表団名簿が民国政府行政院により公布された。代表10名に加え、顧問や専門委員、秘書や随行員を含む代表団（抜粋：**表1**を参照）は逐次追加され、会議開催時点で100人に上った[52]。各勢力がそれぞれ利権確保に奔走し、同国政府としてはそれを共通利益であると妥協するほかなかった。妥協とはいえ、「中国」の代表団の決定時期は他の四大国と比べ遅かったわけではない。《新華日報》によると、最も早かったのが2月13日に米国代表団が確定

　　ズヴェルトが「米国代表団も民主党と共和党の半数ずつから構成されている」と蒋介石を説得したことを報じ、その姿勢を賞賛している。
51) 《解放日報》1995年3月26日.
52) 「（現段階で）35人を超えており、今後は50人規模にまで増えるだろう」との記事がある。《新華日報》1945年4月15日. 実際にはその約2倍の人員数となった。

第Ⅰ章「中国」の"戦後"構想

表1　サンフランシスコでの「国際機構創設のための連合国会議」「中国」代表団名簿

代表団役職	氏名	所属党派　（役職／略歴）
首席代表（団長）	宋子文	国民党（外交部長代理、行政院長）[※1]
代表	顧維鈞	国民党（駐英大使）
	王寵恵	国民党（元外交部長、国民参政会主席団員）
	魏道明	国民党（駐米大使）
	胡適	国民党（元駐米大使）
	呉貽芳	無党派（国民参政会主席団員）
	李璜	青年党（党幹部、民主政団同盟中央委員）
	張君勱	国家社会党（党主席、民主政団同盟中央委員）[※2]
	董必武	共産党（清末期に中国同盟会に参加、共和国成立後、国家主席代理1972〜75年、国家副主席1959〜75年を歴任、1975年4月2日死去）
	胡霖	《大公報》創設者・社長、国民参政会員）
高等顧問	施肇基	（元外交部長、元国際救済会宣伝組主任）
秘書長	胡世澤	（外交部常務次長）
顧問	貝祖詒	（浙江財閥、法幣安定資金委員会委員）
	顧子仁	（中国基督教青年会）
	呉経熊	（元外交部、米国学術院名誉会員）
	王家楨	（元外交部常務次長）
	陳紹寛	（海軍部長）
	他	
専門委員	王化成	（条約司司長）
	郭斌佳	（武漢大学教授）
	徐淑希	（燕京大学教授）
	朱新民	
	呉兆洪	
	朱光沐	
	李惟果	（総務司司長）
	杜建時	
	張忠紱	（美洲司司長、元外交部参事）
	他	
秘書	林維英	
	翟鳳陽	
	王之珍	
	伍国相	
	謝澄平	
	章漢夫	共産党（新中国成立後、外交部副部長1949.10〜1972.1）
	陳家康	共産党（新中国成立後、外交部副部長1966.1〜1970.7）
	他	

※1　会期中（6月9日）、ヤルタ密約の内容をトルーマン米大統領より告知され、蔣介石への報告を依頼された宋子文は憤慨した。その後、宋は中ソ友好同盟条約の締結手続きのためソ連へ赴く前に一時帰国し、代わりに顧維鈞が首席代表に任ぜられた。楊公素《中華民国外交簡史》商務印書館，1997，p.282、及び唐家璇　主編，前掲，pp.467-468。
　8月21日、宋子文は米国ワシントンD.C.にて改めて国連憲章に署名した。中国国民党中央党史史料編委員会档案〈中国代表簽署連合国憲章（530/11）〉（資料写真）.
　8月24日、蔣介石は重慶にて国連憲章に署名している。国史館印行《中華民国与連合国史料彙編》，2001.

053

※2　張君勱ではなく王雲五との記述もある。唐家璇　主編，前掲，p.468。
　　しかし王は6月26日、つまり国連憲章署名式典当日に重慶の中華民国中央研究院において「団結問題に対する議定3カ条」に関する会合に出席している。行政院発表の派遣人員に変更があった可能性は低く、誤植であろう。張鉄男・宋春・朱建華　主編《中国統一戦線記事新編1919-1988》東北師範大学出版社，1990，p.208。

出所：中国国民党中央委員会党史委員会編印《中華民国重要史料初編：対日抗戦時期　第三編　戦時外交（三）》，1981、石源華主編《中華民国外交史辞典》上海古籍出版社，1996、唐家璇　主編《中国外交辞典》世界知識出版社，2000、《解放日報》，1945年1～4月及び《新華日報》1945年1～12月より作成。そのほか、張鉄男・宋春・朱建華　主編，前掲，李鉄城　主編，前掲，謝启美特邀　主編，王杏芳　主編，前掲，1995、及び田進・孟嘉等著，前掲を参照。

している[53]。次は英国の3月22日で[54]、中国を挟んで3月29日にソ連代表団が決定した[55]。最後はフランスが3月30日に代表団名簿を発表している[56]。

　中共からは董必武が代表入りしたほか、彼の秘書として章漢夫と通訳の陳家康も名簿に名を連ねている。しかし同党としては、後に共和国の国連大使級特別代表を務めた伍修権（Wu Xiuquan）を顧問として代表団に加えようと試みたが、「トラコーマを患っている」ことを理由に国民党から参加を拒まれている[57]。一方の董必武が代表団に任命されたことは、ある意味で必然であったと言えよう。董必武の経歴は共産党一筋ではなく、国民党との関係も深い人物であったからだ。1920年、共産主義小組に参加して以降、26年に国民党中央執行委員に当選し、32年にはマルクス主義学校教務長に就任している[58]。つまり、国共両党にとって有用な人材であったからこそ、「中国」代表に任命された可能性は否定しきれない。共産党にとっていわば「切り札」的存在であった。

53）《新華日報》1945年2月15日.
54）《新華日報》1945年3月23日.
55）《新華日報》1945年3月30日.
56）《解放日報》1945年4月1日.
57）　その他にも、董必武を代表、郭沫若を顧問として、章漢夫，沈其震，陳家康を含む解放区派遣候補人員を選出し名簿を提出した。田進・孟嘉等著，前掲，p.16.
58）　唐家璇　主編，前掲，p.53.

しかし名簿の序列からも、共産党の発言力は抑制されていたことは明らかである。重慶での中国民主同盟による壮行会の席上で董必武は、共産党の不満を代弁し「全人民の平和を愛好するがゆえに、民主的団結精神を希求し国際平和のために奮闘する」と表明している。董のこの発言に対して、各民主党派の沈鈞儒（Shen Junru）、黄炎培（Huang Yanpei）、章伯鈞（Zhang Bojun）などが、「董必武を送り出すということは中国人民代表を送り出すことで、共産党は中国人民の平和への願いを反映し、国連組織設立への支持を表明している」と応えたという[59]。

当時の国際情勢に目を転じれば、1945年4月25日、50カ国の代表団が国連憲章を制定すべく、国連国際機構会議がサンフランシスコで盛大に開催された。国連憲章の作成者であるサンフランシスコ会議の出席者は、国連が国際の平和と安全の維持という目的を遂行するためには、五大国の協調、つまり自己拘束（「同意投票」）がいかに重要であるかを認めていた。そしてそれは、1943年10月の一般的安全保障に関するモスクワ宣言及び翌年秋のダンバートン・オークス会議での諸提案を経た段階で、すでに自明の理となった。この認識の下、国連憲章を完成形に仕立て上げることがサンフランシスコ会議に参加した全員に課せられた任務ではあったものの、議場では四提案国にフランスを加えた五大国、実質的には米国とソ連が決定権を掌握していた[60]。

会議は4つの委員会から編成され計12部会が設置された。第I委員会が「一般規定」、第II委員会は「総会」、第III委員会は「安全保障理事

---

59) 田進・孟嘉等著，前掲，p.17.
60) サンフランシスコ会議の討議編成については、最上敏樹、前掲、第4章「国際連合」、pp.112-115 に詳しい。
　またその中で最上氏は、同会議段階での「大国」対「中小国」の対立を、ダンバートン・オークス提案とニュージーランド案の不一致を例に分析する。

写真1　国連憲章に署名する「中国」代表団員董必武
（1945年6月26日）

会」、そして第Ⅳ委員会では「司法機関」について討議した[61]。米ソなど国連の「中心」と国連の「中心の周辺部」及びその「周辺」とは、そもそも当該機構創設への共通利益が異質であり、ゆえに目指すべき国連像も異なっていた。つまり、安保理中心的国連と総会・経社理の権限拡充路線をとる国連像である。サンフランシスコ会議は、この志向性の対立を内包しつつも、ダンバートン・オークス会議での決定事項を基調として憲章原案が合意された。

　2カ月におよぶ同会議の結果、憲章案がとりまとめられ、6月26日に各国代表によって署名された。「中国」代表の1人として董必武も署名したことで、共産党は国連における「中国代表権」の権原（title）とパワーを手中にする（**写真1を参照**）。そして、これを根拠として共和国の建国後は、国連における正統中国国家であると主張する[62]。国連創設

---

61)　米国国務省 http://www.state.gov/r/pa/ho/pubs/fs/55407.htm
62)　中華人民共和国建国以後の国連における中国代表権問題については、時事通信社外信部編『北京・台湾・国際連合』時事通信社、1961、川崎一郎「中華人民共和国政府の国際的地位」愛知大学国際問題研究所『国際政経事情』(25号)、1958-Ⅱ、p.77、──「中華人民共和国政府の国際的地位」愛知大学国際問題研究所『国際政経事情』(26号)、1958、p.125、及び西村成雄『中国外交と国連の創設』法律文化社、2004 などがあるものの、サンフランシ

第Ⅰ章「中国」の"戦後"構想

過程を通じて「中国」は、総会と経済社会分野の権限拡充に一定の成果
を収め、中共も「中国」を継承する資格を得た。

おわりに

　国連創設過程を通じて米英の支援を引き出しながら、中国は国連の
「中心」たる政治的立場を獲得してゆく。その転機となったのは1944年
のダンバートン・オークス会議であった。

　連合国による未来に対する自己正当化の過程で、中国は連合国の「中
心」に足場を築き、のちに国連安保理常任理事国というポストを手中に
収める。この会議で採択された7項目からなる「中国の提案」は、国連
の創設国でありその「中心」たる中国のイニシアティブを国連憲章に埋
め込むことに成功した証拠となる[63]。

　さらに翌45年にサンフランシスコで開催した「国際機構創設のため
の連合国会議：サンフランシスコ会議（UNCIO）」では、国連の目的で
ある国際の「平和と安全」の維持を担う安全保障理事会（以下、安保
理）の任務及び権限が具現化された[64]。国連憲章は最終的には連合国51

スコ会議以前の共産党の動向については述べられていない。

[63]　国連の成立については、Waldo Chamberlin, Thomas Hovet, Jr., [and] Erica Hovet, *A Chronology and Fact Book of the United Nations 1941-1969*, New York: Oceana Publications, 1970. 斉藤鎮男『国際連合論序説』新有堂、1977。Bennett, A. LeRoy, Historical Dictionary of the United Nations, 1995. 最上敏樹「国際連合」『国際機構論』東京大学出版会、1996。及び Jacques Fomerand, *Historical dictionary of the United Nations*, Lanham, Md.: Scarecrow Press, 2007. などに詳しい。

[64]　国連憲章第1条1項及び第24条1・2項。
　国連憲章：1945年6月26日に連合国50カ国（後日ポーランドが調印し51カ国）によりサンフランシスコにて調印。調印国の過半数の批准を得た同年

057

カ国の承認を受け、調印・批准を経た1945年10月25日に国際連合は設立される。

こうして同国は、1945年のサンフランシスコ会議を集大成とする未来に対する自己正当化を果たした。すなわち、戦後国際秩序の中核たる安保理常任理事国としての地位を獲得した。

UNCIO に派遣された中国代表団はまさしく寄り合い所帯であったが、そのことが1949年の共和国の建国以降、国連における正統中国政府の座をめぐり両党が対峙する火種ともなった。そして、国連において「1つの中国」は同床異夢であった。「中国」にとっては、国連創設国であり五大国、つまり安保理常任理事国の1つとして承認されることが、共通利益であり相互依存ベネフィットであった。しかし、中共は、独自人員を「中国」代表団に派遣することで、自国国益の伸長を期待したのだ[65]。

これと併行して同国は、UNWCC での議論を通じて過去に対する自己正当化を図った。平和に対する罪をめぐり厳罰化を主張したのは中国だけでなく、むしろ同国はその国際プレゼンスを保障してくれる米国との協調路線を採ることで、現在に対する自己正当化によるプレゼンスを獲得するほかなかった。さらに、米英の政策中枢が第二次世界大戦での勝利を射程に捉え始めると、正式発足から1年足らずの UNWCC を形骸化させ、解散を模索するようになる。戦争犯罪に関する審判は所管から切り離され、連合国の戦犯問題を統括する米国に委ねられた。

ダンバートン・オークス会議の直後には、英国政府においても、外務次官が内務次官に宛てた1944年10月19日付書簡で、UNWCC 主導の

10月24日、発効。締約国193カ国（2025年2月現在）。

65)　最上敏樹「第二章 国際機構創設の動因」、前掲、pp.50-70。

第 I 章「中国」の"戦後"構想

国際法廷構想を否定している[66]。UNWCC に関与しないソ連との間での連携協力は難しく、自国民への戦争犯罪は自国軍事裁判所で対処すべきとの判断であった。また米国についても、1945年1月22日付の国務省、陸軍、法務省の三長連名によるルーズヴェルト大統領宛書簡のなかで、同委員会の解散が示唆されており[67]、米国はこの段階で対日戦犯裁判を自国（陸軍省）主導で行うとの結論に至った。

　中国は、UNWCC で原理主義的な主張を展開してきたが、米英から次第に異端視されるようになると、それもトーンダウンせざるをえなくなった。同国にとっては、米英によりアプリオリに設定された1945年の戦後の起点のむこうにある国共内戦での勝利こそが、「戦後」であった。しかしながら、国際政治の潮流は急変した。冷戦体制の陣営形成を急ぐ米英が、戦後処理の幕引きを迫ったのである。その実、連合国の「中心」たる米英からすれば、戦後処理という過去に対する自己正当化よりも、冷戦構造への準備として、未来あるいは現在に対する自己正当化こそが喫緊課題であると決断したからに他ならない。中国は政策転換を余儀なくされ、戦犯の断罪にむけた議論が矮小化されかねないという危惧は、現実のものとなった。

　そもそも中国が描いた戦後構想とは、日本との戦争に勝利しその国家的戦争犯罪の首謀者が犯した平和に対する罪を断罪することであり、それは戦後国際秩序の「中心」に立脚してこそ結実するものだった。UNWCC 極東小委員会の重慶誘致とダンバートン・オークス会議での国際地位向上は、連合国での外交政策という車の両輪であった。人道に

---

66)　TS26/84.「大蔵省法律事務所資料」英国立公文書館所蔵。林博史「連合国戦争犯罪政策の形成：連合国戦争犯罪委員会と英米（下）」前掲。
67)　RG107/Entry99/Box5, RG107/Entry180/Box1「陸軍長官資料」アメリカ国立公文書館蔵。林博史「連合国戦争犯罪政策の形成：連合国戦争犯罪委員会と英米（下）」前掲。

059

対する罪をめぐる厳罰対象からも、国府が国内ガバナンスにおいて求心力向上を図っていたことを確認できた。これらは国共内戦での勝利を所与としていながら、内政的文脈では、その先に「台湾化」という陥穽が待ち構えていた。

　国府の夢が醒める「台湾化」の序章として、UNWCC極東小委員会の末期、1947年1月の第36回会議（議長：劉鍇外交副部長）では、下部組織の事実根拠小組による以下の提案を承認した。すなわち、(1) 台湾出身者及び (2) タイ、マラヤにいた中国人に対する戦争犯罪については、極東小委員会で取り上げず各被害国の対応に委ねる[68]。これは、戦時中に日本人とされた人々で、日本の敗戦にともない日本国籍を失った戦争犯罪被害者に関する対応策を示している。自国民保護の観点と「人道に対する罪」加害者への厳罰化方針とのコントラストから、国民統合／国家統治の眼目が確認できよう。

　他方で、米英の戦後構想は冷戦構造のパワーポリティクスであって、セオリーに沿ったUNWCCの解散決定も、連合国の「中心」がアプリオリに設定した"戦後"構想のそれであった。中国にとっての戦後は国共内戦の先に実現する平時であって、やはり「中心の周辺」であることを如実に物語っている。国際政治の文脈を読めば、なるほど中国にとっての"戦後"と米英の戦後も、やはり同床異夢であった。

---

68)　Minutes of 35th Meeting of the Far Eastern and Pacific Sub-Commission of the UNWCC（14 Jan. 1947), p.1.

第Ⅱ章

国連の「中心」を目指す中国
——「中国代表権」問題をめぐる
非同盟会議と対外援助

はじめに

2001年に発足した「中国・アフリカ協力フォーラム」(Forum on China–Africa Cooperation: FOCAC) は、2024年9月初旬、3年に1度のサミットを北京で開催した。そのサミットには、中国と国交を樹立する53カ国から38カ国の国家元首、9カ国の政府首脳、4カ国の副国家元首、2カ国の総統代表と、アフリカ連合委員会のムーサ・ファキ・マハマト (Moussa Faki Mahamat) 委員長が出席したほか、国連のアントニオ・グテーレス (António Guterres) 事務総長も特別来賓として招聘された。この会議には中国内外からおよそ6,000人が参加し、同国が主催したものでは最大規模となった[01]。

本サミットは協議成果として、「新時代の全天候型中国アフリカ運命共同体の構築に関する北京宣言」と「行動計画 (2025〜2027)」を採択した。同宣言は、アフリカ諸国に対して中国市場へのアクセス条件を優遇するなど経済貿易関係のさらなる発展を提唱したのに加えて、「一帯一路」の構築やアフリカの代表権を高める国連改革、さらに普遍的な安全保障の深化などにおけるハイレベルな連携を強調した[02]。

かねてより、中国による途上国・地域に対する援助スキームをめぐっては、新植民地主義 (Neocolonialism) だとする批判的評価が多数を占めてきた。脆弱な経済状態の受入国を債務の罠へと陥れる[03]、援助資金の

---

01) 王毅〈譜写新時代全天候中非命運共同体新篇章〉(2024年9月19日)
https://2024focacsummit.mfa.gov.cn/ttxx/202409/t20240919_11492601.htm
02) 〈関与共築新時代全天候中非命運共同体的北京宣言 (全文)〉(2024年9月5日)
https://www.mfa.gov.cn/zyxw/202409/t20240905_11485966.shtml
03) The World Bank, *International Debt Statistics 2024*, World Bank Group, 2024.

大規模投入により途上国の資源を囲い込み地場産業を壊滅させる[04]、反政府勢力や「ならずもの国家」への支援を厭わぬ等[05]、枚挙に暇がない。米国議会では、対中強硬派の議員らがたびたび「一帯一路」に関する公聴会を開催し、自由貿易のみならず安全保障に関する国際体制にとって深刻な脅威を形成していると、警戒心を隠さない[06]。

　かつてデボラ・ブローティガム（Deborah Brautigam）は、中国の対外援助をめぐる一連の批判には、貿易・投資と混同した誤解に基づくものが少なくないと指摘した[07]。しかし、2010年代以降の論点は、受入国に対してコンディショナリティを課すことなく、むしろその政策過程に関与を深め、さらに国際政治の場面で同国への支持を獲得する「中国型対外援助」のあり方へと移行してきた[08]。対して中国では、南南協力としての合理性を歴史的に概観した研究が多くを占める[09]。

---

04)　The New York Times, How China Got Sri Lanka to Cough Up a Port, June 25, 2018.

05)　Penny Davies, *China and the End of Poverty in Africa: Towards Mutual Benefits?* Diakonia, 2007.

06)　Hearing before the Subcommittee on International Trade, Customs, and Global Competitiveness of the Committee on Finance, United State Senate 116th Congress, *China's Belt and Road Initiative*, June 12, 2019. Written Testimony of Geoffrey R. Pyatt Assessing U.S. Efforts to Counter China's Coercive Belt and Road Diplomacy, House Foreign Affairs Committee, June 14, 2023.

07)　同氏は、誤解の要因として世銀による誤報を指摘する。世銀は、中国による1956年以降の対外援助累計を440億ドルとしたが、実際は440億人民元だった。対中批判のほぼすべてが、この数字に依拠する。しかも2007年段階の対アフリカ援助額は、米国の76億ドル、フランスの49億ドル、日本の27億ドルに比し14億ドルに過ぎない。Deborah Brautigam, *The Dragon's Gift: The Real Story of China in Africa*, Oxford University Press, 2009.

08)　渡辺紫乃「対外援助の概念と援助理念：その歴史的背景」下村恭民、大橋英夫、日本国際問題研究所編『中国の対外援助』2013、pp.19-39、――「対外援助と外交政策」、前掲書、pp.221-240、毛小菁〈中国対援助方式回顧与創新〉《国際経済合作》第3期，2012.

09)　例えば、石林《当代中国的対外経済合作》中国社会科学出版社，1989，張郁慧《中国対外援助研究》九州出版社，2012，中国商務部国際貿易経済

中国の対外援助に関する先行研究の多くは対アフリカ援助に注目して
きたが、同国はアフリカだけでなくアジアの途上国・地域にも対外援助
を展開してきた。1953年に朝鮮戦争の関係国間で休戦合意に至り、中
国にはようやく「戦後」が訪れた。1955年の第1回アジア・アフリカ会
議（Asia-Africa Conference：バンドン会議、AA会議）を起点とする、い
わば「平時」外交の時代に入り、同国とアジア・アフリカ諸国の関係は
ようやく緒についた。その後、1960年代には、中華人民共和国と中華
民国のいずれを国連における正統「中国」として承認するかという「中
国代表権」問題をめぐり、アジア・アフリカ諸国は東西冷戦と南北問題
の交差点に立たされた。そして、当該問題を決定づけたのも、これら諸
国であった。

　本章では、1960年代の国際政治において、そして当時の中国外交に
とって最重要課題であった「中国代表権」問題の決定主体たるアジア・
アフリカ諸国に着目し、バンドン会議以降に二分した連帯運動が当該問
題の結論をいかに導いたのかを検証する。換言すれば、中国外交にとっ
ては、対外援助が「成果」を担保し得たのかを検討する。

2つのアジア・アフリカ連帯運動——国連の「周辺」からの胎動

　1955年4月18〜24日に開催されたバンドン会議は、アジア・アフリ
カ連帯運動の画期となった。中ソ対立と中印対立のはざまにあって、東
西冷戦構造の内部で、あるいは国連の「周辺」のなかでも主権的国益を

　合作研究院編《国際発展合作之路：40年改革開放大潮下的中国対外援助》
中国商務出版社，2018.

第Ⅱ章　国連の「中心」を目指す中国

めぐり対立が芽生え始めた。「アジア・アフリカ会議」と「非同盟会議
（The Non-Aligned Movement Conference）」に二分し、最終的に前者は国際
政治の波間に消えていった[10]。「中国代表権」問題をめぐっては後者が中
華人民共和国を支持したわけだが、大国間政治の分析枠組みによれば、
第三世界の動向は「南」側諸国と一括される[11]。また、1960年代の中華
人民共和国とアジア非同盟諸国との関係に関する体系的分析はあるもの
の[12]、中華人民共和国を支持した非同盟会議グループの動態及びその要
因に関する先行研究はほとんどない[13]。

　アジア・アフリカ諸国の多くがそうであったように、国連への加盟を
果たせぬ国・地域やその加盟国であっても、米ソなど大国の意向によっ
て投票行動など国連政策に制約を受けた国が多くあった。本章ではそれ
らを国連の「周辺」と分類する。「中国」を代表する合法政府であるこ
とを国連で承認されず、その反動から「人民の国連」[14]及び「革命的国
連」（第二国連または革命的連合国）の創設を画策した中華人民共和国
は、まさに国連の「周辺」にあった。なお、第Ⅰ章でも示したとおり、
国連創設過程から1971年10月25日まで国連で中国代表権を認められて

---

10)　定形衛「アジア・アフリカ連帯運動と中ソ論争：アジア・アフリカ会議
　　と非同盟会議のはざまで（1964-65年）」日本国際政治学会編『季刊国際政治』
　　95号、有斐閣、1990、pp.115-130。
11)　例えば、劉志攻《中華民国在連合国大会的参与　外交政策，国際環境及
　　参与行為》台湾商務印書館，1985.
12)　例えば、笠原正明編集代表 アジア政経学会『1960年代における中国と
　　東南アジア』現代中国研究叢書 XII、東京大学出版会、1974。
13)　1970年代の第三世界・非同盟諸国間の連帯運動と国連総会での協調行動
　　を分析した研究としては、Amen Timothy Grove, Third World Solidarity and the
　　Non-Aligned Nations Movement, PhD. Dissertation, University of Washington, 1984
　　など。
14)　初代フィンランド中国駐在大使スンストロムから信任状を受理した際
　　に、毛沢東が言及したとされる。
　　第2節〈国連における「中国代表権問題」〉《毛沢東選集》北京外文出版社，
　　1977，pp.211-213.

いた中華民国は、安保理常任理事国に位置するも、英米ソ仏に比して微弱な決定力しか持ち得なかった。よって中華民国を唯一の「中心の周辺部」と措定する[15]。

まずは、国連の「周辺」にあったアジア・アフリカ諸国の連帯運動の起源を確認しておく。1947年8月のインド独立前後の「ネルー外交」などに代表される米ソ両大国に対する中立政策が非同盟の原型となる。ただし、のちに非同盟運動の立場からは、「消極的・日和見的な一種の中道主義」[16]と評価されるようになった。レオ・マテス（Leo Mates）などのこうした説[17]に対し、ピーター・ウィレッツ（Peter Willetts）は異を唱える。彼の分析によると、ユーゴスラヴィアのヨシップ・チトー（Josip Tito）大統領、エジプト（アラブ連合）のガマール・アブドゥル＝ナーセル（Gamal Abdu'l Nasir）大統領、そしてインドのジャワハルラール・ネルー（Jawaharlal Nehru）首相の3名を「非同盟の祖」とし、1950年代後半での「非同盟三巨頭会談」にその理念の成立起源を求めている。また彼は、同時期に開催されたバンドン会議に関して、出席国や討論過程そして諸決議から判断すれば非同盟運動の先導的会議ではなかったと指摘する[18]。

マテスらの定説を踏襲し、なおかつその起源から展開過程を時系列的に体系化した岡倉古志郎は、「国際関係にかんするドクトリン」として非同盟主義を捉えている。その上で、「ネルー外交」など消極的な「非

---

15) 「中央」「周辺」という用語はサミール・アミン（Samir Amin）などによる従属論やイマニュエル・ウォーラーステイン（Immanuel Wallerstein）らによる世界システム論から引用した。なお、主権を有する国連加盟国の関係性に着目すれば、疑似的「支配‐被支配」を排除し得ない。
16) 岡倉古志郎、前掲、『非同盟研究序説 増補版』p.100。
17) Leo Mates, *Nonalignment‐ Theory and Current Policy*, Institute of International Politics and Economics, Belgrade: 1972.
18) Peter Willetts, *The Non-Aligned Movement-the Origins of a Third World Alliance*, London: Frances Pinter, 1978, p.3.

第Ⅱ章　国連の「中心」を目指す中国

同盟主義の原型」が積極的なそれへと変質するのは、1949年10月の中華人民共和国の成立から翌1950年の朝鮮戦争勃発を転機とするとも指摘される[19]。つまり、反米帝国主義あるいは社会主義イデオロギーを原動力とした実働的な非同盟運動へと路線を進み始めた。

　1947年3月にインドのニューデリーで開催されたアジア関係会議の時点では、非同盟ドクトリンはいまだ途上国をまとめるような政策・運動には至っていなかった。なぜなら、インドをはじめ参加国・政権のほとんどが、国連加盟はおろか国内統治、ひいては独立もままならない状況だったからだ。それにもかかわらず、非同盟の黎明期にネルーやナセルらの理念に共感する諸政権指導者が、一堂に会したという意義は特記すべきであろう（**表2**を参照）。同会議の討論のテーマについては、「政治的な解放運動」の「政治的側面をふくめてすべての側面にかかわるものとされた」ため、むしろ「国内秩序の特殊性にかんする論議は避けられ」た[20]。この会議がアジア・アフリカに広く門戸を開いていたことは、「ユダヤ人パレスチナ」及び「朝鮮」の参加にも反映されている。

　しかし、1947～48年の国連の「中心」によるパレスチナ分割[21]と朝鮮半島分断[22]を受けて、諸国の国連に対する信奉に動揺が見られた。当時は非同盟ドクトリンが政策・運動として実態化するよりも前だったが、

表2　アジア関係会議（1947年3月）参加国・政権

アフガニスタン、アルメニア、アゼルバイジャン、ブータン、ビルマ、カンボジア、コーチシナ、ラオス、セイロン、中華民国、エジプト、グルジア、インド、インドネシア、イラン、カザフスタン、朝鮮、マラヤ、モンゴル、ネパール、ユダヤ人パレスチナ、フィリピン、シャム、タジク、チベット、トルコ、トルクメン、ウズベク、ヴェトナム

出所：岡倉古志郎 土生長穂編訳『非同盟運動基本文献集』新日本出版社，1979より作成。

---

19)　岡倉古志郎『非同盟研究序説 増補版』新日本出版社、1999、p.100。
20)　岡倉古志郎、前掲、『非同盟研究序説　増補版』pp.18-25。
21)　国連総会決議 181（A/RES/181）（II）．
22)　国連総会決議 195（A/RES/195）（III）．

この時の動揺は、のちに「平和共存」か「反帝国・反植民地主義」かという路線対立として表面化することとなる。

　1949年の建国後、中華人民共和国は朝鮮戦争をめぐり「侵略者」と議決され、サンフランシスコ会議での董必武の憲章署名に基づいた創設者たる自画像とは裏腹に、国連の「周辺」に置かれていた。折しも1953年3月の朝鮮休戦会議の直前に、国際共産主義運動のすべてを取り仕切っていたスターリンが死去したことで、にわかに中華人民共和国（以降、特にことわりがない場合を除いて「共和国」と表記する）の存在感が高まった。同会議での周恩来の提案から[23]、朝鮮戦争の休戦協議が進んだことで、その後も朝鮮及びインドシナ問題について協議するため、翌1954年4月から3カ月間にわたり開催されたジュネーブ会議にも招請されたのだ。一方で、（内政問題としての台湾問題に起因する）国際的不遇や中印間の軋轢という課題を解消すべく、共和国は向ソ一辺倒政策を補完し得る外交理念を早急に固める必要に迫られていた。

　1954年4月25〜29日、ジュネーブ会議の休会期間に合わせて周恩来首相は、ネルーやウー・ヌ（U Nu）と会談を行うためにインド、ビルマなど中立主義諸国を歴訪した。同月28日に発表された中印共同声明には、1953年12月に周首相が提案し、その後中印チベット協定[24]でも規定される「両国間の関係を導く若干の原則」が明記された[25]。そして

---

23)　1953年3月30日、周恩来は朝鮮休戦会談に関する声明の中で、傷病捕虜の交換問題の順調な解決が捕虜に関する問題全般にとって重要である点に言及した。このなかで周は、朝鮮人民軍及び中国人民志願軍の休戦交渉代表と、国連軍休戦交渉代表が同問題について協議すべきと提案している。日本国際問題研究所『新中国資料集成』第4巻、1970、p.70。

24)　1954年4月29日、中印両国は「中国のチベット地方とインド間の通商交通に関する中印協定」（中印チベット協定）を締結した。

25)　1953年12月31日から翌54年4月29日まで北京で開催された中印政府代表による中国チベット地域問題交渉の開始に際して、周恩来首相が提起している。《周恩来選集》下巻，人民出版社，1984，p.118.

これが、「平和五原則」として一定の国際的評価を受けることとなる。しかし、共和国が国連の「中心」入りを望む一方で、国連の「周辺」の代表的存在として同国の国連復帰（「中国代表権」承認）を支持するインド及びビルマとの思惑には温度差があった。その温度差は、両者が国連に求める共通利益のズレであり、さらには「反帝国・反植民地主義」か「平和共存」かという路線対立として、アジア・アフリカ諸国を巻き込んでいくこととなる。

　「平和五原則」には、反帝国・反植民地主義的要素の強い民族自決を追求する項目（①領土主権の相互尊重　②相互不可侵　③相互内政不干渉　④平等互恵）と、中立主義を掲げる項目（⑤平和的共存）が併記される。この行間に、両者の妥協が垣間見られる。「平和五原則」の確立と同時に非同盟の理念に入った亀裂は、中印両国によって無視された。なお周恩来とウー・ヌによる共同声明では、中印関係を導く五原則が中国－ビルマ関係にも適合された一方で、「革命の輸出」の否定及び国家制度の選択の自由を特記している[26]。

　1954年4月28日〜5月2日、東南アジア5カ国首相会議（コロンボ会議）がセイロンのコロンボで開催された。コロンボ・グループ（ビルマ、セイロン、インド、インドネシア、パキスタン）が結成され、同時にAA会議を翌1955年に開催することを決定した同会議は、その主張が具体化してゆく非同盟運動の里程標といえる。その後、非同盟ドクトリンは、AA会議と非同盟会議という2つのアジア・アフリカ連帯運動へと活動フェーズが分化していくが、両者の根底にあったのは反植民地主義、民族独立、そして国連への信奉であった[27]。それは国連の「周辺」が目

---

26)　岡倉古志郎、前掲、『非同盟研究序説 増補版』p.124。
27)　その他、アジア（アフリカ）諸国の連帯、世界平和の希求、世界平和の前提としての民族独立、ブロックへの不参加の理論と姿勢が挙げられている。岡倉古志郎、前掲、1999、p.20。

指す「総会中心的国連像」の実現であり、やがて「中国代表権」問題を決す原動力となる。

アジア・アフリカ会議

1960年12月14日、第15回国連総会が植民地独立付与宣言を採択したことは、国連の「周辺」による共通利益の実現へ向けた序章であった。同宣言の決議に際し、43共同提案国のうち国連に加盟する多くが、AA会議に言及し、当該会議こそが植民地地域及び人民に対して、自決権の基盤を提供したと強調している[28]。国連の「周辺」により初めて開催された会議であり、南北という対立軸・新概念を国際社会に提起したという意味でも、このAA会議は国際関係の構造変動の発端であった。インドネシア大統領スカルノ（Sukarno）は、第1回AA会議の開会演説において、領土併合を伴う古典的な植民地支配と区別して、経済的・文化的偽装をまとった新植民地主義が存在し得ることを初めて指摘したとされる[29]。

第1回AA会議では「バンドン十原則」を含む「世界平和と協力の促進についての宣言」が採択され、殊に、反帝国主義、反植民地主義、平

---

28) United Nations Dept. of Public Information, *Yearbook of the United Nations 1960*, New York: pp.48-50.

29) 恒川恵市「新植民地主義」高坂正堯・公文俊平編『国際政治経済の基礎知識』有斐閣、1983、p.99。
  その初見は「1960年1月、チュニスで開かれた第二回アフリカ人民会議が、アフリカの人民解放運動への帝国主義諸国の対応を『新植民地主義』（Neo-Colonialism）と名づけ」たものとする指摘もある。土生長穂「新植民地主義にかんする理論的諸問題」岡倉古志郎他『アジア・アフリカ講座ⅠA・A・LAと新植民地主義』勁草書房、1964、p.3。
  なお、"a new colonialism"との批判的呼称は、中華人民共和国招聘・蔣介石政権排除に関する国連安保理での審議にて、当時のソ連の姿勢を非難した米国代表の発言にも確認できる。
  国連総会決議291（A/RES/291）（Ⅳ）及び同決議292（A/RES/292）（Ⅳ）。

070

和共存、非同盟の原則、そして国連憲章の尊重という5項目は、途上国・地域の大同団結を示す「バンドン精神」として広く知られるところとなる。その一方で「バンドン十原則」には、集団的自衛権を認めた第5項と、その保障を実践する国連の集団安全保障体制を拒絶する第6項が並置されていることにも留意を要する（下記「バンドン十原則」を参照）。

　周恩来はAA会議での一般演説で、かつてアジアに原爆の被害をもたらし、今日も朝鮮、ドイツそして台湾で侵略を継続する米帝国・米植民地主義を名指しで非難した。さらにカンボジアなどによって展開された共産主義脅威論に対する補足演説においても、自国領土である台湾解放の正義、そして国連における合法的地位回復を邪魔する（米）植民地主義を批判することで、自らの正当性を訴えた[30]。

　AA会議の参加国には反（米）帝国・反（米）植民地主義を掲げる諸国だけでなく、中立主義を掲げる諸国もある。それだけでなく、国連の「中心」の米英仏ソと友好関係を維持するNATOやSEATOの加盟国、さらに二国間軍事条約の締結国としては、平和共存路線を採るほかに選択肢はなかった（**表2**を参照）。求める国益の相違と妥協を内在させつつも、AA会議では大同小異を旨として「バンドン十原則」が取りまとめられた。翻ってみれば、バンドン精神とは、アジア・アフリカ連帯運動の将来的な路線対立を内包した緩やかな合意であり妥協であった。

「バンドン十原則」

① 　基本的人権、国連憲章の原則と目的の尊重

② 　すべての国家の主権と領土保全の尊重

③ 　あらゆる人種の平等、大小すべての国家の平等の承認

---

30)　《周恩来選集》下巻，前掲，pp.146-157.

④　他国の内政に対する不介入、不干渉

⑤　各国が国連憲章に従って単独あるいは集団的に自衛する権利の尊重

⑥　（a）大国の特定の利益に奉仕するために集団防衛の取り決めを
　　　　利用しない

　　（b）いかなる国家も他の国家に圧力をかけない

⑦　いかなる国の領土の保全、あるいは政治的独立に対しても、侵略
　　行為、侵略の脅威あるいは武力行使によって侵犯しない

⑧　あらゆる国際紛争の解決は、国連憲章に一致する交渉、調停、仲
　　裁あるいは司法的解決のような平和的手段、並びに当事国が選ぶ
　　その他の平和的手段により解決する

⑨　相互利益と協力の促進

⑩　正義と国際義務の尊重

　周恩来には、「平和五原則」を「バンドン十原則」へと昇華させた自
負があった。帰国後の5月13日、全人代第15回常務委員会拡大会議で
彼は、誇らしげにバンドン会議の成果報告を行った。同氏は「バンドン
十原則」の採択によって、植民地主義者の企図は過去のものとなったと
言明し、また「十原則」の第5項は第6項（a）との関連において解釈す
べきで、NATOやSEATOなど侵略的軍事ブロックは拒否されたと強調
している[31]。

　しかし、中国の主張が他の参加国に広く共有されることはなかった。
しかもそれは、同国が最も重視していた「中国代表権」問題に対する支
持獲得が不調に終わったことからも明らかであった。**表3**で示すとお
り、AA会議参加国・政権のうち、最終コミュニケで加盟支持が盛り込
まれなかったのは中華人民共和国だけである。さらに、AA会議で共和

---

31)　共同通信社『世界資料』7月号、1955。

第Ⅱ章　国連の「中心」を目指す中国

表3　第1回アジア・アフリカ（AA）会議の参加国・政権（1955年4月）

* （　）内は中華人民共和国との国交樹立日

主催（コロンボ・グループ）		
平和共存		パキスタン（1951/05/21）、セイロン（1957/02/07）
非同盟・中立		ビルマ（1950/06/08）、インド（1950/04/01）、インドネシア（1950/04/13）
招聘・出席		
平和共存	軍事ブロック	トルコ（1971/08/04）、タイ（1975/07/01）、フィリピン（1975/06/09）
	友好関係	エチオピア（1970/11/24）、リベリア（1977/02/17）、リビア（1978/08/09）、イラク（1958/08/25）、レバノン（1971/11/09）、イエメン（1956/09/24）、イラン（1971/08/16）、日本（1972/09/29）、スーダン（1959/02/04）、ヴェトナム共和国（国交無）、サウジアラビア（1990/07/21）、ヨルダン（1977/04/07）
非同盟・中立		ラオス（1961/04/25）、カンボジア（1958/07/19）、エジプト（1956/05/30）、シリア（1956/08/01）、アフガニスタン（1955/05/20）、ネパール（1955/08/01）
反（米）帝国・反（米）植民地		中華人民共和国、ヴェトナム民主共和国（1950/01/18）
オブザーバー		
非同盟・中立		ゴールド・コースト（1960/07/05）

「アジア・アフリカ会議最終コミュニケ」
A　経済協力
パラグラフ11
国際諸機構に加盟していないが加盟の資格のある会議参加者は、加盟の権利を保障されるべきである。

出所：岡倉古志郎・土生長穂編訳、前掲、p.8。

F　世界平和と協力の促進
パラグラフ1
アジア・アフリカ会議は、いまだに若干の国家が国連加盟を認められていないという事実に留意し、（略）国連の加盟権はすべての国に与えられてしかるべきであり、国連憲章の条件にしたがって加盟資格があるすべての国家の加盟を安全保障理事会が支持するよう要求した。アジア・アフリカ会議の意見では、加盟資格がある国は次の国ぐにである。
カンボジア、セイロン、日本、ヨルダン、リビア、ネパール。統一後のヴェトナムもその資格があると考える。

出所：岡倉古志郎・土生長穂編訳、前掲、p.11。

出所：唐家璇主編《中国外交辞典》，世界知識出版社，2000，及び岡倉古志郎
『非同盟研究序説　増補版』、新日本出版社、1999より作成。

073

国が支持を得られず、むしろ孤立したという結果を受けて米国は、台湾海峡での武力衝突のリスクが低下したと評価した[32]。周恩来が華々しい活躍を行ったと評されるAA会議であるが、その実はアジア・アフリカ連帯運動の主導者であったネルーとナセルの接近を演出する場であった[33]。両者の接近は、中ソ・中印対立が先鋭化する火種となり、中国−アラブ連合共和国の関係悪化をもたらした。以上の検証をふまえると、共和国に「中国代表権」をもたらしたのはどのような諸国だったのか、その決定因もあわせて、新たな視座が提示できよう。

「バンドン十原則」という共通指針の下、アジア・アフリカ連帯運動は「国際平和の確保」（平和共存）と「民族解放闘争（反帝国・反植民地主義)」という矛盾する2つの路線を内包するが、それは第1回AA会議からラサ暴動に至る過程で明らかとなる[34]。そして次第に内部からの不協和音を抑えることが難しくなっていった。米ソ両陣営の対立構造の下で、また中ソ・中台の対立関係のはざまで、各国はそれぞれの路線選択を迫られたのだ。前述のとおり中国は、反帝国・反植民地主義に基づく平和構築をその政策路線とすることで、国連の「中心」への「復帰」を画策した。平和共存を掲げるインドやユーゴスラヴィア等は、国連の「中心」が率いるイデオロギー的な軍事ブロックによる支配に抵抗しつ

---

32) FRUS, 1955-1957, East Asian Security; Cambodia; Laos, Volume XXI, Document 48. 48. Minutes of a Cabinet Meeting, White House, Washington, April 29, 1955, 10 a.m.–12:15 p.m.

33) Andrea Benvenuti, Nehru's Bandung moment: India and the convening of the 1955 Asian-African conference, *India Review*, Volume 21, Issue 2, 2022, pp.153-180.

34) 〈アメリカ帝国主義はハリコの虎である〉（1956年7月14日)《毛沢東選集》第五巻，北京外文出版社，1977，pp.444-450,〈アジア・アフリカ諸国は、団結して、平和と独立を保障しよう〉（1956年8月21日)《毛沢東外交文選》中央文献出版社，1994，pp.242-244,〈"一辺倒"対不対？〉（1956年12月8日),前掲,《毛沢東外交文選》pp.278-279,〈悪いことはよいことに変わりうるか〉（1957年2月27日)《人民日報》1957年6月19日，及び〈在歓迎印度副総統拉達克里希南宴会上的講和〉（1957年9月19日)《人民日報》1957年9月20日.

つ、しかし政治体制の異なる諸国とも平和共存を維持することで、自立路線を確立しようと模索した[35]。

AA 会議の翌1956年2月、ソ連共産党第20回大会においてフルシチョフ第一書記は、前任者スターリンを批判した。これを発端とする中ソ対立[36] と 1959年3月にチベットで起きたラサ暴動に端を発する1962年10月の中印国境紛争[37] は、アジア・アフリカ連帯運動にとって大きな打撃となった。中ソ・中印対立の下、AA 会議の参加国をはじめ国連の「周辺」は、「平和共存」か「反帝国・反植民地」かという二者択一を迫られた結果、非同盟主義のあり方をめぐって再編が進む[38]。

表4に示すとおり、中国やインドネシアと同様に AA 会議に依拠し、反帝国・反植民地主義を掲げて民族解放闘争を主張した急進的なアフリカ勢力は、「アフリカ人の手によるアフリカ大陸圏の平和及び秩序の確立」を目指し、パックス・アフリカーナ（Pax Africana）を標榜した。ガーナ、ギニア、アラブ連合共和国、アルジェリア、スーダン、マリ、ソマリア、タンザニア、モロッコなどにより構成されるカサブランカ・グループがそれである。

他方でアフリカ穏健派は、非同盟会議に依拠して世界大戦を回避しつつ、政治体制が異なる国家間の平和共存を唱えたインド、セイロンに

---

35)　反帝国主義・反植民地主義という観点から、共産圏諸国に共感する非同盟主義者は多いが、その中でも「非同盟の始祖」と呼ばれる5人の代表的指導者は以下のとおり。インドのネルー首相、エジプト（アラブ連合）のナセル大統領、ユーゴスラヴィアのチトー大統領、インドネシアのスカルノ大統領、そしてガーナのエンクルマ（Kwame Nkrumah）大統領。

36)　高山英男「社会主義国際関係論と中ソ対立：国際関係認識をめぐって」日本国際政治学会編『国際政治』95号、有斐閣、1990、pp.35-37。

37)　A. Doak Barnett 鹿島守之助訳『中共とアジア　米国政策への挑戦』鹿島研究所出版会、1961、pp.295-297。

38)　斉藤孝「第二回 A・A 会議の歴史的意義」『エコノミスト』1965年6月22日号、p.19。

075

表4　非同盟会議参加国の国連における「中国代表権」問題に対する姿勢

カサブランカ・グループ： 中華人民共和国支持	モンロビア・グループ： 中華民国支持
ガーナ、ギニア、アラブ連合共和国、 アルジェリア、スーダン、マリ、 ソマリア、タンザニア、モロッコ	コンゴ共和国 （ブラザヴィル：のちに仏に倣い態度変化）、 中央アフリカ、カメルーン、ニジェール、 マダガスカル、オートボルタ、チャド、ガボン、 ダホメー、マダガスカル、 コートジボアール[※]、セネガル

※旧象牙海岸。
　非同盟会議への参加はないが、1960年の独立・国連加盟後、「中華人民共和国招請」案に対する投票は、第16回総会（1961年）に棄権の他、以後第26回総会（1971年）まで一貫して反対している。

表中（表6-1〜6-7にも対応）では、カサブランカ・グループの国名を斜体で示し、民国支持のモンロビア・グループの国名を下線で表している。

出所：岡倉古志郎 土生長穂編訳『非同盟運動基本文献集』、新日本出版社、1979、及び United Nations Dept. of Public Information, *Yearbook of the United Nations,* New York: 1961-1971 より作成。

同調した。ブラザヴィル派のアフリカ・マダガスカル連合に属す諸国、及び旧フランス領12カ国を中心とする以下のモンロビア・グループがそれである。リベリア、コンゴ共和国（ブラザヴィル）、中央アフリカ、カメルーン、ニジェール、マダガスカル、オートボルタ、チャド、ガボン、ダホメー、モーリタニア（イスラム共和国）、コートジボアール、セネガル。

　中国やインドネシアがAA会議の第2回開催を模索したのと対照的に、平和共存の意味や民族解放闘争の進め方をめぐり、中ソ・中印は理念的にも政策的にも離反を深めていく。1964年8月といえば、中ソ対立に核の脅威が重なる直前であった。このときナセルはソ連を訪問したが、中国で毛沢東らと協議することはなかった。さらに1965年3月10日、アルジェリアで開催を予定していた第2回AA会議が5月20日に延期され、準備作業の遅れから、再び6月29日に延期された。そして、アルジェリアでのクーデターにより、11月5日へとまたしても延期となった。

　1964〜1965年にかけて、第2回AA会議の破綻と時を同じくして、「中国代表権」問題は転機を迎えた。もともとは、カサブランカ派の急

第Ⅱ章　国連の「中心」を目指す中国

進派諸国が共和国を支持し、モンロビア・グループ（ブラザヴィル派）が民国を承認するという構図であった。しかし1964年1月27日、フランスが共和国を承認・国交樹立したことで、モンロビア・グループ（ブラザヴィル派）の13カ国のうちコンゴ共和国（ブラザヴィル）、ダホメー、中央アフリカもこれに倣った。

　この「動揺」にすぐさま反応したのは、他でもない共和国だった。1963年12月14日〜64年2月4日、周恩来総理をはじめ同国首脳がアフリカ10カ国を歴訪した。その目的は、第18回国連総会（1963年）で「中華人民共和国招請」案を提案したアルバニアへの訪問を端緒に、中華人民共和国という「一つの中国」への支持を取りつけることだった[39]。小さなプロペラ機の総理専用機に乗ってアフリカに渡った周総理らであったが、多くが民国を支持するアフリカ諸国の政府にとってみれば、共和国は外交政策の転換を企図し、あるいは自国内で武装勢力への援助を行うなど、反政府活動の黒幕的存在でもあった。そのような共和国の首相に対するアフリカ諸国の対応は、概して冷淡なものであった（**表5**を参照）。

　1965年前後ともなると、国連の「周辺」が反帝国・反植民地主義を掲げる中国を自身らの代弁者として支持しはじめる。アジア・アフリカ諸国のなかで、自らの代表として中共を国連の「中心」へと送り込むことで、国連の質的転換を期した態度変化であった。「総会中心的国連像」の実現が進展するとの判断が働いた。これと同じころに中国も、反米闘争や南北いずれのベトナムを支援するかといった、政治的に判断が難し

---

39)　例えば、1964年1月16日に発表された「中国＝ガーナ共同声明」では、「国際連合における中国の合法的権利と地位の回復を支持することを重ねて表明し、このことは国際連合の正常な運営に欠くことのできない条件であると考え、『二つの中国』を作りだすたくらみに反対することを表明する」とある。浦野起央編著『アフリカ国際関係資料集』前掲、pp.254-257。

表5　周恩来中華人民共和国首相のアフリカ歴訪

	国　名	期　間	訪問理由・共同コミュニケ
1次※	アラブ連合国	1963/12/14〜21	中国＝アラブ諸国関係五原則
	アルジェリア	1963/12/21〜27	中国＝アフリカ諸国関係五原則
	モロッコ	1963/12/27〜30	経済関係の発展を強調
	チュニジア	1964/01/09〜10	国交正常化、経済関係の発展を強調
	ガーナ	1964/01/11〜16	中国＝アフリカ諸国関係五原則
	マリ	1964/01/16〜21	中国対外援助8原則
	ギニア	1964/01/21〜26	中国＝アフリカ諸国関係五原則
	スーダン	1964/01/27〜30	中国＝アラブ諸国関係五原則
	エチオピア	1964/1/30〜2/01	国交正常化を目指すことを強調
	ソマリア	1964/02/01〜04	中国＝アフリカ諸国関係五原則
2次	アルジェリア	1965/03/30〜31	第2回 AA 会議開催準備についての協議
	エジプト	1965/04/01〜03	第2回 AA 会議開催準備についての協議
3次	タンザニア	1965/06/04〜08	アフリカにおける友好国の模索
	エジプト	1965/06/19〜30	第2回 AA 会議開催準備についての協議

※周恩来は、第1次アフリカ訪問時に契約ベースで総額1億4,600万米ドルあまりの援助を約束し、受入国との関係構築に努めた。
Melvin Gurtov, Communist China's Foreign Aid Program, *Current History*, September 1965, p.154.

出所：『人民日報』、1963年12月14日〜1964年2月6日、1965年3月30日〜4月6日、及び1965年6月4日〜7月1日より作成。

い課題に対して、態度を軟化させはじめた[40]。陳毅（Chen Yi）外交部長もAA準備会議で、「われわれは共通点を求め、相違点を保留する精神を発揮すべきであり、われわれ相互の間にある紛争を会議に持ち込んではならない」と発言している[41]。

しかし、1963年7月に米英ソが部分的核実験停止条約に調印すると、中国はソ連に対する批判を強めていった。〈ソ連共産党指導部とわれわれとの意見の相違の由来と発展〉（1963年9月6日）を第一評とし、〈フルシチョフのえせ共産主義とその世界史的教訓〉（1964年7月14日）の

---

40)　1965年3月12日、〈中国政府の米陸上部隊派遣についての声明〉において「ベトナム人民とインドシナ人民を支持」すると主張する。また同年4月2日、周恩来首相はパキスタン会談で、「中国が自ら進んで米国に戦争を仕掛けることはなく、そのことは台湾が証明している」と述べる。中華人民共和国外交部　中共中央文献研究所編《周恩来外交文選》中央文献出版社，2004，pp.436-444.

41)　時事通信社『世界週報』第46巻第25号、1965、p.32。

第九評に至るまで、ソ連共産党中央委員会の公開書簡に対して反論を繰り返した[42]。以後も一貫してAA会議の第2回開催に固執する中国であったが、アフリカ諸国に対して開催の意義とともにソ連及びマレーシアの招請阻止を説得するため、陳毅外交部長を派遣している。ところが、10月6日にソ連が同会議への参加を表明するや否や、第15回準備会議でアルジェリア駐在中国大使の曽涛は、会議開催の一時延期を主張する。同22日、周恩来は各国政府宛て書簡で会議の一時延期を正式に要請したが、予定通りの開催を主張するアルジェリアとの間に論争を巻き起こすこととなった[43]。

　中ソ対立に加えて、中国の第2回AA会議に対する積極的姿勢を急転させた決定的要因は、1965年インドネシアで起こった「9・30事件」である。《人民日報》は、インドによるソ連招請案の提出は、アジア・アフリカ諸国の団結を強化し得ないどころか、むしろ後退させるものだと批判的に論評した[44]。こうした複雑な国際情勢を理由に、中国はカンボジアとともに同会議の開催延期を主張するに至る。

　中国は、反ソ政策の主導権をアジア・アフリカ地域で拡大することが国連議席の「回復」において有効と考えており、その意味でスカルノの存在は利用価値が高かった。1966年8月に始まる文化大革命（文革）と相まって、スカルノの失脚以後に両国間は急激に悪化した。10月16日午後6時15分（ジャカルタ時間）にインドネシア武装部隊が中国駐インドネシア大使館を襲撃し、商務参賛処を強制捜索したのに対して、中国

---

42)　帝国主義批判並びに米帝国主義の代理人・侵略の道具となり下がった国連の代表を招請することは、反帝国・反植民地主義を掲げるバンドン精神の発揚を妨げると主張する。《人民日報》1965年10月23日.
　　反対理由は、ソ連招請によって多数派工作という目的が妨害されることを避けるためであろう。
43)　《人民日報》1965年10月22、23日及び27日.
44)　《人民日報》1965年10月22日及び23日.

は「強烈」に「抗議」した[45]。スカルノ後の両国関係を象徴する事件であるが、その翌1967年10月30日、両国はついに国交断絶を決断した。

1965年10月26日に中国政府は、アジア・アフリカ間の団結を分裂させるようなAA会議には参加しないとの声明を発した[46]。さらに同政府は、AA会議準備常設委員会[47]のアルバニア代表が、中華人民共和国、カンボジア、ベトナム民主共和国、朝鮮人民民主主義共和国、パキスタン、タンザニア及びギニアによる第2回AA会議延期要請を無視して、アジア・アフリカ諸国家間の分裂を招いていると批判している。その結果、AA外相会議は膠着状態から脱却できぬまま、11月2日に第2回会議の無期限延期を議決した[48]。中国は、「9・30事件」が引き金となり機能不全に陥ったAA会議の破綻を受け入れた。

結論を先取りすれば、中国が国連の「周辺」としての支持基盤を非同盟会議に確保した帰結でもあった。それでは、なぜ1965年前後に非同盟会議は共和国を支持することとなったのだろうか。

非同盟会議

非同盟ドクトリンは、1955年の第1回AA会議開催を経て実働的な運動体へと変容した。「バンドン十原則」に埋め込まれていた亀裂が、1965年に第2回AA会議を破綻へと導いた反面、アジア・アフリカ諸国に限らず国連の「周辺」は、「世界の平和と安全及び諸国人民間の平和

---

45) 《人民日報》1965年10月19日.
46) 《人民日報》1965年10月27日.
47) 第2回AA会議常務委員会が1964年10月より、10月20日、11月12日、12月13日、65年2月8日、2月29日、5月5日、6月4日、6月24日、10月14日、10月19日までの計10回にわたり定期開催され、実務レベルでの準備が進められた。
48) 《北京周報》1965年11月9日号，北京周報社，p.103.

第II章　国連の「中心」を目指す中国

的協力に対してより効果的に貢献する」[49] との理想を抱きつつ、非同盟
運動へと傾倒してゆく。

　1956年7月には、「非同盟の祖」であるチトー大統領、ナセル大統領
及びネルー首相が、ブリオニ島で非同盟三巨頭会談を挙行する。国連へ
の中華人民共和国招聘に関して三者が緊密な協力関係を築いていたこ
とは、共同コミュニケからも確認できる（下記共同コミュニケを参照）。
そして、中華人民共和国との間に「平和五原則」を確立してのちに、中
印紛争の発端となるラサ暴動が起こるよりも前の時期に三巨頭会談が設
定されたことは、ネルーが中華人民共和国の国連代表権を承認すること
に抵抗感を抱かずに済んだ要因であった。

　　チトー大統領、ナセル大統領およびネルー首相会談（非同盟三
　　巨頭会談）（1956年7月）
　　「チトー大統領、ナセル大統領およびネルー首相の共同コミュニケ」
　　パラグラフ9
　　三政府首脳は、中華人民共和国が国連において代表権をもつべ
　　きであるとの信念を表明する。また、国連加盟を申請し、国連
　　憲章のもとでの資格を具備するすべての国ぐにが国連への加盟
　　を承認されなければならないと考える。

　　　　　　　　　　　　　　　出所：岡倉古志郎・土生長穂編訳、前掲、p.15。

　非同盟三巨頭会談は、共和国の国連代表権への支持を打ち出したこと
により、AA会議との政治的立場の違いが浮き彫りになった。そしてこ
の方針が1960年代を通じて揺らがなかった点に、チトーらの指導力と
非同盟会議の柔軟ながら、それだけに強靭な凝集力が看取される。同会
─────────────────────
49)　岡倉古志郎　土生長穂編訳、前掲、1979、p.23。

談の最終日となる7月19日、米国はアスワン・ハイ・ダム建設援助借款の破棄を表明し圧力をかけると、エジプトは7月26日に、スエズ運河会社の国有化を宣言した。

　同年10月、イスラエルと英仏は、武力侵攻をもってこれに応える。さらに、安保理非常任理事国としてこの事態に直面したユーゴスラヴィアは、第1回緊急特別総会（ES-I）の開催に尽力し、合計5,977名が招集された国連緊急軍（UNEF-I）のうち673名を派兵した。ちなみにインドからは957名が派遣されている[50]。

　また、スエズ運河危機によってソ連は中東接近に拍車をかけた。1955年9月27日、ナセルはチェコからの武器購入決定に関する声明のなかで、ソ連の対エジプト武器売却についても言及している[51]。中ソ対立が国際的に表面化する以前にあって、非同盟三巨頭は、国連の「周辺」である共和国を国連の「中心」へ招請する必要性を痛感しており、その認識は次第に国連の「周辺」に広く浸透していった。

　1961年9月、ユーゴスラヴィア・ベオグラードで第1回非同盟諸国首脳会議が開催されたのと前後して、第16回国連総会で2つの重要課題が「総会化」された。1961－71年に開催された非同盟関係会議の参加リストで示すとおり（**表6-1～6-7**を参照）国連総会での「中華人民共和国招請」案に対する非同盟諸国の態度は必ずしも一様ではなかった。アフリカ諸国に関しては、反帝国・反植民地主義を掲げるカサブランカ・グループが共和国を支持する一方で、非同盟・中立主義を理念とするモンロビア・グループ（ブラザヴィル派：コンゴ（ブラザヴィル）（**表4**を参照）などは、のちにフランスに倣い態度変化）は民国を支持した。

---

50)　The United Nations Peacekeeping
　　UNEF-I: https://peacekeeping.un.org/sites/default/files/past/unefi.htm
51)　浦野起央『アフリカ国際関係論』有信堂、1975、p.248。

第II章　国連の「中心」を目指す中国

　またカメルーン、アルゼンチン、バルバドス、ボリビア、ブラジル、チリ、コロンビア、ペルー、ベネズエラといった中南米諸国は、経済的・地政的要因から米国の影響下にあった。必然的に米国の政策に倣わざるを得ない状況も多発し、「中国代表権」問題をめぐる姿勢も例外ではなかった。しかし、国連において民国を支持した中南米諸国は、非同盟会議にオブザーバー資格で参加している。つまり投票権を有しておらず、諸コミュニケや宣言などの文言についても決定権はなかった。

　はたして、多様な政治環境におかれた諸国・政権が開催した非同盟会議の諸コミュニケや宣言には、共和国の国連における合法的権利・地位を支持する文言が採用された。それを可能とした原動力は、「力の理論」ではなく「数の理論」で国連の「中心」を封じ込めるという非同盟の運

表6-1　第1回会議（1961年9月）　参加国家・政府首脳

＊第16－26回総会（1961-71年）における「中華人民共和国招請」案提案国
＊第16－26回総会（1961-71年）における「中華人民共和国招請」案反対投票国

	参加国家	オブザーバー
「中華人民共和国招請」案提案国	アルジェリア、ビルマ、カンボジア、セイロン、キューバ、ガーナ、ギニア、インドネシア、イラク、マリ、ネパール、ソマリア、スーダン、イエメン、アラブ連合共和国※、ユーゴスラヴィア	
「中華人民共和国招請」案反対投票国	コンゴ共和国 (キンシャサ・ブラザヴィル統一政府)	
	サウジアラビア	ボリビア、ブラジル、エクアドル
中立	アフガニスタン、キプロス、エチオピア、インド、レバノン、モロッコ、チュニジア	

※1958年1月21日、シリアとエジプトとの合併により成立。
　カサブランカ・グループの国名を斜体で示し、民国支持のモンロビア・グループの国名を下線で表している。

「非同盟諸国国家・政府首脳の宣言」　III
パラグラフ26
　会議参加国のうち、中華人民共和国政府を承認する諸国は、（国連：引用者加筆）総会が、次の総会において、国連における当該国の唯一の合法的代表として、中華人民共和国政府代表を受け入れなければならないことを勧告する。

出所：岡倉古志郎　土生長穂編訳，前掲，pp.29-30。

表6-2　第2回会議（1964年10月）　参加国家・政府首脳

	参加国家	オブザーバー
「中華人民共和国招請」案提案国	アルジェリア、ビルマ、ブルンジ、カンボジア、セイロン、コンゴ共和国（ブラザヴィル）、キューバ、ガーナ、ギニア、インドネシア、イラク、モーリタニア・イスラム共和国、マリ、ネパール、シエラレオネ、ソマリア、スーダン、シリア[※1]、タンガニーカ・ザンジバル連邦共和国[※2]、イエメン、ユーゴスラヴィア、ザンビア	
「中華人民共和国招請」案反対投票国	カメルーン、チャド、キプロス、ダホメー、ヨルダン、サウジアラビア、トーゴ、リベリア、リビア、マラウイ[※3]	アルゼンチン、ボリビア、ブラジル、チリ、ジャマイカ、メキシコ、ウルグアイ、ベネズエラ
中立	アフガニスタン、アンゴラ、中央アフリカ共和国、エチオピア、インド、ケニア、クウェート、ラオス、レバノン、モロッコ、ナイジェリア、セネガル、チュニジア、ウガンダ、アラブ連合共和国[※4]	フィンランド、トリニダード・トバゴ

※1　1961年9月28日、クーデターによりアラブ連合共和国から分離・再独立。66年2月、再度クーデターにより政権交代。
※2　1964年、合邦、タンザニア連合共和国成立。
※3　1970年4月の非同盟諸国準備会議を最後に、スワジランドと入れ替わるように参加停止。それ以前は、非同盟運動の動向に関する情報を、中華民国駐マラウイ大使館より外部部へ打電。
※4　国連議席は2カ国で1議席とされたため、シリアの脱退に伴い「中華人民共和国招請」案提案国扱いではなくなる。

　　　　　　カサブランカ・グループの国名を斜体で示し、民国支持のモンロビア・グループの国名を下線で表している。

「平和および国際協力綱領」
IX　国連一国際問題におけるその役割、諸決議の履行および憲章の改正
　会議は、ベオグラード会議の勧告を想起しつつ、国連総会にたいして、中華人民共和国の権利を回復し、その政府代表を国連における中国の唯一の合法的代表として認めるよう要請する。

出所：岡倉古志郎　土生長穂編訳、前掲、p.51。

第Ⅱ章　国連の「中心」を目指す中国

表6-3　非同盟諸国特別政府代表協議会（1969年7月）　参加国家・政府代表

	参加国家	オブザーバー
「中華人民共和国招請」案提案国	アルジェリア、ビルマ、ブルンジ、カンボジア、セイロン、コンゴ共和国（ブラザヴィル）、ガーナ、ギニア、インドネシア、イラク、モーリタニア・イスラム共和国、マリ、ネパール、シエラレオネ、ソマリア、スーダン、シリア、ユーゴスラヴィア、ザンビア	
「中華人民共和国招請」案反対投票国	カメルーン、チャド、キプロス、コンゴ民主共和国（キンシャサ）、ジャマイカ、ヨルダン、リベリア、リビア、マラウイ	アルゼンチン、ボリビア、ブラジル、チリ、ウルグアイ、ベネズエラ
中立	アフガニスタン、中央アフリカ共和国、エチオピア、インド、ケニア、クウェート、ラオス、レバノン、モロッコ、ナイジェリア、セネガル、チュニジア、ウガンダ、アラブ連合共和国	トリニダード・トバゴ

カサブランカ・グループの国名を斜体で示し、民国支持のモンロビア・グループの国名を下線で表している。

「非同盟諸国特別政府代表協議会最終コミュニケ」
パラグラフ2
　中華人民共和国にたいする正当な権利の回復と、すべての国家が自らの役割を十分にはたせるような形での国連機構の改善が必要であることに合意した。

出所：岡倉古志郎　土生長穂編訳，前掲，p.59。及び United Nations Dept. of Public Information, *Yearbook of the United Nations*, New York: 1961-1971 より作成。

表6-4　ニューヨーク閣僚会議（1969年9月）　参加国家・政府閣僚

	参加国家	オブザーバー
「中華人民共和国招請」案提案国	アルジェリア、ブルンジ、カンボジア、セイロン、コンゴ共和国（ブラザヴィル）、赤道ギニア、ガーナ、ギニア、インドネシア、イラク、マリ、モーリタニア（イスラム共和国）、ネパール、シエラレオネ、ソマリア、スーダン、シリア・アラブ共和国、タンザニア、イエメン、イエメン人民民主共和国、ユーゴスラヴィア、ザンビア	
「中華人民共和国招請」案反対投票国	ボツワナ、カメルーン、チャド、コンゴ民主共和国（キンシャサ）、ダホメー、ジャマイカ、リベリア、リビア、マラウイ、マレーシア、サウジアラビア、トーゴ	アルゼンチン、ボリビア、ブラジル、チリ、ペルー、ベネズエラ
中立	アフガニスタン、中央アフリカ共和国、キプロス、エチオピア、ガンビア、ガイアナ、インド、ヨルダン、ケニア、クウェート、ラオス、レバノン、モロッコ、ナイジェリア、シンガポール、トリニダード・トバゴ、チュニジア、ウガンダ、アラブ連合共和国	トリニダード・トバゴ

カサブランカ・グループの国名を斜体で示し、民国支持のモンロビア・グループの国名を下線で表している。

「ニューヨーク閣僚会議コミュニケ」
パラグラフ4

　参加者は、国連の枠内に置ける非同盟諸国の共同行動の基礎として貢献している、ベオグラードおよびカイロでひらかれた以前の非同盟諸国の会議や会合の諸文書で概説されている非同盟諸国の原則ならびに政策をあらためて強調しつつ、第24回国連総会の議題にあげられた諸問題について相互協力を促進するために、協議を深め、共同の努力を行うことに合意し、適切な接触を維持し、協議を継続することを決定した。

出所：岡倉古志郎　土生長穂編訳, 前掲, p.61。

第Ⅱ章　国連の「中心」を目指す中国

表6-5　非同盟諸国準備会議（1970年4月）　参加国家・政府首脳

	参加国家	オブザーバー
「中華人民共和国招請」案提案国	アルジェリア、ブルンジ、セイロン、コンゴ共和国（ブサザヴィル）、キューバ、赤道ギニア、ガーナ、ギニア共和国、インドネシア、イラク、マリ、モーリタニア、ネパール、シエラレオネ、ソマリア、スーダン、イエメン、イエメン人民民主共和国、シリア、タンザニア、ユーゴスラヴィア、ザンビア	
「中華人民共和国招請」案反対投票国	ボツワナ、カメルーン、コンゴ民主共和国（キンシャサ）、ジャマイカ、レソト、リベリア、リビア、マラウイ、マレーシア、スワジランド	アルゼンチン、ボリビア、ブラジル、チリ、コロンビア、ペルー、ベネズエラ
中立	アフガニスタン、中央アフリカ共和国、キプロス、エチオピア、ガイアナ、インド、ヨルダン、ケニア、クウェート、ラオス、レバノン、モーリシャス、モロッコ、ルワンダ、セネガル、シンガポール、チュニジア、ウガンダ、アラブ連合共和国	トリニダード・トバゴ

カサブランカ・グループの国名を斜体で示し、民国支持のモンロビア・グループの国名を下線で表している。

「非同盟諸国準備会議最終コミュニケ」
　参加者は、国連の普遍性の重要性および**中華人民共和国にたいしてこの機構におけるその正当な地位を与えることの緊急の必要性**を強調した。

出所：岡倉古志郎　土生長穂編訳，前掲，p.5。及び United Nations Dept. of Public Information, *Yearbook of the United Nations*, New York: 1961-1971 より作成。

表6-6　第3回会議（1970年9月）　参加国家・政府首脳

	参加国家	オブザーバー
「中華人民共和国招請」案提案国	*アルジェリア*、*ブルンジ*、セイロン、*コンゴ共和国（ブラザヴィル）*、*キューバ*、*赤道ギニア*、*ガーナ*、*ギニア*、インドネシア、*イラク*、*マリ*、*モーリタニア*、ネパール、シエラレオネ、*ソマリア*、*スーダン*、シリア、*タンザニア*、イエメン、イエメン人民民主共和国、*ユーゴスラヴィア*、ザンビア	
「中華人民共和国招請」案反対投票国	ボツワナ、カメルーン、チャド、<u>コンゴ民主共和国（キンシャサ）</u>、ジャマイカ、<u>レソト</u>、<u>リベリア</u>、<u>リビア</u>、<u>マレーシア</u>、<u>スワジランド</u>、<u>トーゴ</u>	<u>アルゼンチン</u>、<u>バルバドス</u>、<u>ボリビア</u>、<u>ブラジル</u>、<u>チリ</u>、<u>コロンビア</u>、<u>ペルー</u>、<u>ベネズエラ</u>
中立	アフガニスタン、中央アフリカ共和国、キプロス、エチオピア、ガボン、ガイアナ、インド、ヨルダン、ケニア、クウェート、ラオス、レバノン、モロッコ、ナイジェリア、ルワンダ、セネガル、シンガポール、トリニダード・トバゴ、チュニジア、ウガンダ、アラブ連合共和国	南ヴェトナム

カサブランカ・グループの国名を斜体で示し、民国支持の<u>モンロビア・グループ</u>の国名を下線で表している。

「平和、独立、開発、協力および国際諸関係の民主化にかんするルサカ宣言」
パラグラフ 13(g)
　国連の役割と有効性を強化するための諸努力をひきつづきおこなうこと。および、国連の普遍性の達成、すなわち、**中華人民共和国にたいして国連におけるその正当な地位を与え**、いまなお分断されている諸国をふくめてなお国連の外部にある他の諸国の加盟を認め、国連およびその諸機関の活動に参加させることの緊急な必要性を推進すること。

出所：岡倉古志郎　土生長穂編訳，前掲，p.71。

第Ⅱ章　国連の「中心」を目指す中国

表6-7　非同盟諸国閣僚協議会（1971年9月）参加国家・政府閣僚

	参加国家	オブザーバー
「中華人民共和国招請」案提案国	アルジェリア、ビルマ、ブルンジ、チリ、キューバ、赤道ギニア、ガーナ、ギニア、インドネシア、イラク、マリ、モーリタニア、ネパール、イエメン、イエメン人民民主共和国、統一アラブ共和国、シエラレオネ、ソマリア、スリランカ、スーダン、シリア、ユーゴスラヴィア、ザンビア	
「中華人民共和国招請」案反対投票国	カメルーン、チャド、ジャマイカ、リベリア、リビア、マレーシア、レソト、スワジランド、トーゴ、ザイール民主共和国（旧コンゴ民主共和国・キンシャサ）	アルゼンチン、バルバドス、ボリビア、ブラジル、チリ、コロンビア、ペルー
中立	アフガニスタン、中央アフリカ共和国、キプロス、エチオピア、ガボン、ガイアナ、インド、ヨルダン、ケニア、クウェート、ラオス、レバノン、モーリシャス、モロッコ、ナイジェリア、ルワンダ、セネガル、シンガポール、タンザニア、トリニダード・トバゴ、チュニジア、ウガンダ	南ヴェトナム

カサブランカ・グループの国名を斜体で示し、民国支持のモンロビア・グループの国名を下線で表している。

「非同盟諸国閣僚協議会最終コミュニケ」　Ⅲ
パラグラフ31(b)
　普遍性を実現すること。とくに中華人民共和国の正当な権利の即時回復、またいまなお国連に加盟していない分裂諸国をふくむすべての国が国連の活動に参加できるようにすることが緊急に必要であることにとくに留意する。

＊同コミュニケ「保留」（抜粋）
次の諸侯の代表が、パラグラフ31(b)に保留を表明した。カメルーン、中央アフリカ共和国、コンゴ（ママ）＊（民主共和国）、レバノン。
※正しくは「ザイール」。

出所：岡倉古志郎　土生長穂編訳，前掲，p.87。及び United Nations Dept. of Public
Information, *Yearbook of the United Nations*, New York: 1961-1971 より作成。

089

動理念を抱く国連の「周辺」であった。一方で、「数の理論」に依存せねばならないという非同盟運動の脆弱性から、各参加国・政権の僅少な最大公約数を求めるほか活路はない。その最大公約数が共和国への支持とされた。

　また、非同盟会議の中心的存在であるチトーの政策理念からも、同会議が一貫して共和国の国連招請を支持したもう1つの要因を考察し得る。1948年6月28日のコミンフォルム（Cominform）によるユーゴスラヴィア追放決議に忠誠を誓う共和国は、1955年1月2日の国交樹立後も同国への批判的姿勢を崩さなかった[52]。にもかかわらずユーゴスラヴィアは、共和国の国連招請を支持し続けた。チトーの対外政策は、ソ連及び共和国と対決するのではなく、「支持を得ることで自らの国際的地位の向上を図る。その意味で、（略）各国との友好を図り、ソ連との関係がいっそう厳しくなった時に、自国の外交的な選択の余地を拡大するという狙いをもっている」[53]。1954年末、フルシチョフがユーゴスラヴィアとの関係修復を説くため訪中した点をみても、彼のこの姿勢が奏功したと言えよう。中ソ関係の微妙バランスの上に非同盟の選択肢が見出された[54]。

　なぜ非同盟諸国は、同会議にオブザーバー参加すらしていない共和国に対する支持を堅持したのか。1961年に発足した当初は、AA会議との差別化、つまり「国際平和の確保」（平和共存）ではなく「民族解放

---

52)　社説〈現代修正主義を批判すべきである〉《人民日報》1958年5月5日において、以下のように批判した。
　「（現代修正主義の代表であるユーゴスラヴィア共産主義者同盟：引用者加筆）綱領は、革命的唯物弁証法を詭弁にすり替え、（略）反動的ブルジョア民族主義が、革命的プロレタリアート国際主義にすり替わったものである」。
53)　定形衛、前掲「国際共産主義運動と非同盟外交：ユーゴの対ソ連、中国外交（1977-78年）」、p.239。
54)　1955〜58年の間に中華人民共和国から37回、ユーゴスラヴィアから32回代表団が相互訪問を果たすが、特に57年に集中している。唐家璇主編, 前掲, p.635。

闘争（反帝国・反植民地主義）」を求める強固な理念があった。しかし1965年を転機としてアジア・アフリカ諸国は、国連の「周辺」という準拠枠を発見する。すなわち、共和国への支持は非同盟諸国という枠組みを超え、南北問題への対応と相互作用する潮流へと変容する。

　建国当初より国連の「中心」を目指した共和国は、バンドン会議以降、非同盟主義を掲げる国連の「周辺」へと変容していった。さらに、とりわけ1965年を転機として国連の「周辺」の代表的存在になっていく。そして、同国は、アジア・アフリカ諸国を主とした国連の「周辺」に対して求心力を発揮し、最終的に1971年の国連復帰を実現する。しかし、ここで留意すべきは、国連の「周辺」にラテン・アメリカ諸国が含まれていないという点である。**表5**に示したとおり、非同盟会議にオブザーバー参加したラテン・アメリカ諸国の多くは対米関係のなかで民国の支持層を形成しており、国連での審議においても一貫した投票行動をとっている。つまり、共和国の支持基盤がAA会議から非同盟会議へとスライドしたわけではない。

1960年代の国連の変容──東西・南北対立と「中国代表権」問題

　「アフリカの年」よりも前、米ソ両陣営は、振興独立国や体制移行国に対して援助競争を繰り広げ、南北問題を東西冷戦構造に埋没させてきた。米国は新興独立諸国での共産主義の拡大を食い止めるべく、1949年にハリー・トルーマン（Harry Truman）大統領が「ポイント・フォア計画（point four proposal plan）」を提唱した。また1957年には対外援助計画調査上院特別委員会が、東西勢力均衡と民主的価値の低下防止を二大

091

目的とする対外援助のあり方について議論・研究を始めている。

　しかしながら、1960年、アフリカの17カ国が独立し、そのうち16カ国が国連加盟を果たした。いわゆる「アフリカの年」を迎えた国連総会ではアフリカ諸国が最大勢力となった結果、12月14日に植民地独立付与宣言が第15回総会（1960年）にて全会一致で採択された[55]。勢力構成の転換は「安保理中心的国連像」を動揺させ、国連の「周辺」が望み続けた「総会中心的国連像」の実現を後押しした。それは、米国による南北問題の「総会化」をもたらす直接的要因ともなる。翌年、対外援助政策を最優先課題に位置付けるジョン・F・ケネディ（Jhon F. Kennedy）米大統領が主導し、国連総会は第1次「国連開発の10年」を決議し、国内では米国国際開発局（United States Agency for International Development: USAID）が設立された。

　1961年8月にベルリンの壁が建設され、翌1962年10月にキューバ危機が起きた一方で、1960年代半ば以降には東西両陣営内で多極化が進んだ。核武装をめぐって米国と対立したフランスは、1964年1月に共和国を承認し、中仏国交正常化が実現する。対する東側陣営では、同年8月に始まるベトナム戦争や共和国の核兵器開発[56]によって、中ソ対立はいっそう先鋭化していった[57]。そしてプラハの春に対する1968年8月の

---

55)　国連総会決議 A/RES/1548(XV).

56)　武者小路公秀によれば、東西冷戦構造の両陣営のなかで2番目の立場にあった中国とフランスの核兵器開発は、相手ブロックへの核抑止よりも、自陣営の上位国、つまりソ連と米国による核兵器支配に対する自己防衛を目的とした。そして同氏は、中仏に共通する核開発の動機を「核接近のナショナリズム」と称した。武者小路公秀『国際政治を見る眼：冷戦から新しい国際秩序へ』岩波書店、1977、pp.101-109。

57)　中華人民共和国の核兵器開発の経緯については、以下を参照。《当代中国的核工業》編集委員会編《当代中国的核工業》中国社会科学出版社，1987、John W. Lewis and Litai Xue, *China Builds the Bomb*, Stanford University Press, 1991. 康捷・魏兵・柳霜　主編《核弾内幕》太白文芸出版社，1995. 平松茂雄『中国の核戦力』勁草書房、1996。殷雄・黄雪梅　編著《世界原子弾風

092

チェコスロヴァキア事件と翌1969年3月の珍宝島（ダマンスキー島）事件により、両者の対立は軍事衝突にまで至った。冷戦変容期における陣営内での地殻変動に伴い、大国により潜在化されてきた南北問題が表出しはじめた。つまり、東西対立軸と南北対立軸が相互作用しつつ1960年代に可視化された。

「アフリカの年」における国連の質的転換は、米国の国連政策を変えたのみならず2つの理事会にも「民主化」をもたらした。第18回総会（1963年）にて可決された、安保理理事国数（11から15議席へ）及び経社理理事国数（18から27議席へ）の拡大がそれである[58]。理事国数の拡大に関する議論は、以後30年間、1993年に「安保理の衡平な代表性と議席拡大及び安保理に関連するその他の事項に関する作業部会」が設置されるまで[59]、塩漬けにされたとおり、国連改革論のなかの「パンドラの箱」である。それだけに、1963年の「民主化」は大きな意味をもつ。

一連の国連の質的転換は、同機構の「顔」にも波及した。アジア・アフリカ諸国からは初めてとなる国連事務総長が選出された。ビルマ出身のウ・タント（U Thant）が、事務総長代理を経て1961年に第3代事務総長（任期1961〜1971年）に就任したが、この人事は国連の質的変化を象徴するものとなった。西側諸国から酷評されるのとは対照的に、例えば共和国では、「敬虔な仏教徒であったため、不偏であることを原則として国際紛争を解決するよう特に注意を払い、（略）重大な国際的危

　雲録》新華出版社，1999。飯塚央子「中国における核開発：向ソ一辺倒から米中接近へ」『中国21』Vol.14, 風媒社 , 2002, pp.85-108 など。

58)　国連総会決議 A/RES/1991 (XVIII).
　　国連憲章「序」によると、同憲章第23条、第27条及び第61条の改正案は、1963年12月17日、総会により採択された。第27条の改正に伴い、手続き事項（議題決定）に関する安保理の表決は9（改正以前は7）理事国の賛成投票によって行われ、その他すべての事項に関する表決は、5常任理事国を含む9（改正以前は7）理事国の賛成投票によって行われる。

59)　国連文書 A/48/26.

093

機や衝突の調停にあた」ったと、彼の功績が讃えられる[60]。

　そもそもウ・タントが急きょ事務総長に就任したのは、ダグ・ハマーショルド（Dag Hammarskjöld）第2代事務総長（任期1953～1961年）の急逝による。不慮の殉死も同氏に対する英雄視を後押しする要因の1つかもしれないが、今日なお西側諸国を中心に高く評価される[61]。一方で彼の政治的立場に関しては、「ハマーショルドは、（略）コンゴ国連軍を国外から（ママ）撤退させようとするコンゴ首相ムルンバへのクーデターをアメリカと協同して進めた」など、「西側諸国の外交の道具として機能し、国連（事務総長）自身もそれを望んでいた」との指摘もある[62]。

　ソ連が国連批判を強めるなかでケネディは、大統領就任後ただちにコンゴ政策の練り直しに着手する。コンゴ国連軍（ONUC）を糸口として米ソ対立の下での介入主義をアフリカで展開したのも、将来の国連平和（維持）活動の介入主義の試金石となる同国連軍の進展には、アジア・アフリカ諸国の支持が不可欠と認識していたからだ。その連帯運動の分化を危惧したケネディ政権は、2つの「総会化」に踏みきった[63]。

---

60)　李鉄城《聯合国五十年　増訂本》中国書籍出版社，1996，p.86.
　　　事務総長の評価に関する論考としては、河辺一郎「事務総長をどう評価するか」宇都宮軍縮研究室『軍縮問題資料』191、1996、pp.68～69。

61)　例えば、Peter B. Heller, *The United Nations Under Dag Hammarskjöld 1953-1961*, The Scarecrow Press, 2001、Evan Luard, *A History of The United Nations, vol. 2: The Age of Decolonization, 1955-1965*, Palgrave Macmillan, 1989、United Nations, *The Blue Helmets: A Review of United Nations Peace-Keeping*, New York: The United Nations Department of Public Information, 1996、及び『世界週報』第42巻第40号、時事通信社、1961、pp.20～23。

62)　三須拓也「コンゴ国連軍と反ムルンバ秘密工作1960年7月～9月：クーデターを支えた国連平和（維持）活動」『名古屋大学法政論集』第193号、2002、及び―「第7章『非介入の名のもとでの介入』：ケネディ政権とコンゴ国連軍」緒方貞子・半澤朝彦編著『グローバル・ガヴァナンスの歴史的変容：国連と国際政治史』ミネルヴァ書房、2007、pp.203-233。

63)　*FRUS*, 1961-1963, vol. XX, Congo Crisis（Jan. 10, 1961），pp.2-11.

第Ⅱ章　国連の「中心」を目指す中国

　国連の「中心」というより、むしろ米国による「安保理中心主義的国連像」の実現を補完するという文脈でも、2つの「総会化」は意義深い。以下ではまず「中国代表権」問題を、続いて南北問題の「総会化」に至る経緯とその背景をみていく。

　共和国は1949年10月1日に建国を宣言して後、正統中国国家であることを繰り返し国際社会に主張した。同じく国連に対しても「中国議席」を代表する権利の正当性を認めるよう要請している。建国後初となる要請は、1949年11月18日付国連受信の周恩来総理兼外交部長からトリグブ・リー（Trygve Lie）国連事務総長とカルロス・ロムロ（Carlos Romulo）第4回国連総会議長あての打電（A/1123）であった[64]。その後1950年1月10日にマリク（Yakov Malik）ソ連代表が、同月8日付の周恩来外交部長によるトリグブ・リー国連事務総長と安保理理事国宛ての書簡を支持する「国民党代表排除決議」案の審議を蔣経国安保理議長に要求した。

　議長裁定によって、ソ連案は特別理事会で審議されることとなり、同月12〜13日に「中国代表権」問題をめぐる間接的審議が初めて国連に

---

64)　なお中国及び台湾の研究者はともに、同電信の北京発信日時である11月15日をもって初の議席獲得の要求とする。《中華人民共和国対外関係文件集》第一集，世界知識出版社，1957，pp.85-87. 銭其琛顧問，王泰平主編，張光佑，馬可錚副主編《新中国外交50年》下，北京出版社，1999，p.1704. 劉志攻，前掲，p.120. 王正華《中華民国与聯合国史料彙編　中国代表権》国史館，民90，pp.2-3.
　ちなみに建国前日の9月30日、中華人民共和国人民協商会議第1回全体会議は、「蔣介石政権の残党は、第4回国連総会に出席する資格を有しない」ことを可決した上で閉会した。また建国当日も、毛沢東は天安門楼上で「中華人民共和国政府こそが中国人民を代表する唯一の合法政府である」と宣言した。「戦後世界歴史長編」編委会《戦後世界歴史長編1949》5，上海人民出版社，1979，pp.256-257. 謝益顕主編《中国外交史　中華人民共和国時期1949〜1979》河南人民出版社，1988，pp.38-39. 李鉄城主編《聯合国的歴程》北京語言学院出版社，1993，p.196. 張樹徳《中国重返聯合国紀実》1999，p.111.

おいてなされた。ソ連案の審議の際、当該問題の当事者である蔣経国は表決にあたって議長ポストから変更された。しかし、賛成3票（ソ連、ユーゴ、インド）、反対6票（米、仏等）、棄権2票（英、ノルウェー）で否決されたことをうけて、同月16日よりソ連は安保理をボイコットし、反発を強めていった。

1950年12月14日、第5回国連総会は、「国連における加盟国代表権の承認に関する決議」を採択し、これ以降は「中国代表権問題」を総会で審議するとの方針を打ち出した[65]。同決議の主旨は以下のとおり。なお同決議は、「国連において2つ以上の政権が、1加盟国政府を代表する権利を争う場合には、個々の事例の状況を考慮した上で憲章の目的と原則に則り、総会は当該案件に対する総会の態度を他の国連機関及び専門機関が参照するよう」勧告するものである。

同じく第5回総会では、「特別委員会（研究委員会：Study Committee）設置」案が審議・採択されるも[66]、総会は朝鮮戦争において共和国を「侵略者」と断じた[67]。その余波から、研究委員会は総会に何ら報告もなし得ぬまま解散に追い込まれた。このように、「中国代表権」問題は当初、国連の諸機関で独自の手続き規則に準じた処理・審議が望まれた。しかし、冷戦構造下にあって国連の「中心」の構成要員を入れ替えるという重要性・特殊性をともない、むしろそれが焦点であったために、安保理の膠着状態はより深刻なものとなった。結局、アイゼンハワー政権は、10年にわたり「審議棚上げ」政策を堅持した。

---

65) 国連総会決議 A/RES/396(V).
66) 国連総会決議 A/RES/490(V).
67) 1951年2月1日、総会は「中華人民共和国中央人民政府が、朝鮮において（略）国連軍に対する戦闘に加わることによって、自らも同地での侵略に従事しているものと認める」ことを議決した。国連総会決議 A/RES/498(VI).

096

第Ⅱ章　国連の「中心」を目指す中国

　第15回総会（1960年）では、「審議棚上げ」案への投票結果は賛成42
票、反対34票となり、拮抗から逆転へのながれは歯止めがかからぬ一
方で、棄権も最多の22票を数えた。翌年、かねてより共和国の国連加
盟を阻止できないと認識してきたケネディが政権の座に就くと、1951
年以来10年間にわたり共和党政権が固執し続けてきた「『中国代表権』
問題審議棚上げ」案を放棄する。当時、米政府周辺には共和国の国連加
盟を容認する声が高まっており、スティーブンソン（Adlai Stevenson II）
上院議員（後に国連大使）、国連駐在米国代表団の特別顧問であった
ルーズベルト（Anna Roosevelt）夫人やフルブライト（William Fulbright）
上院外交委員長、そしてハリマン（Averell Harriman）無任所大使らは、
新政権の発足に前後して、自らの立場を主張している[68]。

　こうした主張を国務省閣僚・官僚として行政面から支えたのが、
ディーン・ラスク（Dean Rask）国務長官と同省極東局のグラハム・
パーソンズ（Graham Parsons）である。彼らが画策したのは、いわゆる
「二つの中国」であった[69]。しかも、総会議席を永遠に維持させ、英国を
はじめ諸外国との外交関係の存続を確約する一方で、安保理常任理事国
議席を共和国に明け渡すなど、民国にとってはあまりに過剰な要求で
あった。その対価として想定されたのが、①民国が唯一の合法政府であ
ることを支持し続けること、②英国など民国を承認していない諸国に対
して、同国の承認を要請すること、③対民国援助の不変的継続、④民

---

68)　蘇格《美国対華政策与台湾問題》世界知識出版社，1998，pp.319-320.
　　及び台湾・国史館所蔵外交部移転档案「聯合国大会第十六届常会中国代表
　　権問題因応経過節要」節要条字第二十五（五十一）号，外交部条約司編《匪
　　共与聯合国及我国代表権問題案》172-3/5868，pp.3-4.
69)　A New Approach to Our China Policy Objectives, from J. Graham Parsons to
　　the Secretary of State Designate, Dec. 28, 1960, Real 2 of 5, Confidential U.S. State
　　Department Central Files, China, Foreign Affairs, 1960-1963, Bethesda, Maryland:
　　University Publications of America.

国の安全保障の提供、の4点である。この構想に最も鋭く反対したのは、他でもない民国である。蔣介石の掲げる「漢賊並び立たず」という基本原則の前に、「二つの中国」案はいったん頓挫するが、モンゴルとモーリタニアの国連加盟問題という文脈へと読み替えられ、「総会化」された「中国代表権」問題の伏線となる。

　1960年11月、民国を支持するブラザヴィル派（モンロビア・グループ）に属すモーリタニアは、独立するとただちに国連加盟を申請した。12月の安保理で同決議案の審議が行われると、ソ連は社会主義国であるモンゴル人民共和国の国連加盟と一括審議するよう提案した。実は1953年2月に民国は、一度は承認した（1946年1月5日）モンゴル人民共和国の独立を撤回し、国連加盟を拒否した経緯がある。つまり、モンゴルの国連加盟に再び拒否権を行使しようものなら、ソ連はモーリタニアについても報復措置を行うという情勢を構築したのである。これに対しケネディは、1961年10月、蔣介石にモンゴルの国連加盟に拒否権行使しなければ、民国の要望に応じて「中国代表権」問題をめぐり拒否権を行使することを密約した[70]。

国連における「中国代表権」問題

　1961年12月1日、ケネディ政権となった米国政府は、第16回総会第1080回本会議で「重要事項指定方式」案を提案した[71]。米国ほか4カ

---

70)　この間、モンゴル人民共和国の承認をめぐり米国と中華民国及びソ連との間で展開された折衝の様子は、FRUS, 1961-1963, vol. XXII, Telegram From the Department of State to the Embassy in the Republic of China（January 12, 1961), Memorandum From Secretary of State Rusk to President Kennedy Diplomatic（May 23, 1961), Telegram From the Department of State to the Embassy in the Soviet Union（May 29, 1961), and Message From the Chief of the Central Intelligence Agency Station in Taipei（Cline）to the President's Special Assistant for National Security Affairs（Bundy）（October 11, 1961）などを参照。

71)　UN. Doc., A/L.372.

国（日本、オーストラリア、コロンビア、イタリア）が共同提案国として名を連ねた同決議案により、「中国の代表政権を変更しようと試みるいかなる提案[72]も重要事項であり、以後は国連憲章第18条2項[73]に基づき審議される」と取り決められた[74]。共和国の建国後初めて国連総会で「中国代表権」問題が審議されることとなった。これを受けて、ソ連により「中華人民共和国招請（中華民国追放)」案[75]が提案されたが、投票結果は賛成36票、反対48票であり（棄権20票）、可決に必要とされる3分の2の賛成票には程遠いものだった[76]。以後、アルバニアなどが共同提案国に加わったこの決議案（アルバニア決議案）は[77]、1964年を除いて26回総会（1971年）までの毎会期提案されることとなる（**表7**を

---

72) 「『中国代表権』問題議題採択要請」案、及び第16回総会以降は「中華人民共和国招請」案を指す。国連における共和国の合法的権利を回復させることを目的とし、共和国政権のみが国連で中国議席を占め、民国政権を国連から即時追放することを要請した提案。

73) 国連憲章第18条2項：重要問題（事項）に関する総会の決定は、出席し且つ投票する構成国の3分の2の多数によって行われる。重要問題には、国際の平和及び安全の維持に関する勧告、安全保障理事会の非常任理事国の選挙、経済社会理事会の理事国の選挙、第86条1cによる信託統治理事会の理事国の選挙、新加盟国の国際連合への加盟の承認、加盟国としての権利及び特権の停止、加盟国の除名、信託統治制度の運用に関する問題並びに予算問題が含まれる。

74) 国連総会決議A/RES/1688(XVI).

75) 国連における中華人民共和国の合法的権利を回復するため、同政府のみが国連で「中国」議席を占め、中華民国政府を国連から即時追放することを要請した決議案。

76) 国連総会仮手続規則第88条によれば、「棄権」は表決に参加しなかったものとみなされるため、「重要事項指定方式」案の賛成票率を算出する際にも影響しない。よって、本稿では棄権票は（ ）内に表記した。

77) 各会期での決議案については、以下の総会文書を参照。
第16回総会（1961年）A/L.360, 第17回総会（1962年）A/L.395, 第18回総会（1963年）A/L.427 & Add.1, 第20回総会（1965年）A/L.469, 第21回総会（1966年）A/L.496 &Add.1, 第22回総会（1967年）A/L.531 & Add.1, 第23回総会（1968年）A/L.549 & Add.1, 第24回総会（1969年）A/L.569, 第25回総会（1970年）A/L.605, 第26回総会（1971年）A/L.630 & Add.1-2.

参照）。

第16回総会（1961年）で可決された「重要事項指定方式」案は、「中国代表権」問題を審議する際の前提となる。そのため次期総会以降、米国の要請から「中国代表権」問題に関するいかなる投票も行われなかった第19回（1964年）までの3年間は、提案もされない。しかし、第20回総会（1965年）[78]で再確認のため決議されたのを皮切りに、第21回総会（1966年）[79]、第22回総会（1967年）[80]、第23回総会（1968年）[81]、第24回総会（1969年）[82]、そして第25回総会（1970年）[83]まで、繰り返し提案・可決された。米国はこれ自体に政治的効果を期待しており、事実、その審議に時間を費やしている。

表7　国連「中華人民共和国招請」案の表決

年度	1961	1962	1963	1965	1966	1967	1968	1969	1970	1971
国連加盟国総数	104	110	112	117	122	122	126	126	127	131
中華人民共和国と国交保有国数	35	38	40	46	46	46	49	49	53	67
賛成（中華人民共和国支持）	36	42	41	47	46	45	44	48	51	76
賛成率（％）（中華人民共和国支持率）	35	38	37	41	38	38	35	38	41	59
反対（中華民国支持）	48	56	57	47	57	58	58	56	49	35
反対率（％）（中華民国支持率）	46	51	51	40	47	48	46	44	39	27
棄権	20	12	12	20	17	17	23	21	25	17

出所：王文隆著　薛化元主編《政治大学史学叢書13　外交下郷、農業出洋：中華民国農技援助非洲的実施和影響（1960-1974）》、国立政治大学歴史学系，2004より作成

---

78)　国連総会決議 A/RES2025(XX).
79)　国連総会決議 A/RES/2159(XXI).
80)　国連総会決議 A/RES/2271(XXII).
81)　国連総会決議 A/RES/2389(XXIII).
82)　国連総会決議 A/RES/2500(XXIV).
83)　国連総会決議 A/RES/2642(XXV).

第Ⅱ章 国連の「中心」を目指す中国

　なお、第26回総会（1971年）においても「逆重要事項指定方式」
案[84]、「二重代表制決議」案[85]及び「重要事項指定方式」案[86]がブッシュ
（George W. Bush）米駐国連大使などから総会議題要請された[87]。しかしな
がら、同年10月25日に先行して投票に付された「中華人民共和国招請」
案[88]が可決され、共和国政権の国連における合法的権利の回復が決定し
たため[89]、「重要事項指定方式」案は審議されることはなかった。
　1965年は当該問題にとっても転換点となった。第20回国連総会では
「中華人民共和国招請」案への賛成票が、初めて反対票と同数（47票）
に達した。その決議案とは対極的意義を有していた「重要事項指定方
式」案に関しては、賛成56票、反対49票、棄権11票という表決結果で
あり、賛成派が最少に落ち込んだ。このように、1965年は国連におけ
る「中国代表権」問題を取り巻く状況は、共和国招請への機運の高まり
が見られた。
　共和国と国連との関係、特に、「中国代表権」問題について述べる際
に、不可欠なアクターが「インドネシア」である。英米による政治圧力
の結果、マレーシアが安保理非理事国に選出された。マレーシアへの反

84）　UN. Doc., A/L.632「中華民国の国連からの追放は重要事項である」とす
　　る決議案。
　　　共同提案国：オーストラリア、チャド、コスタリカ、ドミニカ、フィジー、
　　ガンビア、ハイチ、ホンジュラス、日本、レトソ、リベリア、ニュージー
　　ランド、フィリピン、スワジランド、タイ、米国、ウルグアイ、ボリビア、
　　モーリシャス。
85）　UN. Doc., A/L.633
　　　共同提案国：オーストラリア、コロンビア、コスタリカ、ドミニカ、エ
　　ルサルバドル、フィジー、ガンビア、グアテマラ、ハイチ、ホンジュラス、
　　日本、レトソ、リベリア、ニュージーランド、ニカラグア、フィリピン、
　　スワジランド、タイ、米国、ウルグアイ、ボリビア、モーリシャス。
86）　UN. Doc., A/L.634 and Add.1 及び A/L.635 and Add.1
87）　UN. Doc., A/8442
88）　UN. Doc., A/L.630 and Add.1 and 2
89）　国連総会決議 A/RES/2758(XXVI).

発からインドネシアは、反帝国・反植民地主義政策の名の下に国連脱退を表明する。1965年元旦をもって国連を脱退したことが、同月7日晩の外国基地反対集会にてスカルノ大統領により宣言される。

このうごきに応じて、反（米）帝国主義政策を堅持していた中華人民共和国政府は、《人民日報》1965年1月9日及び10日の紙面で、「インドネシアの果敢な革命的行動」を全面的に支持した。特に10日の紙面では、政府声明〈インドネシアの国連脱退は正義の正確な革命的行動である〉を掲載したが、一連の政府声明に至るまでは政府首脳により慎重な検討が重ねられたようだ[90]。同じく《人民日報》1月25日によると、同月24日、スバンドリオ（Subandrio）インドネシア外相歓迎会で周恩来首相は、「徹底的な国連改革」か、それとも「革命的聯合国（第二国連）の設立」かと、二者択一的な主張を展開している。

共和国は建国以来、国連重視政策を掲げ続ける一方において、「合法的権利・議席」を奪われ加盟を許されない既存の国連システムとはオルタナティブな「国連」を創設しようという意思を、折にふれて表明してきた。第1回AA会議直前の1955年1月28日、初代フィンランド中国駐在大使・スンストロムから信任状を受理した際の毛沢東による談話〈原子爆弾は中国人民をおどしつけることはできない〉においても、そうした意思が確認できる。「そのとき（米英の好戦分子が地球上から消滅されるとき）になれば、人民の国連をつくることになるでしょう。上海に設けるかもしれないし、ヨーロッパのどこかに設けるかもしれない。もしもアメリカの好戦分子が一掃されていたなら、やはりニューヨークに設けるということもあるでしょう」。毛沢東がいう「国連設立」の真意

---

90) 1964年11月末に陳毅外相がジャカルタを訪問し、スカルノ大統領と会談した時点ですでに、「国連脱退」問題が話し合われていたようである。『世界週報』第46巻第5号、時事通信社、1965、p.32。

第Ⅱ章　国連の「中心」を目指す中国

がいかなるものであったかは計り知れないが、この時以来10年もの間に散見されることは注目に値しよう。

　しかしながら、1965年1月28日に発表された中国・インドネシア共同声明においては、「マレーシア」が「英・米帝国主義」により「安保理へと不法に送り込まれた」ことに抗議する。同時に、そのような国連を「米国その他の大国に操られる機構」と評しては、その機構改革の必要性を強調している[91]。同年4月16〜26日、周恩来首相がAA会議10周年記念式典参加のためにインドネシアを訪問した際にも、共同声明で同様の論調に終始している。やはり、散見されるオルタナティブな「国連」への意思表示よりも、「中華人民共和国が国連における合法的権利・議席を剥奪されている」状態に対する抗議と「国連の徹底的な改革」という一貫した主張から、共和国のホンネが垣間見られよう。さらに、同年6月以降、「国連の徹底的な改革」に論点が絞り込まれていくと同時に[92]、「北京＝ジャカルタ枢軸」の機運も最高潮を迎える。

　前述のように、1965年には国連の「周辺」が主導するかたちで、共和国招請の潮流は不可逆的なものとなったかにみえた。ところが同年9月、インドネシアで起こった「9・30事件」に加え、翌1966年8月に表面化する共和国でのプロレタリア文化大革命（文革）によって形勢は一変する。米国など自由主義勢力の共和国に対する態度はこれまでにも増して硬直し、アジア・アフリカにおいても共和国への支持に躊躇する諸国が出始めた。それに伴い国連での審議過程において、苦渋の選択として中立的解決策が「再発掘」された。「中華人民共和国招請」案もしくは「重要事項指定方式」案といった二分論ではなく、第三の選択肢と

---

91)　《北京週報》1965年第6号（2月9日），1965, pp.7-8.
92)　《人民日報》1965年6月26日など。インドネシアでの「9・30事件」以降、「革命的聯合国（第二国連）」についての言及はない。

して「特別委員会設置（二重承認）」案が、イタリアをはじめベルギー、ボリビア、ブラジル、チリ及びトリニダード・トバゴの6カ国により提案されたのである[93]。

この決議案は、国連憲章の原則という法的措置に則って「中国代表権」問題という政治問題を解決することを目的とし、総会が指名する加盟国からなる研究委員会を設置することで公平な解決法を模索し、翌年の第22回総会（1967年）に対して勧告を試みるという主旨であった。かつて第5回総会（1950年）でも可決されたことがあったが、1966年段階での同決議案をめぐる状況と文脈は、朝鮮戦争停戦以前のそれとは異なっていた。ジョンソン（Lyndon Johnson）政権期としても、「二つの中国」を国連において認めることに積極的であった。民国の議席を確保しつつ、核保有国となった共和国の安保理議席を認めることで、安全保障上のリスクを軽減できるからだ。

しかし「一つの中国」を掲げる共和国と民国の双方が「二つの中国」を生み出す同決議案に反発し、共和国を支持する諸国からは、「この委員会設置は、中華人民共和国政府の合法的権利の回復を遅らせる策略以外の何ものでもない」と拒否された[94]。また民国側も「唯一の中国、唯一の合法的中国政府は中華民国政府である。二つの中国によって代表権問題を解決しようとするいかなる提案をも拒否する」との声明をもって反対した[95]。総会で重要事項指定方式により採決された結果、賛成34票、反対62票（棄権25票）で否決された。ただし、それでも解決策は見え

---

93) UN. Doc., A/L.500
94) 福田円『中国外交と台湾：「一つの中国」原則の起源』慶應義塾大学出版会、2013 を参照。
95) アジア調査会編『中国総覧』1971 年版、アジア調査会、1971、p.222。
また、《人民日報》1966 年 11 月 22 日及び 12 月 2 日では、「二つの中国」をつくろうとする同決議案を批判している。

第Ⅱ章　国連の「中心」を目指す中国

ず、第22回総会（1967年）では、チリ、ベルギー、イタリア、ルクセンブルク、オランダが共同提案国となり、さらに第23回総会（1968年）でもまた、チリ、ベルギー、アイスランド、イタリア、ルクセンブルクにより決議案が提案されるも、否決された。

　なお米国は各会期ともに賛成している。米国が「二つの中国」に対して積極的な姿勢をとった要因・背景は、なんといっても核保有国となった共和国への警戒心の高まりにあった。イデオロギー対立から朝鮮戦争時には「侵略者」と批判した共和国が、核兵器という物理的脅威を身にまとったのである。むろん、同国を国連の「中心」に迎え入れることについて、米政権内に葛藤があった。1965年11月8日、アーサー・J・ゴールドバーグ（Arthur J. Goldberg）駐国連大使は総会演説のなかで、「平和を維持し、われわれを核による全滅から守った（略）国連の基本的原則を軽蔑する北平政権の代表に名誉ある加盟議席を与えること」は、「悲劇的な誤りであるとの確信を依然抱いている」と述べた[96]。ところが、その半年後の1966年4月19日には、一転して条件付きで共和国の国連加盟に賛成すると声明している。その条件の1つに、「共産中国」が国連における「二つの中国」を認めることを挙げている[97]。

　第25回総会（1970年）では、アルバニア決議案に対する賛成票が反対票を上回ったことで（**表6**を参照）、翌1971年の第26回総会では中華

---

96)　1965年11月8日の国連総会における声明。アメリカ大使館文化交換局出版部, *Chinese Representation in the United Nations U.S. Policy Series No.40*, Tokyo: 1965, pp.1-2。

97)　『朝日新聞』1966年4月20日（夕刊）。
　①共産中国は自らの加盟の代償として国府の国連からの追放を要求しているが、これをやめること。②共産中国は国連加盟の前提条件として、朝鮮戦争で国連が韓国を援助したことについて謝罪を要求しているが、これを撤回すること。③共産中国が国連憲章の改定要求を撤回すること。④中国は武力の放棄と紛争の平和的手段による解決を意図している国連憲章に忠実でなければならないこと、を条件として挙げている。

人民共和国招請の公算は高まった。はたして争点は、国連からの民国追放をめぐる是非に絞られた。民国追放を阻止したい米国は、日本等の友好国とともに二重代表決議案と民国追放に関する重要事項決議案を提案した。後者は8票差で先議権を得たが、決議案は賛成55票、反対59票、棄権15票、そして欠席2票で否決された[98]。民国代表は、アルバニア決議案の表決を待たずに総会議場を後にした。

そして、熱気に包まれた1976年総会議場では、同決議案が賛成76票、反対35票、棄権17票、欠席3票で採択され、スタンディングオベーションが起こった。決議第2758号は、「中華人民共和国にそのすべての権利を回復させ、同国政府の代表を国連における唯一の合法的代表であると認め、蔣介石政権の代表を彼らが国連とその関連機関において不法に占めている地位から追放する」ことを定めた。またこの決議によって、今日の国連システムにおける台湾排除は合法性と合理性を担保される。

だれが中国の「安全」を保障したのか?

中国に国際承認を与えたアクターとその政策決定因

中国の対外援助は、(略) 台湾問題に絡む国連での代表権獲得等の政治的アジェンダを主要目的として、アフリカやアジアの社会主義諸国への援助を広範囲に実施してきた長い歴史を有している。[99]

---

98)　国連総会文書 A/L.632 and Add.1,2.
99)　国際協力銀行開発金融研究所開発研究グループ「新興ドナーによる援助

第Ⅱ章　国連の「中心」を目指す中国

　1949年10月の建国当初は、向ソ一辺倒政策をもって米国の対中封じ込め政策に抵抗するため、社会主義諸国との関係を重視しており、その援助を同地域に集中投下した[100]。その契機となったのが朝鮮戦争であった。中国は、建国直後にソ連のバックアップを受け国連加盟を希求するも、安保理で米国の拒否権に阻まれる。それどころか、この戦争では「朝鮮を侵略する」「国連軍の敵」と断ぜられた[101]。こうした状況下で、1950年6月から1953年末までに7億2,925万元を無償援助し、さらに停戦翌年から1957年までの4年間に、同国は経済復興などのため、8億元（現人民元換算で8兆元）を北朝鮮に無償支援した。これが建国最初期の「対外援助」であった[102]。また同時期、インドシナ戦争中のベトナム民主共和国（北ベトナム）に対して1950年6月から軍事物資や生活用品を無償援助したほか、プラントや交通、電信、鉱業生産設備の建設も支援するなど、1954年までに1億7,600万元相当の物資・軍事援助を無償援助にて提供している[103]。

　また、2006年7月に外交部が機密指定を解除した外交文書によると、1950年7月のモンゴルによる支援要請（1954年契約）を皮切りに、対外

の実態調査について」『開発金融研究所報』第35号、国際協力銀行、2007年10月、pp.37-39。

100)　1952年5月までに、北朝鮮に対して軍事目的の資金供与を行っており、一説によるとその額は戦闘機3,710機分に相当する。なお、戦時中を通した無償資金協力の総額は7億2,952万元とされる。《当代中国》叢書編集部編《当代中国的対外経済合作》中国社会科学出版社，1989，p.24.

101)　国連総会決議 A/RES/498(V)
　　1951年2月1日、総会は「中華人民共和国中央政府が、平和的解決のため朝鮮における戦争行為を停止すべきとの国連側の提案を拒み続け、同国軍隊が朝鮮侵略と国連軍への大規模攻撃を展開していること」を確認し、同国に対する非難と援助禁止措置を決議した。

102)　John Franklin Copper, *China's Foreign Aid: An Instrument of Peking's Foreign Policy*, Lexington, MA: D.C. Heath and Company, 1976, p.1. 唐家璇主編《中国外交辞典》世界知識出版社，2000，p.787.

103)　馬成三『現代中国の対外経済関係』明石書店、2007、pp.193-194。

107

援助額は1960年末段階で累計40億2,800万元に上る。これは、第1次5
カ年計画（1953〜57年）国家基本建設投資計画の予算427億4,000万元
の10分の1に匹敵する。そのうち35億3,900万元（無償援助25億7,900
万元、借款9億6,000万元）が、社会主義諸国に向けられている[104]。当時、
ソ連、東欧諸国、及び北朝鮮など11の社会主義諸国と国交があったも
のの、その期間中、アルバニアやハンガリー、チェコスロバキアなど
数カ国に対する援助は僅少であったことから、その大部分を北ベトナム、
モンゴル、及び北朝鮮が享受している。

　1956年11月、中国は初のアフリカ向け経済協力となる対エジプト無
償資金協力（2,000万スイスフラン）の契約を取り交わす[105]。これがエ
ジプト政府によるスエズ運河会社の国有化に対する支援であったこと
も、民族解放闘争と社会主義革命に対する国際的支持が、対外援助の理
念であった証左である[106]。事実、建国から1960年末までに、アルジェリ
ア、スーダン、及びイエメンなど民族解放闘争を展開する諸国へ合計4
億8,900万元（無償援助2億3,800万元、借款2億5,100万元）が供与され
た[107]。

---

104)　またこのうち、総額9億8,600万元を設備投資として供与したが、その
　　　98％近く9億6,200万元が社会主義圏に分配されている。「外交档案解密：
　　　1960年底以前我対外援助逾40億元」「人民網」2006年7月29日 http://
　　　politics.people.com.cn/GB/1026/4647017.html（2014年2月1日）。
105)　《当代中国》叢書編集部編，前掲，p.39など。
　　　米ドル換算で470万ドル（無償資金協力を含む）との試算もある。Wolfgang
　　　Bartke, *The Economic Aid of the PR China to Developing and Socialist Countries,*
　　　Munchen: K. G. Saur Verlag, 1989, p.8.
106)　その理念は、「中国は人類に対して大いに貢献すべき」との国家主席の発
　　　言にも反映されている。毛沢東〈紀年孫中山先生〉《人民日報》1956年11
　　　月12日.
107)　その他に、カンボジアやネパールなども主要な供与対象国であった。〈外
　　　交档案解密：1960年底以前我対外援助逾40億元〉《人民網》2006年7月
　　　29日 http://politics.people.com.cn/GB/1026/4647017.html（2014年2月1日）。

第Ⅱ章　国連の「中心」を目指す中国

　「アフリカの年」は、アフリカ諸国に国連総会での決定権を提供した
が、1960年段階の1人あたり GDP は1990年ゲアリー＝ケイミス国際
ドル換算で1,024国際ドルと、世界平均の約4分の1にすぎない[108]。しか
も、サハラ以南アフリカについては、60年代を通じて耕作可能な灌漑
地がわずか10％であった反面で、人口増加率は2.5％であった。西川潤
は、当時のアフリカの食糧生産と人口増加の関係について、以下のよう
に分析した。「1952～56年平均を100としたときに、69年の食糧生産増
加指数は135であるが、人口増加指数141を下まわって、結局ひとりあ
たり食糧生産指数は94へと絶対的に低下した」。つまり、食糧生産は実
質的にマイナス成長であった[109]。これら諸国が独立と同時に直面した最
優先課題は、経済的脆弱性の克服であり、外国からの経済協力に対して
は基本的に好意的であった。

　しかし、世界革命の共和国モデルの「輸出」を展開する同国の援助
は、アフリカ諸国の一部指導者から反発を招いた。なぜなら、共和国
が民族解放闘争に対して軍事援助を積極的に行ったからだ。反体制派へ
の武器提供は、とりもなおさず反政府活動への支持と理解されたのであ
る。暗礁に乗り上げたアフリカ諸国との交渉を打開し、否定的態度を軟
化させついに国交樹立をなしえた要因としては、周恩来総理のアフリカ
歴訪期間における政策転換があった。1963年末の5原則では、社会主義
イデオロギーに拘泥された帝国主義の打倒や民族独立闘争を訴えた（**表
8**を参照）。しかし、アフリカ諸国から「中国代表権」支持を得られず、

---

108)　Angus Maddison, *The World Economy: a Millennial Perspective*, Paris: OECD, 2001,
　　pp.376-377.
　　　「1990年ゲアリー＝ケイミス・ドル」（Geary-Khamis $）とは、各国通貨を
　　購買力平価によって1990年段階の国際ドルに換算して示したものである。
109)　西川潤『叢書　現代のアジア・アフリカ9　アフリカの非植民地化』三
　　省堂、1971、pp.257-260。

表8 「中華人民共和国政府がアラブ諸国との相互関係を処理する上での5原則」
（中国＝アラブ諸国関係5原則）

①	アラブ諸国人民による、帝国主義と新旧植民地主義に反対し、民族独立を勝ち取り守るための闘争を支持する。
②	アラブ諸国政府の、平和中立を旨とする非同盟政策を支持する。
③	アラブ諸国人民による、自決に基づく団結と統一の実現への願望を支持する。
④	アラブ諸国が平和的協議を通じて、相互間の紛争を解決することを支持する。
⑤	アラブ諸国の主権は、他国からの尊重を受けるべきもので、いかなる方面からの侵略や干渉にも反対する。

出所：『人民日報』、1963年12月23日。

＊「アフリカ諸国との相互関係を処理する上での5原則」（中国＝アフリカ諸国関係5原則）に関しては、「アラブ諸国」が「アフリカ諸国」に変更されたのみ※。
※出所：『人民日報』、1963年12月29日。

表9 「中華人民共和国対外経済技術援助に関する8項目原則」

①	中国政府は、一貫して平等互恵の原則に基づいた対外援助を行っており、対外援助は相互的なものと考える。
②	中国政府は、援助供与の際に受入国の主権を厳格に尊重し、一切の条件および特権を要求しない。
③	中国政府は、無利子または低利の借款方式にて援助供与し、必要な場合は返済期限の延期により受入国の負担を軽減する。
④	中国政府の対外援助の目的は、受入国を中国に依存させるためではなく、自力更生および経済的自立の援護のためである。
⑤	中国政府が援助受入国を援護し建設する項目に関しては、可能な限り少ない投資で即効性を求め、受入国の収入向上と資金蓄積を可能とする。
⑥	中国政府は、自国生産が可能な最良品質の設備と物資を提供し、国際市場価格に基づき決定する。提供する設備と物資が契約規格・品質と異なる場合、返品または取り替えることを保証する。
⑦	中国政府は、いかなる技術援助に関しても受入国の要員に技術習得させることを保証する。
⑧	中国政府が援助受入国の建設を援護するため派遣する専門家は、受入国の専門家と同等の物質的待遇を受け、いかなる特別要求および待遇も許可されない。

出所：『人民日報』、1964年1月22日。

1964年1月段階の8原則では、受入国の意向を重視したものに刷新している（**表9**を参照）。

　一連の政策転換の下で共和国が展開した、大規模インフラ整備といった援助方式は特徴的である[110]。その代表的案件は1967年に契約合意し

110）　社会主義国による単独プロジェクトのうち最大といわれるタンザン鉄

110

第Ⅱ章　国連の「中心」を目指す中国

　1970年に竣工したタンザン鉄道であるが、タンザニア、ザンビア両政府は総額4億ドル（建設にかかる直接投資は1億8,900万ドル）[111] と技術者およそ5万人ともいわれる援助を受けた。それと呼応して、タンザニア、ザンビア両政府は共和国を支持した[112]。

　アフリカ諸国は、「中国代表権」問題と南北問題、さらには東西冷戦をめぐるキャスティングボードを握る「票田」であった。アルバニア案の共同提案国は23カ国であり、そのなかにはタンザニア、ザンビア、アルジェリア、コンゴ、赤道ギニア、ギニア、マリ、モーリタニア、シエラレオネ、ソマリア、スーダンといったアフリカ諸国が含まれていた。そして、そのうちシエラレオネを除くすべての国が、1971年までに共和国からの対外援助を受けていた（**表10**及び**表11**を参照）。国連総会での表決結果から、第26回総会（1971年）が決着の年となると判断した共和国は、1970年に集中的に援助を投じるや、同年の第25回総会でアルバニア案は、賛成51票に対して反対49票と、初めて賛否が逆転した。また、棄権は過去最高の25票に上った。さらに翌1971年にも共和国は多くの援助を行い、その成果が総会決議第2758号だったといえよう（**図3**を参照）。

　文革期であったにもかかわらず、意外なことに共和国の対アフリカ援助には、脱イデオロギー的な側面が確認された。ただし、ソ連のフル

道への融資は、据置期間5年の無利子借款で、償還期間30年という条件であった。アジア経済研究所企画調査室『中国対外経済政策の原則とその展開』アジア経済研究所、1973。

111)　援助額に関して中国外交部は、9億8,800万元との見解を示す。唐家璇主編，前掲書，pp.331-332.
　　また、その額が10億9,437万元に上ったとの指摘もある。周伯萍〈周恩来与坦賛鉄路的援建〉《百年潮》第6期，2000年，p.4.　9億8,800万元との見解も存在する。唐家璇主編，前掲書，pp.331-332.

112)　United Nations Dept. of Public Information, *Yearbook of the United Nations*, New York: 1968-1972 の各号。

表10 中華民国のアフリカ経済協力と国連「中国代表権」問題をめぐるアフリカ諸国

年度	1961	1962	1963	1965	1966	1967	1968	1969	1970	1971
アフリカ諸国総数	28	32	32	37	37	37	41	41	41	41
民国と国交保有国数	11	15	18	14	17	18	20	21	21	18
民国支持国数（「共和国招請」案反対）	7	14	16	8	15	17	19	20	16	14
支持率（%）	64	93	89	57	88	94	95	95	76	78
民国の援助受入国数	1	2	10	15	17	19	22	23	23	20
民国支持国数（「共和国招請」案反対）	1	2	9	7	13	15	18	20	17	14
支持率（%）	100	100	90	47	76	79	82	87	74	70
共和国支持国数（「共和国招請」案賛成）	0	0	1	2	2	2	1	3	2	5
棄権	0	0	0	6	2	2	3	0	4	1

出所：王文隆著　薛化元主編《政治大学史学叢書13　外交下郷、農業出洋：中華民国農技援助非洲的実施和影響（1960-1974）》国立政治大学歴史学系，2004および各会期総会での決議案（註77）を参照）より作成

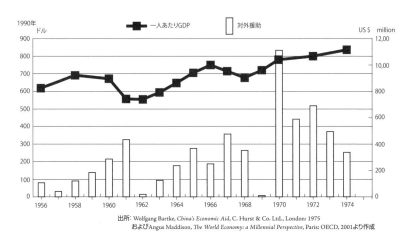

出所：Wolfgang Bartke, *China's Economic Aid*, C. Hurst & Co. Ltd., London: 1975
およびAngus Maddison, *The World Economy: a Millennial Perspective*, Paris: OECD, 2001より作成

図3　中華人民共和国の対外援助額と1人あたりGDP

表11 中華人民共和国のアフリカ経済協力（受入国と援助額：US$ million）

年\国名	1960	1961	1962	1963	1964	1965	1966	1967	1968	1969	1970	1971	1972
アルジェリア				51	2	2		2				40	25
ベニン													46
ブルンジ													20
カメルーン													20
中央アフリカ共和国						4.1							
コンゴ					25.4	20			1				30
エジプト													80.5
エクアトリアルギニア											10		
エチオピア											80		
ガーナ		19.6			22.4								
ギニア	25									45			30
ケニア					18								
マリ		19.6			7.9		3		5		20		
モーリタニア								4				23.5	
モーリシャス													32
ナイジェリア													3
ルワンダ													20
シエラレオネ													20
ソマリア				23									110
スーダン												35	40.2
タンザニア					45.5		9.2				270		
トーゴ													45
チュニジア													36
ウガンダ						15							
ザンビア								23.8			135		

出所：Wolfgang Bartke, *China's Economic Aid*, London: C. Hurst & Co. Ltd., 1975 より作成

シチョフ共産党第一書記のスターリン批判によって中ソ関係に亀裂が入る。1957年、毛沢東はモスクワ大学での講演〈東風は西風を圧す〉においてフルシチョフの平和共存路線を批判し、翌1958年、中華人民共和国を訪問中のフルシチョフが、中ソ共同艦隊を含む両国の共同防衛構想を提案するも、中国側はこれを拒否する[113]。これに応じてソ連も、1959年に同国との間で原爆の開発資料など技術提供を約した国防新技術協定を一方的に破棄し[114]、「アフリカの年」には、数百もの援助契約を破棄すると同時に、中華人民共和国へ派遣していた専門家や技術者を引き揚げた[115]。

　中ソ対立が先鋭化するに従って共和国は、民国のみならずソ連との間においてもアフリカを舞台に援助競争を繰り広げていった。しかしその実態については研究者によって見解に相違がみられる。ウォルフガング・バルトック（Wolfgang Bartk）によれば、共和国はタンザニア、ザンビアなど22カ国でソ連をしのいでおり、援助額についてはソ連の2億8,600万ドルに対し同国は12億8,400万ドルを投じている。また両国によるアフリカ30カ国への援助総額をみると、ソ連が12億2,900万ドルで中華人民共和国は16億600万ドルを投じている[116]。他方、ジョージ・ユ（George Yu）は、ソ連との間に歴然たる経済格差を認める。援助競争がピークを迎えた1965年段階で、共和国とソ連の契約ベースの対アフリカ援助額は、ソ連の15億7,540米ドルに比し共和国は3億5,330米ドルに過ぎない[117]。さらに、文革期と重複する1960年代後半という点を考慮す

113)　菊池昌典・袴田茂樹・宍戸寛・矢吹晋『中ソ対立：その基盤・歴史・理論』有斐閣、1976、p.144。
114)　《人民日報》1963年9月6日。
115)　アジア経済研究所企画調査室『中国対外経済政策の原則とその展開』アジア経済研究所、1973、p.16。
116)　Wolfgang Bartke, *China's Economic Aid*, C. Hurst & Co. Ltd., London: 1975, pp.20-23.
117)　George T. Yu, *China and Tanzania: A Study in Cooperative Interaction*, Center for Chinese Studies, University of California, 1970, p.49. 及び George T. Yu, Sino-Soviet Rivalry, David E. Albright, *Africa and International Communism*, Indiana University

第Ⅱ章　国連の「中心」を目指す中国

れば、対外援助の資源が限られるなか、対象と規模について慎重に選定せざるを得なかったということだろう。

おわりに

　2021年10月25日、中国政府は国連における合法的議席回復50周年記念会議を北京で開催した。そこで習近平国家主席は重要講話を発表し、国連での50年間にわたる自国のあゆみについて、平和的な発展と人類に幸福をもたらしてきたと総括したうえで、3つの特色を挙げた[118]。

　第1に、自らの経済的、社会的発展に対する自負を語った。中国人民は改革開放という歴史の新たな時期を拓き、中国の特色ある社会主義を創生し発展させ、GDP世界第2位となる歴史的な突破を実現した。また中国の人民は自らの手で中華の大地に小康社会を全面的に実現し、中華民族の偉大な復興という明るい未来を迎えた。

　第2に、途上国との連帯協力、共同発展に関する実績を強調した。中国人民は世界各国の人民と連帯し、独立自主の平和外交政策によって覇権主義や強権政治に反対し続け、世界の平和及び発展に対して大きく貢献してきた。特に「タンザン鉄道」から「一帯一路」まで、途上国に対してあたう限りの援助を提供してきた中国の発展は、世界に新たなチャンスをもたらした。さらに、新型コロナウイルス感染症パンデミックという危機に際して、中国は防疫措置やワクチンを積極的に世界に共有し、

　　Press, 1980, pp.170-171.
118)　中華人民共和国主席習近平〈在中華人民共和国恢復聯合国合法席位50
　　周年記念会議上的講話〉2021年10月25日
　　https://www.gov.cn/gongbao/content/2021/content_5649721.htm

115

ウィルスとの戦いに打ち勝つために力を尽くした。

第3に、国連の「中心」としての高い国際貢献を訴えた。中国人民は国連の権威を維持するため、多極主義を実践し憲章の趣旨と原則を遵守し、安保理常任理事国の職責と使命を忠実に果たすことで、国連の国際実務における中心的機能を擁護してきた。また、平和的手段による政治解決を積極的に提唱するとともに、のべ5万人余りを平和維持活動（PKO）に派遣し、国連分担金とPKOの分担率は第2位である。普遍的人権と自国の現実をつなぎ合わせてきた。そして、時代潮流に則して、中国の特色ある人権の道をあゆんできた。

共和国による国連外交のナラティブを貫くものは、「平和及び安全」の維持をめぐる実践と誇りである。ただしその内容は、同国が国連をめぐってどのような立場にあったかにより、大きく異なる。本章では、総会決議第2758号の採択によって国連の「周辺」から「中心の周辺部」へと変わる過程と変化要因を考察した。これに則していえば、先の演説で習主席が挙げた2つ目の特色である覇権主義や強権政治、植民地主義への対抗姿勢は、AA会議での主張に帰一する。

共和国は、第2回AA会議を開催しようと積極的に対外交渉した。1960年のアフリカの年は、東西冷戦構造だけでなく南北問題の対立軸もまた、国際政治の重要な変動力学であることを可視化した。翌1961年に「中国代表権」問題と南北問題が「総会化」されて以降、1960年代を通じて2つの問題はパラレルに、しかし相互に影響していった。

インドなどは、中立主義や平和共存を掲げてAA会議へのソ連招請を主張する。中ソ対立を背景として、中印の路線対立は深刻の度を増していった。バンドン10原則に埋め込まれた路線対立、すなわち集団的自衛権を認めた第5項と集団安全保障体制を否定する第6項（a）を緩やかにつなぎ留めてきた妥協は、ここに限界点を越えた。さらに、インドネ

シアでの「9・30事件」によってスカルノが失脚したことで、共和国は政策転換を余儀なくされた。

このタイミングで、共和国が確固たる支持基盤を獲得するうえで、国連での南北問題に関わる議論は重要な意味をもつ。第17回総会（1962年）は、1964年内に総会の下で開発会議を開催すること、そして常設機関を設置することを決定した[119]。また、開発会議の初代事務総長には、国連ラテン・アメリカ経済委員会事務局長の経歴を持つラウル・プレビッシュ（Raúl Prebisch）が任命された。1964年2月に彼は報告書において、途上国の工業化を通じて国際貿易体制を改善するよう提言したが[120]、この通称「プレビッシュ報告」が南の発言力を高める契機となった。

そして、それは1964年の春に国連貿易開発会議（United Nations Conference on Trade and Development: UNCTAD）として実現した。3月23日〜6月16日の期間に121カ国から1,500名もの代表による参加の下、スイスのジュネーブで開催された同会議では、国際貿易と開発問題に関する審議がなされた。「援助よりも貿易を」のスローガンの下で59もの勧告が採択され、開発途上諸国であるG77（Group of 77）からは、共同宣言が総括的に発表された。UNCTADが勧告した協力手続きの詳細は、同年秋に総会ではなく事務総長により指名された特別委員会が協議した結果[121]、同年12月に第19回総会はUNCTADを常設機関として設立する

---

119) 1962年に会議開催を決定。
国連総会決議1785(A/RES/1785)(XVII).
1964年12月30日、3年以内の周期で開催されるべきと総会常設機関に認定。
国連総会決議1995(A/RES/1995)(XIX).

120) Raúl Prebisch, the Secretary-General of UNCTAD, *Towards a New Trade Policy for Development*, United Nations, New York: 1964.

121) 国際連合広報局編『創立50周年記念国連年鑑特別号：国連半世紀の軌跡』中央大学出版部、1997、p.329。

ことを決定した[122]。南北問題解決への主導権は、国連の「周辺」へと移行しつつあった。

　UNCTAD閉幕の翌月、経済社会理事会は、新たに設立する国連開発計画（United Nations Development Programme: UNDP）に拡大技術援助計画と国連特別基金を統合する計画を指示し、国連総会の承認を求めるよう決定した[123]。運営手続きに関する具体的規定の欠如や、より強力な統合力の欠如などを理由に保留されていた総会決議案は、1965年11月に第20回国連総会第2委員会による修正を経て採択された[124]。

　チトー、ナーセルとネルーの非同盟三巨頭は、国連の「周辺」である共和国を国連の「中心」へ招請する意義を確認しており、彼らの共通認識は非同盟会議のコミュニケなどでも明文化される。非同盟運動の場で確認された共和国招請の合意は、国連総会での「中国代表権」問題をめぐる支持基盤を形成したと同時に、共和国側もこれと呼応して、1960年代半ばには反帝国主義、民族独立闘争といった従来の主張を自制し、受入国の意向を重視した対外援助原則へと政策転換していった。つまり共和国は、文革期にあって脱イデオロギー化した対外援助を展開し、それを受けた非同盟諸国、特にアフリカ諸国が中心となって、アルバニア案は採択された。以来、国連における「中国」は、台湾の排除によって担保されるデファクトとなり、同決議はこの状況に対して合法的正当性と論理的合理性を保障している。

　1960年代、アジア・アフリカ諸国が、東西冷戦構造のなかでの「中国代表権」問題をめぐって「票田」と位置づけられた側面は小さくない。しかし同時に、南北問題の政治化において、アフリカ諸国の主導性や能

---

122)　国連総会決議1995(A/RES/1995)(XIX).
123)　国際連合広報局編前掲、p.324。
124)　国連総会決議2029(A/RES/2029)(XX).

第Ⅱ章　国連の「中心」を目指す中国

動性があったことも看過すべきでない。今日、先進諸国や西側諸国は、特に共和国との関係において G77 や非同盟会議に対して受動的な存在であるとのステレオタイプを刷新しきれずにいる。「中国代表権」問題と南北問題を接続し、前者の決定因となったアジア・アフリカ諸国の主体性は、今日のアジア・アフリカ諸国に対する私たちの認識や姿勢を問い直すべきと喚起する。

第Ⅲ章

国連の「中心」による
「平和及び安全」
——国際平和（維持）活動と国益の対峙

はじめに

　ポスト冷戦期以降、急速に高まる中国の国際的プレゼンスに対して、国際社会からは警戒する声が聞かれるようになって久しい。その国防費は215億元だった1989年以来、2010年（前年比7.5％増）を除いて2015年まで2桁成長を続けた。そして中国政府は、2017年度の国防費が前年比7％増の1兆444億元（約1,535億8,800万ドル）に上ると発表した（**表12を参照**）。すると海外メディアは、初めての1兆元を突破したと驚きをもって伝えるとともに、財政報告の支出額と内訳が非公表であることに懸念を示した[01]。また、米国防省報告書も、中国の防衛支出は公表値の1.1～20倍あると指摘する[02]。中国は、第11次5カ年計画（2006～2010年）でも民間資源の軍事利用を目的とした「軍民統合」を進めてきたが、第12次5カ年計画（2011～15年）では「軍民融合」を打ち出し、その一体化を明確にした。こうした不透明性が、初期の「中国脅威論」なるものに拍車をかけてきた最大の要因であった[03]。

表12　米国と中国の防衛支出及び GDP の比較

防衛支出	1989 1/59	2020 1/3.1	GDP	1989 1/16	2020 1/1.4
米国	321.867bil.	778.397bil.	米国	5.64tri.	20.89tri.
中国	11.25bil	293.35bil.	中国	347.77bil	14.69tri.

出所：SIPRI および World Bank 資料より作成

---

01)　「中国17年国防費は1兆440億元　初の大台突破、日本の3.3倍」『産経新聞』2017年3月6日、「中国の予算、国防費など内訳公表せず　透明性後退か」『朝日新聞』2017年3月6日、China confirms 7 percent increase in 2017 defense budget, Reuters, March 6, 2017: http://www.reuters.com/article/us-china-parliament-defence-idUSKBN16D0FF

02)　The Department of Defense, The United States of America, *Military and Security Developments Involving the People's Republic of China 2021*, p.142.

03)　例えば、平松茂雄『軍事大国化する中国の脅威』時事通信社、1995年、

第Ⅲ章　国連の「中心」による「平和及び安全」

　さらに、2018年の行政改革の一環として中国海警局が軍系統に編入されて以降、周辺海域における同国の対外行動が、関係国の安全保障上の、または世論での中国脅威論をさらに高める要因ともなっている。いわゆる「尖閣問題」などが、外交課題としてのみならず世論の対中認識に影響する実態に鑑みれば、日中関係を中心とする東アジア情勢においても「国際の平和及び安全」は、大きなひずみを抱えていると言わざるを得ない。

　それと同時に中国は、国連の安全保障体制の最高機関たる安保理の常任理事国であり、国連の目的を実践する平和（維持）活動（Peacekeeping Operations / Peace Operations: 日本では一般的に PKO）に関しても絶対的な権力を有する。PKO は、冷戦初期の国連システムにおいて現実に発生した紛争に対処するため、和平合意の成立後に中立的で非強制的な平和維持の措置として生み出された。冷戦時代の45年間に設立された PKO ミッションは15件だったが、1989〜99年までの10年間では内戦の頻発にともない38件に増加した[04]。ポスト冷戦期に PKO に期待されたのは、予防外交、平和創造、平和維持に加えて紛争後の平和構築、ひいては平和強制という機能であり、この活動内容・方式の PKO を主導したのは米国であった。しかし、およそ10年にわたり主権国家への介入と失敗を繰り返した結果、PKO のあり方が省察されると

　天児慧編著『中国は脅威か』勁草書房、1997年など。
　東南アジア圏域においては、例えばインド政府の外交アドバイザーを務めたアルン・サーガルは、中国のパワー追求は、インドに隣接するパキスタン、ミャンマー、バングラデシュなどの諸国への接近とパラレルなものと捉え、インド包囲網を形成すると分析、懸念を示した。Arun Sahgal, *China's Search for Power and Its Impact on India*, The Korean Journal of Defense Analysis Vol. XV No.1, Seoul: the Korea Institute for Defense Analyses, 2003, pp.155-182.

04)　United Nations Peacekeeping, https://peacekeeping.un.org/en/past-peacekeeping-operations

123

ともに、共和党のジョージ・W・ブッシュ（George Walker Bush）大統領へと政権交代した米国は、消極的姿勢へと転じた。

　2000年代に入り、米国に代わって積極的に関与し始めたのが中国である。同国は「国際の平和及び安全」の維持にむけて、25人の犠牲を払ってでもPKOに関する主導権の掌握に努める（2024年12月時点）[05]。また同国は、国連システムの安定を維持するため、国際的な平和実践を追求してきたにもかかわらず、政府間枠組みから世論へとオーバーフローした中国脅威論によって、悪化した対中認識は恒常的なものとなった。こうしたパラドクスをいかに読み解くべきか。そこで本章は、五大国が発揮する絶対的権力にともなう恣意性を射程に捉えつつ、2010年代までを主な対象として、中国によるPKOへの派遣実態、政策の目的、そして要因を検証する。

「中国脅威論」の膨張と変質──日本世論への波及

　2005年9月、ロバート・ゼーリック（Robert Zoellick）米国務副長官は講演のなかで、経済的、軍事的に成長著しい中国に、米国の規範的価値を共有させるため、「「責任あるステークホルダー（the responsible stakeholder）」になるよう促す必要がある」と言及した。この発言は、国際社会は元より中国でも波紋を呼ぶが、何よりも米国の、そして国際社会の、「中国の台頭」に対する懸念と危機感を示すものとなった。この年、中国政府によると、国防予算は約300億ドルだった。ただし、兵器

---

05)　〈中華人民共和国国防部　維和〉
　　http://www.mod.gov.cn/gfbw/jsxd/wh/index.html

第Ⅲ章　国連の「中心」による「平和及び安全」

開発費は科学研究費として、武装警察の部隊経費は公安支出として計上されるため、ここには含まれていない[06]。よって、米国防総省は同年7月19日、中国の軍事に関する年次報告書のなかで、「中国の軍事費は公表値の2倍ないし3倍で最大900億ドルに達し、米ロに次ぐ軍事大国である」と懸念を示した。また、同年10月に国防相会談のため訪中したドナルド・ラムズフェルド（Donald Rumsfeld）国防長官は、「中国の軍事費の数字にチャレンジしようというわけではなく、透明性の欠如に不満なだけだ」と、中国側にさらなる情報公開を要請した。

　こうした指摘について、曹剛川（Cao Gangchuan）国防部長をはじめ中国の軍当局に加え外交部も、国防費は公表したとおりで間違いなく、むしろ争点は双方が規定する「国防費」の範囲の違いによるとの説明を繰り返すとともに、米国による数値の拡大解釈は悪意に満ちたものだと抗議した[07]。同様に、中国共産党機関紙《人民日報》は2005年7月22日付紙面で以下のように反論している。同報告書が公表された翌日に、中国とASEANはFTAにより関税を引き下げ、平和と繁栄に向けた戦略的パートナーシップを推し進めており、2004年ベースで米国防衛費の6％（約4,559億ドルに対し約255億ドル）にすぎない中国のそれを相対的に理解すべきである。また、米国防総省が試算した2003年の中国防

06)　同報告書は、中国政府の予算額には、その他に外国製兵器・軍事装備の調達費用（ロシアからの輸入額だけで毎年約30億ドル）、武装警察の経費、核兵器と二次攻撃兵器の維持コスト、軍事産業への助成、及び地方や省政府から武装部隊に対する寄付が含まれていない、と指摘した。

07)　中国駐日本大使館のウェブサイトでは、『軍事文摘』の論考を引用し米国防総省の報告書について以下のように反論した。「中国の国防白書の支出は「軍事費」を指している。その他多くの国や地域も防衛費の公表にあたって、軍事費だけを取り上げている。例えば、台湾の世論は政府が兵器研究の中山科学院や民間防衛などの費用を防衛支出に計上していない。それらを計上すれば「国防費」はさらに3、4割増えると攻撃している」（ママ）。中国駐日本大使館ウェブサイト　http://www.china-embassy.or.jp/jpn/zt/qqq650/t246654.htm

衛費は、ランド研究所による最高見積額よりさらに71％も「誇大に評価」したものだと、異議を唱えた。

この当時、日本政界でも中国をめぐる「脅威」について発言・議論が繰り返された。2005年12月8日、前原誠司民主党代表が米戦略国際問題研究所での講演において「中国は経済発展を背景に軍事力の増強、近代化を進めている。これは、現実的脅威だ」と言及した。現役閣僚であった麻生太郎外相も12月22日の記者会見で、中国について「原爆を持ち、軍事費が17年間、毎年二桁伸び、内容も不透明というなら、どんなことになるか。かなり脅威になりつつある」と、中国の軍事的膨張への懸念を公言した。

さらに国会でも、幾度となく、中国脅威論に関する質疑応答が行われている。照屋寛徳議員は小泉純一郎内閣総理大臣に対し、日本政府として中国を脅威と認識しているかを問うた[08]。これに対し小泉首相は、「周辺諸国の懸念を解消するためにも、中国が軍事面における透明性を向上させることが重要」と前置きしたうえで、「中国を脅威と認識しているわけではない」と答弁している。併せて、現状は「政府として、中国が日本侵略の意図を持っているとは考えていない」ものの、「意図というものは変化するもので」あるから、「潜在的脅威」という対中認識は否定しなかった[09]。

そもそも日中両国では国交正常化以降、友好関係が喧伝された1970年代から、東シナ海の海底資源をめぐり「潜在的」緊張状態が続いてきたといえよう。そして、1980年代のいわゆる歴史教科書問題やその後の日本の首相による靖国神社参拝問題を契機として、歴史認識問題が顕

---

08)　第164回衆議院質問第七号「中国脅威論に関する質問主意書」（平成18年1月23日）

09)　内閣衆質一六四第七号「衆議院議員照屋寛徳君提出中国脅威論に関する質問に対する答弁書」（平成18年1月31日）

第III章　国連の「中心」による「平和及び安全」

在化した。ただし、それが日中間で最も深刻な課題と定位された時期にあっても、日中戦争を中心とする第二次世界大戦の戦争責任は、当時の国家指導部が負うべきもので国民に罪はないとする「区分論」が、デファクトとして作用したことを看過すべきでない。

　日本国内閣府が1978年から毎年実施する「外交に関する世論調査」によれば[10]、中国に「親しみを感じる」と回答した日本人は1980年代を通じて7割を超えていた。「親しみを感じる」との回答は1989年の天安門事件を機に急落するも、1990年代を通じて「親しみを感じない」と拮抗しつつ5割前後で推移した。江沢民（Jiang Zemin）政権期に実施された、いわゆる「愛国主義教育」にもかかわらず、この時期までは区分論に基づく歴史認識が作用しており、何よりも日本製品やコンテンツの中国社会への普及から、中国人民が日本国民を非難する言動はきわめて限定的であった。また、それと呼応して、日本人の対中認識も抑制が利いていた。2004～2005年には反日デモが中国の主要都市で続発したが、主たる要因は小泉首相の靖国神社参拝と国連創設60周年による日本政府「安保理常任理事国入り」キャンペーンへの反発であった。つまり、2000年代初頭までは、中国における対日抗議の対象は同政府に限られていた。

　中国漁船が海上保安庁巡視船に衝突する映像を何度も視聴した多くの日本人は、2010年9月に起きた尖閣諸島中国漁船衝突事件と2012年9月段階での日本政府（野田佳彦内閣）による尖閣諸島「国有化」を、直接的な因果関係として認識する。後者が国内政界再編にむけた政争の具であったことは看過され、そして両国間の緊張状態は、"政府対政府"と

---

10)　内閣府「外交に関する世論調査」各年
　https://survey.gov-online.go.jp/search/research_search/?_category=322&_filter=survey

いう枠組みからオーバーフローし"国民対国民"の領域にも触手を伸ばしていった。日本政府は一貫して、中国との間に領土問題は存在しないとの立場をとるが、まさにこの問題をめぐり中国脅威論は国家間の外交課題という性質にとどまらず、反中感情として世論にも浸透したのだ。

　しかし、2010年と2012年という2つの点を結び付け、中国脅威論が膨張し日本世論へと波及するようになった転機として線引きするのは、拙速に過ぎよう。2012年6月に中国政府は、南沙諸島、西沙諸島及び中沙諸島の島嶼と海域を管轄する海南省三沙市を設置するとともに、南シナ海で人工島の建設に着手した。そして同年9月、国務院新聞弁公室は日本の尖閣諸島「国有化」に応じるかたちで《釣魚島是中国的固有領土》を発行した。この白書で中国政府は、1403年（明永楽元年）の《順風相送》にて「14、15世紀に中国は既に釣魚島を発見し命名した」との主張を展開した。さらに同年11月の第18回党大会報告では、一連の積極的な対外姿勢を総括すべく「海洋強国」建設を宣言した。

　これに加えて、尖閣諸島周辺の接続水域へ入域及び領海侵入した中国公船等の数からも、2012年が中国にとって「海洋強国元年」であることが認められる（**表13**を参照）。尖閣諸島中国漁船衝突事件が発生した2010年9月から一時的に増えたものの、翌2011年は毎月2隻程度に落ち着いた（年間のべ14隻）。しかしその数は2012年9月に激増し、翌10月には接続水域への入域隻数が初めて3桁に達した（年間のべ501隻）。さらに中国外交部は2013年4月、釣魚島は中国の領土主権にかかわる「核心的利益」だと初めて言及したが、以降3カ月連続で104隻が接続水域に入域した。その後も中国は、7月に日中中間線の西側約26kmで採掘施設を建設したほか、11月に防空識別圏を設定した際には、領空外の国際空域でも「中国武装力量が防御性の緊急処置を採る」と明言するなど、名実ともに海洋強国の建設に乗り出した（年間のべ1,054隻）。

128

第Ⅲ章　国連の「中心」による「平和及び安全」

表13　尖閣諸島周辺の接続水域入域、領海侵入が確認された中国公船等の数

年	区分	1月	2月	3月	4月	5月	6月	7月	8月	9月	10月	11月	12月	計（隻）
2010	接続水域	0	0	0	0	0	0	0	0	24	14	8	0	46
	領海	0	0	0	0	0	0	0	0	0	0	0	0	0
2011	接続水域	1	0	3	0	0	0	2	2	2	2	0	0	12
	領海	0	0	0	0	0	0	2	0	0	0	0	0	2
2012	接続水域	1	2	2	2	4	1	7	2	81	122	124	80	428
	領海	0	0	1	0	0	0	4	0	13	19	15	21	73
2013	接続水域	57	49	69	104	104	104	88	88	77	26	53	51	870
	領海	17	17	11	15	15	15	14	28	22	8	12	10	184
2014	接続水域	72	36	68	84	49	42	59	89	110	48	42	30	729
	領海	6	9	6	8	5	6	4	10	10	9	8	7	88
2015	接続水域	32	68	57	66	84	77	40	54	81	52	56	42	709
	領海	8	8	9	9	9	8	7	6	9	7	8	7	95

cf. 中国海洋調査船「海監46号、海監51号」による初の尖閣諸島領海内侵入事案（2008年12月8日）
　魚釣島、久場島周囲をはいかい・航行し、約9時間後に領海外へ出航

出所：海上保安庁資料より作成

　2016年7月、フィリピン政府による提訴に応じたオランダ・ハーグの常設仲裁裁判所は、南シナ海のほぼ全域にわたる中国の領有権の主張には法的根拠がないとの判断を示した。これに対して中国政府は、判決に法的拘束力はないと態度を硬化させた。このうごきを受けて、日本はもとより世界各国のメディアはおしなべて、海洋強国の建設へと邁進する中国の一連の対外政策をクローズアップし、「排外主義的」だと報じた。

　世論の反中感情はいっそう高まった。前述した「外交に関する世論調査」によれば、2016年度は中国に対して「親しみを感じない」が80.5%と高止まりしている。さらに、言論NPO（日本）、零点研究コンサルティンググループ（中国）、東アジア研究院（韓国）による日中韓共同世論調査（2016年度）では[11]、「アジア地域で紛争の原因になるもの」として「エネルギー資源に関する紛争」が70.5%に達し、「日本と中国の

---

11)　言論NPO「第12回日中共同世論調査」結果
　　https://www.genron-npo.net/world/archives/6365.html

関係」と「中国とフィリピン、ベトナム、アメリカなどの南シナ海をめぐる対立」について可能性を認める人は、それぞれ45.3%と57.7%に上る。膨張した中国脅威論がいわゆる「尖閣問題」をのみ込み、日本世論を刺激する。

　この点において、歴史認識問題が日中関係において最も深刻な課題であるとされた時期とは大きく異なる。六四天安門事件以降、中国では「国旗、国歌、国章」「国家の発展状況」や「国際社会における中国」など中国に対する理解を深める「国情教育」が強化されるとともに、日本に関して階級区分を強調しなくなった[12]。結果として、区分論は有名無実化していくわけだが、それは2000年代初頭の小泉純一郎総理大臣による靖国神社参拝をきっかけに、中国で繰り返された「反日デモ」の矛先が、政府に限らず民間企業、日本食屋や日本文化など広く日本社会であったことにも表れた。これに呼応した日本における対中認識も、是非が拮抗し、時折逆転する状況が続くこととなった。

　他方で、当時中国が安保理常任理事国のなかでPKOに最多の11ミッションに2,630人（2016年12月末時点）を派遣していた事実を知る日本人は、多くないだろう。むしろ大半は、中国が国際平和に貢献する姿を想像すらできないかもしれない。いずれにせよ、膨張した中国脅威論に絡めとられていては、中国の世界戦略を正確に認識することは不可能である。「原爆を持ち、軍事費が20年ちかく、ほぼ毎年二桁伸び、内容も不透明という」からこそ、中国の国際貢献に関して冷静な分析と理解を深めねばならない。以下では、PKOが「国際の平和及び安全」という国連の目的に適うスキームとして創生、発展してきたことを検証し、同

---

12)　王雪萍「中国の歴史教育における愛国主義教育の変遷：建国後の「教学大綱」の変化を中心に」中国現代史研究会『現代中國研究』第29号、2011年11月、pp.51-71。

第Ⅲ章　国連の「中心」による「平和及び安全」

国による PKO の展開状況とその決定要因について討究する。

国連の目的と平和（維持）活動——法文規定なき平和維持の授権者

　国連はその主な目的として、憲章第1章第1条1項で「国際の平和及び安全の維持」を筆頭に掲げる。この国際機構は、最高意思決定機関たる安保理の常任理事国間の協調体制を前提として創設されたが、設立直後より五大国自身が「国際の平和及び安全」の維持を滞らせてきた。そしてそのことは、国連の安全保障分野で最も重要かつ広範な任務を負っている PKO に関しても同様である。

　PKO の歴史は、1948 年5 月に設置され、今日も継続される国連休戦監視機構（UNTSO）にさかのぼる[13]。このミッションは、1947 年のパレスチナ分割決議[14] に基づきイスラエルが建国を宣言するも、同決議を認めぬアラブ諸国との間で勃発した第一次中東戦争の停戦監視のため設置された。周知のとおり、そもそも中東問題当事者であるイスラエルとパレスチナ、アラブ諸国間の紛争は、第一世界大戦時の英国外交に起因する[15]。そして、第二次世界大戦の終戦直後に両者の対立が激化するや、安保理常任理事国であった英国はその解決を国連総会に押し付けた。総

---

13)　安保理文書 S/801 及び安保理決議第 50 号 :S/RES/50(1948).

14)　総会決議第 181 号 : A/RES/181, Ⅱ.

15)　英国は、1915 年にアラブ人との間でアラブ独立国家を約したフサイン・マクマホン協定を、1916 年にフランス及びロシアとの間でオスマン帝国の分割統治に関する秘密協定であるサイクス・ピコ協定を、そして 1917 年にユダヤ人との間でユダヤ人祖国の建設支援を約したバルフォア宣言をそれぞれ結んだ。これは、いわゆる「三枚舌外交」と称され、英国外交史の汚点としても有名である。

131

会は苦肉の策として、パレスチナを分割しアラブとユダヤ双方の国家独立を認める「パレスチナ分割決議」を採択した[16]。

UNTSO の任務範囲は、冷戦期には1949年の休戦協定[17]の履行監視や1967年の第三次中東戦争とこれにともなうスエズ運河地域及びゴラン高原での国連兵力引き離し隊（UNDOF）など、軍事的任務に限られていたが、時代とともに国連レバノン暫定隊（UNIFIL）に対する支援などの政治的任務を広く担うよう拡大していった。同ミッションの展開経緯は PKO の歴史そのものであり、そこに通底する積極的介入と消極的放棄の精神を示唆する。

ポスト冷戦期以降は、国家間の紛争から国内紛争や国内・国際紛争の混合型へと武力衝突の形態が変化したため、伝統的 PKO の任務に加えて、元兵士の武装解除・動員解除・社会復帰（DDR）や治安部門改革（SSR）、選挙、人権、法の支配等の分野での支援、政治プロセスの促進、紛争下の文民の保護など、大規模化かつ多様化した。このように、冷戦末期からポスト冷戦初期にかけて「第二世代の PKO」が生み出された反面、現地情勢の泥沼化により、実効性と下段で示す3つの基本原則が担保できなくなった。そのため、国連ルワンダ支援団（UNAMIR）、第二次国連ソマリア活動（UNISOM II）、国連ボスニア・ヘルツェゴビナ・ミッション（UNMIBH）などは撤退を余儀なくされた[18]。

---

16) 総会決議第 181 号：A/RES/181, II.
17) 安保理決議第 73 号：S/1376, II.
18) ポスト冷戦期の PKO が直面した課題と限界について議論した論考として、以下を例示する。Katherine E. Cox, *Beyond Self-Defense: United Nations Peacekeeping Operations & the Use of Force*, Denver Journal of International Law and Policy, 27, 1999. 上杉勇司『変わりゆく国連 PKO と紛争解決：平和創造と平和構築をつなぐ』明石書店、2004 年。
　また、『人間開発報告書』1993 年版では、前年のボスニアやソマリアなどで国内紛争に軍事介入した PKO について次のように指摘する。「軍事力は短期的対応に終始するもので、長期的な解決は、急速な経済的発展、社

第Ⅲ章　国連の「中心」による「平和及び安全」

　国連システムの憲法にあたる国連憲章には、PKO に関する明文規定がない。各ミッションは、安保理や総会の決議に基づく個別的対応を積み重ねるかたちで実力行使を授権され、国連の目的を実践する最も有効かつ重要なスキームとして既成事実化されてきた。そのような PKO の3つの基本原則とは、①主要な紛争当事者の同意（同意原則）、②紛争当事者との関係において貫くべき公平性（公平性原則）、③自衛とマンデート防衛以外の武力不使用（自衛以外の武器不使用原則）を指す。

　殊に「②公平性原則」に関して、従前の解釈では、紛争当事者を平等に扱うことを重視して平和強制に陥らぬようにするあまり、1990年代に入ると実効性を失ったミッションが散見されるようになった。そこで、コフィ・アナン（Kofi Annan）国連事務局長は、元アルジェリア外相のラクダール・ブラヒミ（Lakhdar Brahimi）を座長とする国連平和活動検討パネルを設置し、失敗を含む従来の経験と課題を総括し、PKO のあり方を検討するよう指示した。同パネルは2000年8月に報告書、いわゆる「ブラヒミ・レポート」を提出し、従前の公平性解釈を大きく書き換えた。また同報告書は、公平性について「どの時点ででも政治的、人種的、宗教的あるいはイデオロギー的な論争に加わらない」中立性または不作為と混同してはならず、「国籍、人種、性別、階級または宗教的・政治的信条による差別なく」国連の目的に根差す PKO 任務に忠実であること、と強調した。そして、「よき審判が（略）反則を罰するのと同じように、PKO も和平プロセスへの取り組み、または、国連 PKO が堅持する国際的な規範と原則に反する当事者の行為を見逃してはならな

会的正義の増大、及び人々の社会参加の強化によってなされる」。また「人間の安全保障という新たな概念は、人間中心型の発展を求めても、兵士の介入を求めるものではない」と言明した。UNDP, *Human Development Report 1993*, New York: Oxford University Press, 1993, p.2.

い」と訴えた[19]。

　また、PKO の創生と時期を同じくして、これと類似する国連の目的
実現にむけた強制措置である国連軍が設立、派兵されている[20]。国連軍
は、国連憲章第7章に明記される、平和回復のための軍事的強制措置を
めぐる安保理の権限に拠るもので（国連憲章第42条）、事前に安保理と
兵力提供協定を結ぶ国連加盟国が安保理からの要請に応じて提供した兵
力で編制される[21]。なお、その指揮権は安保理にある（同第43条）。これ
らの点が PKO とは異なるが、そもそも兵力提供協定を結んだ国連加盟
国はなく、つまるところ正式な意味で国連軍が組織されたことは、これ
まで一度もない。

　1950年6月に北朝鮮が北緯38度線を越えて韓国に武力侵攻するや、
安保理は「この行為は平和を破壊するもの」と断じ[22]、北朝鮮に対する
武力制裁決議を続けざまに採択し[23]、韓国を防衛するため必要な軍事援
助を提供するよう、加盟国に勧告した[24]。一連の審議は米国が主導して
おり、冷戦構造を背景としてこれに反発したソ連が安保理審議をボイ
コットするさなかに、「熱い」代理戦争の対立軸が確立した。

---

19)　The Panel on United Nations Peace Operations, *Report of the Panel on United Nations Peace Operations*, 2000: A/55/305-S/2000/809.

20)　安保理決議第 84 号：S/1588.
　　国連軍という形式のため国連旗を掲げ、兵員の 9 割を占める米軍の指揮
　　下で韓国軍が支援する編制であった。

21)　以下、国連憲章第 7 章第 41 条及び第 42 条を抜粋する。
　　安保理は、平和に対する脅威、平和の破壊又は侵略行為の存在を決定し、
　　兵力の使用を伴わない措置を使用すべきかを決定することができ、且つ、
　　この措置を適応するように国連加盟国に要請することができる。その措置
　　では不十分であろうと認め、又は不十分なことが判明したと認めるときは、
　　国際の平和及び安全の維持又は回復に必要な空軍、海軍または陸軍の行動
　　をとることができる。

22)　安保理決議第 82 号：S/1501 及び安保決議第 83 号：S/1511.

23)　安保理決議第 84 号：S/1588.

24)　安保理決議第 85 号：S/1657.

134

第III章　国連の「中心」による「平和及び安全」

　この対立構図の下、国連で中国を代表したのは蔣介石率いる国民党政権であり、中華民国が世界における中国であった（第II章を参照）。向ソ一辺倒へと傾倒しゆく中華人民共和国は、米国と対峙する側に立ち、1950年10月には北朝鮮への援軍として中国人民志願軍（抗美援朝義勇軍）を派兵し、国連軍と戦火を交えた[25]。同国は同年2月にソ連と締結した中ソ友好同盟相互援助条約に明記される「国連システムの目的と原則によって、東アジアと世界の平和及び普遍的な安全保障を確立する」との外交方針を放棄し、当時外交領域で最重要課題であった国連加盟への道を自ら断たざるをえなかった。

　一方で国連は、これに対して総会として「中華人民共和国中央政府が、平和的解決のため朝鮮における戦争行為を停止すべきとの国連側の提案を拒み続け、同国軍隊が朝鮮侵略と国連軍への大規模攻撃を展開していること」を確認し、同国に対する非難と援助禁止措置を講ずべく、いわゆる「侵略者決議」を採択した[26]。建国間もなく国連加盟への希望に満ちていた中国は、意中の国連によってその目的「国際の平和及び安全」を破壊するものとして「断罪」された。ところが、この決議はそのままに、1971年には総会決議第2758号が採択され、共和国が安保理常任理事国となり国連の目的を担う中核に坐すことが、戦後の国際レジームにおいて承認されたのだ。

---

25)　1950年10月19日に中国人民志願軍は鴨緑江を渡河、同25日に初交戦して以来、53年7月27日の休戦協定発効までに、のべ250万人が参戦し、うち死亡11万5,786人、負傷22万1,264人の犠牲者を出した。
26)　総会決議第498号：A/RES/498.

中国による国連平和(維持)活動の黎明──慎重姿勢の背景

　UNTSO以来、2025年1月までに71ミッションを数えるPKOの発展過程は、大きく4つの段階に分類される[27]。まず第一期（冷戦期）の伝統的PKOは、和平合意が成立してのちに国連が紛争当事者の停戦や軍の撤退の監視等を行うことで、事態の沈静化や紛争の再発防止を図り、当事者による対話を通じた解決を支援することを目的とした。それが冷戦末期からポスト冷戦初期（1992年）までの第二期になると、ミッションは大型化し、任務も警察・文民部門をも含んだ複雑かつ多様なものとなった。続いて2000年までの第三期には、派遣ミッション数の急増とともに平和強制が訴求され武力行使が認められるも、体系的整備が後手に回り、伝統的PKOへ回帰するうごきも出てきた。そして2000年代の第四期は、憲章第7章に基づく市民保護に重点を置いた任務を授権する。

　上述の第二期及び第三期を通じて再編された第二世代のPKOは、「力の空白」によって頻発した内紛に対応する必要性から、米国のイニシアティブの下で新介入主義（the new interventionism）へと傾倒していった[28]。1992年1月に国連史上初めて開催された国家元首級の安保理サミットでは、事務総長に対して「国連の予防外交、平和創造、平和維

---

27) 例えば、以下の論考を参照。寵森〈聯合国維和行動：趨勢与調整〉《世界経済与政治》2007年第6期, p.26、松葉真美「国連平和（維持）活動（PKO）の発展と武力行使をめぐる原則の変化」『レファレンス』60 (1)、国立国会図書館調査及び立法考査局、2010年、pp.15-36。

28) Saadia Touval, Why the U.N. Fails: It Cannot Mediate, Foreign Affairs, *September/October 1994, Vol. 73, Number 5.* 上杉勇司、前掲書、Mats Berdal and Spyros Economides (ed.), *United Nations Interventionism 1991-2004*, New York: Cambridge University Press, 2007.

持の能力を強化し、より効果的なものにする方法についての分析と勧告
を準備するよう要請」された。これをうけて同年6月、事務総長による
報告「平和への課題」がPKO強化を提言したことで、平和強制など安
保理偏重が国連システムの内外で是認されるようになる[29]。つまり、伝
統的PKOでは、当事者間合意によって形成された平和を維持すること
が任務だった。もはや維持すべき平和のない状況に分け入っていくこと
が、PKOの主たる任務となったのだ。

　平和「維持」でなく、平和活動という文脈で生み出されたのが「人道
的介入」で、以降、北大西洋条約機構（NATO）等の米国の世界戦略に
おいて具現化されていった。なお、中国はこの当時、「平和及び安全」
の維持に関する国連機能の強化に対して積極的に評価している[30]。ポス
ト冷戦期、米国一強の下で国際秩序が形成されることへの反発によるも
のだったが、その後の増派、さらにPKO展開をめぐるイニシアティブ
を考察する上でも、示唆に富む。

　冷戦直後の大量派遣による失敗をふまえ、「国際の平和及び安全」
の維持に関する最高意思決定機関の中核に坐す安保理常任理事国は、
PKOミッションへの大量派遣は控えるとの不文律がある。さらにいえ
ば、主権・領土の相互尊重を外交の基本原則に謳ってきた中国自身も、
1971年の国連復帰以来、長らくPKOに対して慎重姿勢を崩すことはな
かった。しかし同国はこの時期、国連総会一般討論演説などにおいて、
米国が強力に進める新介入主義、ひいては、西側諸国が平和的手段を通
じて中国などの社会主義体制を崩壊させようとする「和平演変」に強い
警戒を示している。そうした事情から相対的に国連システムやPKOに

---

29)　Boutros Boutros-Ghali, *An Agenda for Peace: Preventive diplomacy,* peacemaking and
　　peace-keeping, 31 January 1992: A/47/277-S/24111.
30)　国連総会文書 A/48/PV.8

中国は積極的評価を与えることとなった[31]。《人民日報》は、PKOについて「いかなる個別の国、国家グループや組織も果たしえぬ役割を、世界で最も大きな影響力をもち最も広く代表性を有す政治システムである国連だから果たしうる」と評価し、米国を牽制した[32]。

そして1988年10月28日、李鹿野（Li Luye）駐国連大使は国連平和（維持）活動特別委員会への参加を正式に申請し[33]、ここに同国のPKOの歴史の幕が上がった。1989年4月に国連ナミビア独立支援グループ（UNTAG）へ選挙監視員20人を派遣したのを端緒として、1990年4月にはUNTSOへ軍事監視員5人を派遣した[34]。そして、六四天安門事件に伴う国際的孤立からの復帰を期して、1991年12月に国連カンボジア先遣隊（UNAMIC）に向けて兵員3人を派遣したのを皮切りに、翌1992年2月に当該ミッションを継承した国連カンボジア暫定統治機構（UN-TAC）に対して兵員47人と監視員400人からなる部隊を派遣する[35]。とはいえ、中国は介入主義に反対するがゆえに国境を越えた派兵には慎重であり続けた[36]。事実として、1989年のUNTAG参加以降、2000年までの

---

31) 銭其琛外交部長は第49回国連総会（1994年）の一般討論演説で、あらゆるPKOミッションも内政干渉を許されないが、ソマリア等での教訓をいかしていっそう積極的な役割を果たしうる、と主張した。その後も中国代表は1990年代を通じて同様の主張を繰り返した。総会文書「銭其琛中華人民共和国外交部長演説」A/49/PV.8.

32) 〈聯合国的作用在加強〉《人民日報》1988年9月10日.

33) 〈我申請加入聯合国維持和平行動特委会〉《人民日報》1988年10月30日.

34) 〈中国将首次派出軍事人員　参加聯合国停戦監督組織〉《人民日報》1990年4月20日.

35) 国連平和維持局ウェブサイト http://www.un.org/Depts/dpko/dpko/pastops.shtml、鄭哲栄・李鉄城《聯合国大事編年 1945-1996》北京語言文化大学出版社, 1998年, p.277. 及び陳友誼・郭新寧・華留虎《藍盔在行動　聯合国維和行動紀実》江西人民出版社, 1997年, p.240.

36) 銭其琛外交部長は第45回国連総会（1990年）の一般討論演説で、主権・領土相互尊重、相互不可侵、内政不干渉、平等互恵、平和共存の遵守を主張した。総会文書〈銭其琛中華人民共和国外交部長演説〉: A/45/PV.12.

派遣兵員は800人に留まる[37]。

　まさに中国が国連の平和実践にむけてうごきだした矢先の1993年1月17日に、台湾外交部は、初の外交白書〈外交報告：対外関係與外交行政〉を発行し、「中華民国」として「広範にわたり国際組織に積極的に参画、活動し、とりわけ可能なかぎり速やかに国連へ復帰すること」を対外政策の重点方針に掲げた。3月6日には銭復（Qain Fu）外交部長も、国連復帰を今後の外交政策の最重点政策と位置づけることを言明した。

　ベリーズやコスタリカなど台湾を中華民国として承認する諸国は連名で、8月6日にブトロス・ブトロス＝ガーリ（Boutros Boutros-Ghali）国連事務総長に宛てた書簡を送付し、翌月に招集される第48回国連総会の議題に「中華民国の国連復帰」問題を追加するよう要請した[38]。さらに9月には、ドミニカ共和国、グレナダ、セントルシア[39]、セントビンセント及びグレナディーン諸島、ソロモン諸島[40]、ドミニカ国[41]が共同提案国に加わった。

　1993年8月31日、中国国務院台湾事務弁公室及び同新聞弁公室は、「台湾は中華人民共和国の一省であり、台湾問題は国内問題である」と

---

37)　陳友誼・郭新寧・華留虎，前掲書、増田雅之「中国の国連 PKO 政策と兵員・部隊派遣をめぐる文脈変化：国際貢献・責任論の萌芽と政策展開」『防衛研究所紀要』第 13 巻第 2 号、2011 年、p.3。
　　国連平和（維持）活動ウェブサイト
　　http://www.un.org/en/peacekeeping/resources/statistics/contributors.shtml
38)　総会文書〈普遍性の原則及び国連における分断国家の二重代表の確立した方式に基づく、国際的な文脈における台湾にある中華民国の異常な状況の検討〉A/48/191.
　　共同提案国は、コスタリカ、エルサルバドル、グアテマラ、ホンジュラス、ニカラグア、パナマ。
39)　国連総会文書 A/48/191/Add.1.
40)　国連総会文書 A/48/191/Add.2.
41)　国連総会文書 A/48/191/Add.3.

強調する《台湾問題と中国の統一》（台湾白書）の発刊をもって、台湾やその友好国を牽制した。つまり、台湾問題こそが、中国が内政不干渉の原則を外交政策の最重要の基本原則とする所以であり、PKO参加に関しても慎重姿勢を崩さぬ最大原因である。だからこそ、この時期に中国の外交政策決定に影響力をもつ研究者が、主権侵害や内政干渉への警鐘を強く鳴らしており[42]、中国要人も国連の場でたびたびこの種の主張を繰り返した。

　1993年2月、国連人権委員会第49回会議に出席した中国代表団副代表詹道徳（Zhan Daode）は、ポスト冷戦期の民族紛争に対して国際社会は、主権と領土を保全する内政不干渉の原則と民族自決権を保障すべきと主張した[43]。同じく中国代表団の李国清は、国家統一と民族団結、社会安定、共同繁栄発展こそ国家と民族の最高利益であると、中国の立場を改めて主張した[44]。1995年の国連総会一般討論演説で江沢民（Jiang Zemin）国家主席は、特定の大国（Certain Big Powers）にとって政治的利権を覆い隠す煙幕と化したこの機構は、途上国の権利と国益をおざなりにする場へと貶められてしまった、と主張した。また江主席は、国連創設50周年の記念総会でも、なにものであれ外国主権を侵す権利のない、新たな国際政治経済秩序を樹立すべきと訴えた。その上で、中国が発展をとげ強大な権限を保持するようになっても、覇を求めず他国にとって脅威とはならないと協調し、唯一の超大国となった米国を強く牽制した[45]。

---

42)　ポスト冷戦期に入り、閻学通に代表されるゼロ・サム的思考の研究者と王逸舟を筆頭とするプラス・サム的観点に立つ研究者との間で、非伝統的安全保障をめぐり活発に議論された。閻学通《中国国家利益分析》天津人民出版社, 1995年、王逸舟《当代国際政治析論》上海人民出版社, 1995年.

43)　〈在聯合国人権委員会会議上　我代表談民族自決権問題〉《人民日報》1993年2月11日第06面.

44)　〈我代表談中国民族政策　発展中国家要求発展権〉《人民日報》1993年2月18日第06面.

45)　国連総会文書「江沢民中華人民共和国主席演説」A/50/PV.39.

第Ⅲ章　国連の「中心」による「平和及び安全」

中国の「国際の平和及び安全」の維持──積極姿勢の背景

　PKOを主として支えているのは、国連加盟国が任意で派遣する要員と拠出金、そして義務として供出するPKO分担金である。先に示したPKOの4つの発展段階でいえば、現在は第四期にある。2016年末時点で、アフリカを中心に16ミッションが展開しており、派遣人員数は120以上の国連加盟国からおよそ12万5,000人であった。なお、このうち8万5,000人（約72％）を兵員が占める。また、新型コロナウイルス感染症（COVID-19）パンデミックが終息した2024年8月末時点では、11ミッションに約6万1,749人が派遣されており、うち兵員は5万2,687人（85.3％）を占める（**表14、15**を参照）[46]。

　同時期、中国は安保理常任理事国のなかでは最多の11ミッションに1,798人を派遣しており、うち兵員は1,711人を占める。派遣総数に占める兵員比率は95.2％に達しており、フランスの95.9%や英国の91.8%と同等である。ただし、フランスの派遣総数は588人で英国が269人であることを考慮すれば、国連PKOにおける、あるいは安保理常任理事国によるPKOに対する、中国のプレゼンスの大きさが理解できよう（2024年8月末時点）。

　PKOのすべての活動経費を賄う予算規模は、2015〜2016年度が82億8,000万ドルだったが、2024〜2025年度には55億9,000万ドルと減少傾向にある。補正予算措置もあるが、原則としてこの金額がPKO分担金で賄われる。すなわち、PKO予算を国連加盟国それぞれの国民経済状況に応じて按分し、貧困国を除き各国に負担を課す。分担金は3年ごとに協議査定され、2016年度ベースで最も高いのが28.5738％の米国で、

---

46)　UN Peacekeeping, https://peacekeeping.un.org/en/data

141

表14　国連平和（維持）活動への派遣状況（国別ランキング）（as of end Aug. 2024）

ネパール	6,122
バングラデシュ	5,918
ルワンダ	5,874
インド	5,394
インドネシア	2,738
ガーナ	2,625
パキスタン	2,602
中国	1,798
モロッコ	1,700
タンザニア連合共和国	1,551

出所：United Nation Peacekeeping より作成

表15　中国の国連平和（維持）活動への派遣状況（as of end Aug. 2024）

派遣ミッション名／業務分類	troops	staff officer	experts	police	total（単位：人）
UNIMISS（国連南スーダン共和国ミッション）	1,031	17	3	12	1,063
UNIFIL（国連レバノン暫定駐留軍）	410	8			418
UNISFA（国連アビエ暫定治安部隊）	270	9	5		284
MONUSCO（国連コンゴ民主共和国安定化ミッション）		8	6		14
MINURSO（国連西サハラ住民投票監視団）			6		6
MINUSCA（国連中央アフリカ多面的統合安定化ミッション）				5	5
UNTSO（国連休戦監視機構）			5		5
UNFICYP（国連キプロス平和維持隊）				3	3
	1,711	42	25	20	1,798

出所：United Nation Peacekeeping より作成

第Ⅲ章　国連の「中心」による「平和及び安全」

前年比＋3.65ポイントの10.2879％を担う中国が続く。次いで9.6800％
の日本は前年比－1.15ポイントと微減ながら、2017年及び2018年度
ベースでは下げ止まりをみせた。2025年度ベースでみる各国は財政状
況によって変化しており、米国と中国はそれぞれ26.1584％と23.7851％
である。なお、日本は5.6920％へとさらに減少した[47]。これら財政デー
タからも、国連の平和実践が対中依存度を高めつつある実態が確認でき
よう。

　それでは中国はいつ、そしてなぜ、PKOに対して消極的姿勢（「有
限参与」）から積極的姿勢（「拡大参与」）へと方針転換したのだろう
か[48]。最大の要因は、国連安保理の授権を経ていないNATO軍が[49]、1999
年5月に起こした駐ベオグラード中国大使館に対する“誤爆”だった[50]。
NATOは同年3月、セルビア共和国のコソヴォ・メトヒヤ自治州で拡大
しつつあったセルビア人武装勢力によるアルバニア系住民虐殺を抑止す
るため、空爆（作戦名Operation Allied Force：「同盟の力」作戦）を強行
的に開始した。人道的介入という平和強制の過程で起きた“誤爆”事件
では、中国文民3人が死亡し20人が負傷した。

---

47)　国連総会文書 A/79/318/Add.1.
48)　増田雅之は、中国の学術界で定説となっている「1980年代初め以降につ
　　いて言えば、80年代が「区別対応、有限参与」、冷戦終結後の90年代以降
　　が「積極支持、拡大参与」の時期となる」点に一定の理解を示しつつ、「90
　　年代以降こんにちに至る中国の国連PKO政策を一つの時期のなかで捉え
　　ることには留保を要する」と指摘した。増田雅之、前掲、p.3、鐘龍彪・王
　　俊〈中国対聯合国維持和平行動的認知与参与〉《当代中国史研究》第13巻
　　第16期，2006年，pp.78-85.
49)　国連安保理は、ロシアの反対により、武力行使には改めて審議と決議を
　　必要とすることを条件としていた。安保理決議第1199号：S/RES/1199（1998）.
50)　馮継承は、中国政府のPKOに対する言説分析から、1949-1980年、
　　1981-1987年、1988-1997年、そして1998年から現在という4つに時期区
　　分した。特に1998年から現在を「積極参与と理念革新」の時期と定位する。
　　馮継承〈中国対聯合国維和行動的認同演変：話語実践的視角〉《国際論壇》
　　第14巻第3期，2012年，pp.52-57.

143

それにもかかわらず、国連安保理は6月に決議第1244号によって憲章第7条に明記される軍事的強制措置だと事後承認し[51]、コソヴォに関する独立国際委員会が調査報告として発表した「コソヴォ・リポート（2000年）」でも、爆撃は平和創造にむけた「違法だが正当（illegal, yet legitimate）」な行為として結論付けられた[52]。中国の著名な国際政治学者である時殷弘（Shi Yinhong）は、人道的介入（人道主義的干渉）とは「大国の覇権主義の政治ツールである」と断じたうえで、「国際的合法性を備えた唯一の権威である国連が、最終手段として発動し、展開し、制御しうる介入事案」についてのみ、合法性を認めている[53]。

　"誤爆"事件を機に中国政府は、安保理常任理事国であってもPKO参加を増大させていった（**図4**を参照）。実働主体となる人民解放軍の調整・統括にあたる部署として中国国防部維和事務弁公室を2001年12月に設置し、PKOの制度設計や外国部隊を含む人材育成の強化にも積極的に関与し始めた。1989年以降2016年8月時点までの累計は、計29ミッションに対して約3万3,000人余りを派遣している。増派の画期は2003年で、同年4月は前月比218人増となる220人の部隊が派遣されており、警察、文民、兵員の総数は329人となった[54]。翌2004年以降は計1,000人を超え、2008年以降は2,000人ラインが基準値となっている。

---

51)　安保理決議第1244号：S/RES/1244（1999）.

52)　Independent International Commission on Kosovo, *Kosovo Report,* Oxford: Oxford University Press, 2000, p.186.

53)　Shi Yinghong and Shen Zhixiong, Chapter 13 After Kosovo: Moral and Legal Constraints on Humanitrian Intervention, Bruno Coppieters and Nick Fotion ed., *Moral Constraints on War: Principles and Cases,* Lanham/Md.: Lexington Books, 2002.
　　　同様の警戒感を示す論考は他に、王宏周〈評美国対外政策的〈新干渉主義〉思潮〉《国外社会科学》1994年05期，pp.31-36．李少軍〈論干渉主義〉《欧州》1994年第6期，pp.28-35，及び閻学通〈国際環境及外交思考〉《現代国際関係》1999年第8期，pp.7-48など。

54)　United Nations Department of Peacekeeping Operations, *Monthly Summary of Contributions (Military Observers, Civilian Police and Troops),* April 2003.

第Ⅲ章　国連の「中心」による「平和及び安全」

図4　常任理事国による派遣数

　ここで、中国が「海洋強国」建設を掲げ、尖閣諸島周辺での中国公船等の確認回数が急増した2012～2013年におけるPKO派遣状況を確認する（図4を参照）。「海洋強国元年」となった2012年、PKOに関しては警察、文民、兵員の総数は2,000人を下回っていた。なお、最少値が12月の1,869人で、最大値が10月の1,931人であった。前後の年も対象とすれば、2011年9月（1,943人）から2013年11月（1,938人）までの2年余りの期間は、2,000人に達していない。この期間中、兵員数は2011年3月、5月、6月に最多の1,896人だったものの次第に減少していき、中国が尖閣諸島周辺での海洋活動を活発化させた2013年の下半期においては対照的に1,700人台で推移した[55]。同年12月以降は2,000人を上回るが、以上のように海洋強国建設とPKOは相乗的でなく、むしろ反比例のうごきを示した。つまり、自国の平和及び安全を重視すると、「国際

---

55) United Nations Department of Peacekeeping Operations, Monthly Summary of Contributions (Police, UN Military Experts on Mission and Troops), January 2011-December 2014.

の平和及び安全」が手薄となる。

　近年では、国連南スーダン共和国ミッション（UNMISS）に計1,061人を派遣するなど、同国は戦略的にPKO派遣を展開している。しかしながら、PKOへの派遣を積極的に展開するほど、国際社会からは中国への警戒が高まるといったパラドクスがある。とはいえ、同国はPKOを積極展開する以上、避けられぬ犠牲を払ってきたことも事実である。中国は1991年にイラク・クウェート軍事監視員だった雷潤民が殉職して以来、25人の生命を失っている。

　そうしたコストを引き受けて、なぜ中国はPKOに関与し続けるのだろうか。2020年9月に中国は、最初の兵員派遣から30周年を記念する白書《中国軍隊参加連合国維和行動30年（中国軍の国連PKO参加30年）》を発行した。同書は、「国連憲章の趣旨と原則を堅持して」2,000人余りの指揮官を派遣するなど多くの実績を誇る。「中国軍は、PKOの要諦をなす主力（関鍵力量）である」と強調する[56]。また、2023年5月30に外交部の毛寧報道官も記者会見にて、「PKOは『国際の平和及び安全』を促進する重要なスキームであり」、「中国の"ブルーヘルメット"（PKOを指す：著者注）はPKOの要諦をなす主力である」と述べている。

　しかしながら、「国際の平和及び安全」の維持だけが理由ではないようだ。同国にとって最大の成果は、国連の安全保障体制の最高意思決定機関と活動現場を直結したことである。つまり、同国はPKO全体の制度設計に関与の度合いを深め、国防部の直轄部署として維和事務弁公室（PKO事務室）や維和中心（PKO訓練センター）を設立し、自国の軍

---

56)　中国国務院新聞弁公室《中国軍隊参加連合国維和行動30年》2020.
　　新華社〈外交部発言人：中国"藍蓋"成為連合国維和的関鍵力量〉2023年5月31日.
　　https://www.gov.cn/lianbo/bumen/202305/content_6883872.htm

事コードに準拠した国連の軍事オペレーションを構築し得た[57]。それは、中国企業の参入が増加した軍事装備の調達においても同様である。

おわりに

　本章では、中国の軍事力増強とその不透明性にともなう中国脅威論の関連を確認したうえで、同国が「国際の平和及び安全」の維持という国連の平和実践において、2000年代に入って以降、安保理常任理事国としては異例の派遣水準にあることを検証した。さらに、同国は財政的にも国連の集団安全保障体制を支える高いプレゼンスを誇っているが、そのPKO政策の転換は、国連安保理の授権なきNATOが断行した「同盟の力」作戦中の"誤爆"事件に起因するものであった。以来中国は、PKOの制度設計や外国部隊を含む人材育成の強化にも積極的にコミットしている。こうした実績と同時に、任務中の不慮の事故等による殉職者も出しながら、同国はその犠牲を受け容れ、「国際の平和及び安全の維持」にむけた貢献を拡大してきた。

　しかし、そうした中国の平和実践が、中国脅威論の払拭・緩和に寄与していない。むしろ、PKOでの輝かしい実績さえも、中国の"脅威"に対する警戒を高める、皮肉な状況にある。なぜ中国の国際貢献は平和実践とは相反するものと解されるのだろうか。

　2011年9月に中国外交部が発行した白書《中国的和平発展》では、

---

57)　United Nations Peace and Development Trust Fund, UN Staff Officers Training of Trainers' Course in China's Peacekeeping Center.
　　https://www.un.org/en/unpdf/un-staff-officers-training-of-trainers-course

「中国的核心的利益」が規定されており、そこには国家主権、国家安全保障、領土完整、国家統一、中国憲法が確定する国家の政治制度と社会の大局的な安定、さらに経済社会の持続可能な発展の基本的保障などが並ぶ。さらに翌12年11月に開催された第18回中国共産党全国代表大会で、胡錦濤（Hu Jintao）総書記は「海洋強国」建設を宣言した。

　同時期に、中国は尖閣諸島周辺での海洋活動を活発化させており、それと反比例的にPKO派遣人数を抑制させた。すなわち、PKOという平和的国際貢献と自国の核心的利益を天秤にかける外交姿勢を示した。なお、胡錦濤から総書記を継承した習近平は、2013年3月の第12期全国人民代表大会で国家主席に就任した。その翌月に中国外交部の華春瑩報道官は、釣魚島は中国の領土主権の「核心的利益」であると初めて認めた。習近平時代に強硬的な対外政策へと切り替わったというよりも、その路線は胡錦濤時代の終盤から引き継がれたものとみるべきであろう。

　また中国が、内政不干渉の原則を外交政策の最重要方針と一貫して位置付けるのは、国内統治の課題を自らが抱えるからである。たとえ「国際の平和及び安全」の維持に関する最高意思決定機関の中核に坐し、PKOの実働部隊に授権し、このスキームの制度設計を担う立場となろうとも、自国内政への干渉を許さぬ同国が、レッドラインを越えることはない。

　国際平和の実現に努めるPKOの年間予算が、世界の軍事費総額の0.5％に満たないという深刻な現実のなかで[58]、中国は国連活動、特にPKOに対する大型資金援助計画を提起している。2015年9月に習近平国家主席は一般討論演説にて、10年間で10億ドル規模の「平和発展基

---

58)　国連PKOブックレット「United Nations Peacekeeping Operations」
　　http://101.110.118.63/www.un.org/en/peacekeeping/documents/UN_peacekeeping_brochure.pdf

第Ⅲ章　国連の「中心」による「平和及び安全」

金」の創設や、PKOの即時対応の体制構築にむけて8,000人レベルの常
駐警察部隊と待機部隊を派遣する用意があると表明したのだ[59]。

　国連の安全保障体制には、かねてより五大国の恣意性が看取されてき
た。それは、一見すると大国間の協調を揺るがすようであるが、その実
は国連の「中心」が主導的立場を交代しながら、当該システムを延命
させる方策として蓄積されてきた。中国のPKO政策も同様に、自国の
「平和及び安全」を維持するなかで、しかし当該活動のガバナンスを担
う「中国方案」として機能している。

---

59)　国連総会文書 A/70/PV.13.

第IV章

中華世界の復興と
国際秩序との相克
——UNESCO世界遺産をめぐる政治力学

はじめに

　国連教育科学文化機関（UNESCO）は、諸国民の教育、科学、文化の協力と交流を通じて、国際平和と人類の福祉の促進を目的とする国際連合の専門機関である。人類は世界大戦という危機的状況を繰り返した。その要因を省察した、「戦争は人の心の中に（こそ：著者加筆）、平和のとりでを築かなければならない」という理念（憲章前文）は、あまりにも有名である。1944年10月、米国ワシントン郊外で開催された、戦後国際機構創設に関するダンバートン・オークス会議にて、中華民国はのちの国連に必要な機能として「教育と文化の国際的協力を促進する明確な規定」を提案した（中国の提案：Chinese proposals）[01]。米英そしてソ連がこれに同意し、1946年の UNESCO 設立につながった。

　その中国は、近代国家建設の過程で国権喪失が重なり半封建半植民地状態に陥った。それゆえに、近代国家「中国」は「中華世界」の再構築を重要な国益と措定してきた。特に中華人民共和国の歴代政権は、過去の戦争・紛争に勝利し自らの手で奪還したとするナラティブを編成することで、中国統治の正当性を獲得しようと努めてきた[02]。

　中国憲法の前文（序言）は、孫文（Sun Yat-sen）以来の革命を継承した毛沢東を領袖とする共産党が、「各民族人民を領導した」結果として、「中国人民はついに国家の主となった」と謳う。また、2002年5月に中

---

01) FRUS, Diplomatic Papers, 1945, General: The United Nations, Volume I, *The Charge in China (Atcheson) to the Secretary of State*, Chungking, March 22, 1945-6 p.m. 500.CC/3-2245: Telegram.

02) ラナ・ミッター著、関智英　監訳、濱野大道訳『中国の「よい戦争」：甦る抗日戦争の記憶と新たなナショナリズム』みすず書房、2022。三品英憲『中国革命の方法：共産党はいかにして権力を樹立したのか』名古屋大学出版会、2024。

共中央党校の卒業式に来賓として出席した江沢民総書記は、「中国の特色ある社会主義を建設する過程で、中華民族の偉大な復興を実現しなければならない」と、次世代の指導者らを激励した。

そして2012年11月、習近平総書記は共産党結党（1921年）と中国建国（1949年）からの100年、すなわち「二つの100年」までに「中華民族の偉大な復興」を実現すると宣言した。さらに習総書記は、2015年9月に挙行された中国人民抗日戦争及び世界反ファシズム戦争勝利70周年記念大会で、「始めあらざるなし、克よく終わりある鮮し（はじめは誰しも準備し一生懸命に取り組むが、それを最後までやり遂げる者は少ない：「靡不有初，鮮克有終」)」と『詩経』の一節を引用しつつ、5,000年余りの歴史を持つ輝かしい文明を創造した中華民族の自負心に訴えた。

ただし、中国歴代政権は"散砂"を統べるためだけに、伝統的中華を復古的に活用してきたのではない。中国政治における内政と外交の連環については、毛里和子らも明らかにしてきた[03]。2011年10月に開催された中国共産党第17期中央委員会第6回全体会議（第17期6中全会）では、「文化体制改革を深化させ、社会主義文化の大発展と大繁栄を推進するための若干の重大問題に関する中共中央の決定」が採択され、「文化強国」の建設が掲げられた。胡錦濤総書記は翌2012年の第18回中国共産党全国代表大会（第18回党大会）での政治報告でも、社会主義文化強国の建設と中華民族の偉大な復興、そして国家文化ソフトパワーの向上と中華文化の国際的影響力の増強をそれぞれ接続して提起した。

同様の論理を強調する習近平時代には、加えて東シナ海、南シナ海を中心に推し進める「海洋強国」の建設においては、実力行使もいとわぬ強固な意志が確認できる。UNESCO世界遺産という国際システムを活用し、中国はウェストファリア体制的国際関係にあって中華世界の輪郭

---

03)　毛里和子『現代中国：内政と外交』名古屋大学出版会、2021。

を対外的に誇示してきた。

　本章では、まず UNESCO が掲げる崇高な理念と現実政治の実態を確認した上で、その主要業務である世界遺産について、特に文化遺産の登録過程に着目し、世界遺産委員会の権限と機能を概観する。次に、中国を事例に取り上げ、同委員会の権力行使の帰結として「政治化の遺産」と化した世界遺産「行政」の実態を検証する。最後に、世界遺産委員会が生み出した「政治化の遺産」を解消する方向性を示すとともに、中国が世界遺産政策を通じて獲得しようとする「安全」をめぐる新たな課題についても討究する。

UNESCO 世界遺産「行政」をめぐる政治的相克

　米国は、「UNESCO が過度に政治化した（UNESCO has extraneously politicized virtually every subject）」ことを理由に、1983 年から約 20 年にわたり同機関から脱退した[04]。実質的な理由は、ソ連への財政的配慮であったり、あるいはシオニズムへの批判的議論に対する米国の反発によるものだった。つまり、米国こそが政治判断からこの機関に不利益をもたらしたのである。最上敏樹は、UNESCO への政治的批判や圧力を「時代を問わず」恒常的なものと捉えるとともに、同機関を批判する主体がいくつも存在するため、当該機関をめぐる政治性は相対的なものだと指摘

---

04)　その後も、バラク・オバマ政権期の 2011 年に UNESCO がパレスチナを加盟国として正式承認すると、8000 万ドル余りの分担金の支払いを凍結し投票権を失効した。また、第一次ドナルド・トランプ政権期の 2018 年にはパレスチナ自治区の「ヘブロン旧市街」を世界遺産登録したことで、反イスラエル的であることを理由に脱退した。

第IV章　中華世界の復興と国際秩序との相克

した[05]。また河辺一郎は、加盟国による利己的な UNESCO 批判が組織改編の原動力を生成してきたために、パワーゲームと化した UNESCO 改革論の実情を明らかにした[06]。

　一見すると、これらの指摘は他の国連機関をも射程に捉えているようだが[07]、2つの事由から論究対象を特定できよう。まず、主権国家からなる国連システムにあって UNESCO は、主権の壁にとらわれない普遍的理念を掲げている。そして、事務局が教育・文化行政を通じて世界の人々に UNESCO 式の普遍的理念を浸透させ、望ましき遺産保護政策を一元化すべく能動的に働きかける一方で、加盟国の国益が交錯する政治的アリーナを提供する。これら当該機関の構造的、機能上の特殊性を考慮すれば、その行政を考察する上で政治的恣意性を所与とするのが合理的である[08]。

　世界遺産は、この UNESCO が所管する主要業務である。1972年11月、第17回 UNESCO 総会は「世界の文化遺産及び自然遺産の保護に関する条約（Convention for the Protection of the World Cultural and Natural Heritage：世界遺産条約）」を採択した（1975年12月、発効）[09]。締約国は195カ国

---

05)　最上敏樹『ユネスコの危機と世界秩序』東研出版、1987、pp. 99-100。

06)　河辺一郎「ユネスコ改革とは何か」『軍縮問題資料』2000年1月号、宇都宮軍縮研究室、2001。

07)　Robert W. Gregg , Chapter 4 The Politics of International Economic Cooperation and Development, Lawrence S. Finkelstein ed., *Politics in the United Nations System*, Durham: Duke University Press, 1988, pp.106-147.

08)　Lawrence S. Finkelstein, Chapter 13 The Political Roles of the Director-General of UNESCO, Lawrence S. Finkelstein ed., Ibid, pp.385-423.

09)　文化遺産と自然遺産の保護体制を一本化するという考えは、1972年にストックホルムで開催された「国連人間環境会議」で結実する。当時 UNESCO の専門家たちは、文化財の国際的保護に関する条約の草案を提案しており、IUCN（国際自然保護連合）の専門家たちも自然環境の保護条約の原案づくりをしていた。両条約草案の統合改善の任にあたった UNESCO と国連人間環境会議委員会は協議を重ね、世界遺産条約の骨子がまとめられた。

155

である（2025年1月現在）。世界遺産条約の目的は、「顕著な普遍的価値を有する遺跡や自然地域などを人類全体のための世界の遺産として保護・保存し、国際的な協力及び援助の体制を確立する」ことである。「顕著な普遍的価値（Outstanding Universal Value: OUV）」とはいかなるものか。管見の限りでは具体的内容を示したドキュメントもなく、その内容は「条約を運用していく中で、発展し」たとおり[10]、毎年1回開催される「世界の文化遺産及び自然遺産の保護のための政府間委員会（世界遺産委員会）」での審議に委ねられているといっても過言ではない。

　世界遺産条約に基づき UNESCO に設置される世界遺産委員会は、世界遺産リストに新規登録する物件の審議や危機にさらされている世界遺産リストの作成などを行うほか、現在登録されている物件の保存状況の審議や世界遺産基金の用途の審議を行う。定員は21人で、2年ごとに開催される締約国総会にて3分の1が改選される。条約の規定上は任期6年だが、自主的に4年に短縮することが慣例化している。

　その世界遺産委員会による審議の「成果」が、168カ国における計1,223もの登録物件である。**表16**の評価基準に対応して3つのカテゴリに分かれており、「文化遺産」が952件、「自然遺産」が231件、そして両方の性質を含む「複合遺産」が40件である（2025年1月現在）。文化遺産に偏った不均衡な世界遺産リストとなった要因の1つが、文化遺産はツーリズム資源としての経済効果が期待されるためである。UNESCO 事務局長を歴任した松浦晃一郎が、「文化遺産や自然遺産をてこに観光客を誘致する必要があ」り、「世界文化遺産に登録されることは、単にプレステージュ（ママ）が上がるだけでなく、実質的にプラスもあ

---

10)　河上夏織「世界遺産条約のグローバル戦略を巡る議論とそれに伴う顕著な普遍的価値の解釈の質的変容」『外務省調査月報』2008/No.1、2008、p.3。

第Ⅳ章　中華世界の復興と国際秩序との相克

表16　世界遺産登録の評価基準

（複合遺産は、文化遺産および自然遺産の各一項目以上の評価基準に合致すること）

文化遺産	
C（i）	人間の創造的才能を表す傑作であること。
C（ii）	ある期間、あるいは世界のある文化圏において、建築物、技術、記念碑、都市計画、景観設計の発展において人類の価値の重要な交流を示していること。
C（iii）	現存する、あるいはすでに消滅してしまった文化的伝統や文明に関する独特な、あるいは稀な証拠を示していること。
C（iv）	人類の歴史の重要な段階を物語る建築様式、あるいは建築的または技術的な集合体、あるいは景観に関する優れた見本であること。
C（v）	ある文化（または複数の文化）を特徴づけるような人類の伝統的集落や土地利用の優れた例であること。特に抗しきれない歴史の流れによってその存続が危うくなっている場合。
C（vi）	顕著な普遍的価値をもつ出来事、生きた伝統、思想、信仰、芸術的作品、あるいは文学的作品と直接または実質的関連があること（極めて例外的な場合で、かつ他の基準と関連している場合のみ適用）。
自然遺産	
N（i）	生命進化の記録、地形形成において進行しつつある重要な地質学的過程、あるいは重要な地形学的、あるいは自然地理学的特徴を含む、地球の歴史の主要な段階を代表する顕著な見本であること。
N（ii）	陸上、淡水域、沿岸・海洋生態系、動・植物群集の進化や発展において、進行しつつある重要な生態学的・生物学的過程を代表する顕著な例であること。
N（iii）	ひときわ優れた自然美および美的要素をもった自然現象、あるいは地域を含むこと。
N（iv）	学術上、あるいは保全上の観点から見て、顕著な普遍的価値をもつ、絶滅のおそれのある種を含む、野生状態における生物の多様性の保全にとって、最も重要な自然の生息・生育地を含むこと。

出所：「世界遺産条約を履行するための作業指針2005」より作成

　る」と認めるように、途上国ほどこの点を重視する傾向にある[11]。

　UNESCO事務局の所管部局である世界遺産センターのある専門官は、「文化遺産と自然遺産のアンバランス、物件登録国の偏重、さらに歴史的・文化的背景が共通する物件の重複認定、及びそれらを原因とする世界遺産価値の低下が、世界遺産行政をめぐる大きな課題である」と、認

---

11)　松浦晃一郎『ユネスコ事務局長奮闘記』講談社、2004、p.205。同様の主張は、松浦晃一郎『世界遺産：ユネスコ事務局長は訴える』講談社、2008、p.242。

157

定プロセスにいくつもの課題があると認めた[12]。

　実際に、世界遺産委員会は1990年代半ば以降、「世界遺産の代表性」はいかにして担保されうるのかという重要課題について協議を重ねてきた[13]。第18回世界遺産委員会（1994年・プーケット）において「世界遺産一覧表における不均衡の是正及び代表性・信頼性の確保のためのグローバル・ストラテジー（The Global Strategy for a Balanced, Representative and Credible World Heritage List)」が採択された。それによれば、世界遺産リストは以下5つの物件特性に過度な偏重が認められる。すなわち、①欧州の遺産、②都市建設関連の遺産及び信仰関係の遺産、③キリスト教関連遺産、④先史時代と20世紀を除く歴史的遺産、⑤建築遺産である。

　さらに、アンバランスなリストからは、文化遺産の多面的かつ広い視座を歪め、生きた文化や伝統、民俗学的な景観、そして普遍的価値を保持した事象が排除されかねないとの危機感が示された。「世界遺産の代表性」について信頼性を確保するためには、多様で広範な文化的表現の性質に留意した施策が不可欠である。グローバル・ストラテジーでは、自然と人間との相互作用、可視化しえない生活の叡智など、精神的・創造的表現に関する事例などをくみ取る人文学的で、多角的、普遍的な人間の文化遺産に留意すべきことが提起された。

　この指摘をうけて、以後の総会や世界遺産委員会では、自然遺産、無形遺産、非欧州の遺産をいかに増やしていくかという方法論に議論の中心が移っていく。そのなかで、マイルストーンとなる会合及び決議が、第24回世界遺産委員会（2000年・ケアンズ）の「ケアンズ決議」と第28回委員会（2004年・蘇州）の「蘇州宣言（決議)」、そして第31回委

---

12)　UNESCO世界遺産センターでの聞き取り調査（2005年1月28日実施）。
13)　七海由美子「世界遺産の代表性」『外務省調査月報』2006/No.1、p.4。

第IV章　中華世界の復興と国際秩序との相克

員会（2007年・クライストチャーチ）である。

　「ケアンズ決議」は、2003年以降の各年次委員会において審査対象の
上限を30件と設定し、各締約国が申請できる数を1件のみと定めた。同
決議は、例外措置として、以前の会議で審査延期や差し戻しとなった物
件や、緊急性の高いものを除くことが規定されたとはいえ、「世界遺産
の代表性」を担保するために、登録物件保有国のなかでも上位諸国に対
するシーリングを意図した取り決めであった。しかしながら、世界遺産
委員会の内部力学と国際環境の変化によって、その実効性は翻弄される。
前者については後述するが、「ケアンズ決議」は骨抜きにされた。2001
年の9・11米国同時多発テロにともなういわゆる「テロとの戦い」に対
して多文化共生や文化の多様性を重視する反作用が生まれた。そして、
この時代潮流のなかで、世界遺産委員会は同決議の意義を恣意的に歪曲
していく。

　UNESCO事務局の意図と乖離するように、世界遺産委員会は「ケア
ンズ決議」を反故にする取り決めを重ねていく。「ケアンズ決議」が施
行された翌2004年、「蘇州宣言（決議）」が採択され、2006年以降の各
年次委員会においては審査対象を上限45件とし、各締約国が申請でき
る数を2件までと改訂した。ただし、うち1件は自然遺産であることと
の条件を追記している。

　さらに、第31回委員会ではその条件がさらに見直された。すなわち、
一度に2件を申請する場合は、各国の歴史的地理的情勢を考慮し、と
もに文化遺産であっても容認されることとなった。そして、審査対象
が45件以上となった場合でも、以下の優先順位に則り審査案件を決定
することが決まった。（i）世界遺産物件を持たない締約国の申請物件、
（ii）世界遺産物件が3件以下の締約国の申請物件、（iii）45件の上限設
定により、前年に審査延期となった物件、（iv）自然遺産、（v）複合遺

産、（ⅵ）国境をまたぐ物件、（ⅶ）アフリカ、太平洋、カリブ海地域諸国からの申請物件。

　2000年の「ケアンズ決議」までの議論は、問題の要因を抽出しその解決へのアプローチを的確に導き出すものであった。しかしながら、任期満了にともなう世界遺産委員選挙に際して、改革推進委員は落選し、問題解決案も反故にされていった。

　続いて、物件登録の手続きや規定に関して確認する。第1回世界遺産委員会（1977年・パリ）にて、実務細目を示した「世界遺産条約履行のための作業指針（Operational Guidelines for Implementation of the World Heritage Convention）」が策定され、その後も改訂が重ねられている[14]。ここに定める評価基準10項目（文化遺産6項目、自然遺産4項目：**表17**を参照）のうち1つ以上に合致するとともに、法的措置などにより価値の保護・保全が十分担保されていること、並びに管理計画を有すことなどの諸条件を満たしていることが、登録要件とされる。

　しかし一方で、評価基準の個別項目、例えば**表16**のC（ⅱ）、C（ⅲ）、及びC（ⅴ）に着目すると、「ある文化（または複数の文化）」といった、あたかも価値の局限性を評価する基準が散見される。従って、ある申請物件に関して、たとえ局限的価値であってもそれが承認されれば、世界遺産として認定しリスト登録することは可能であり、価値の「普遍性」は事後的・恣意的に付与されることとなる。そうであれば、申請物件の

表17　2005年に改訂された評価基準の区分

作業方針	文化遺産の評価基準						自然遺産の評価基準			
2002	（ⅰ）	（ⅱ）	（ⅲ）	（ⅳ）	（ⅴ）	（ⅵ）	（ⅰ）	（ⅱ）	（ⅲ）	（ⅳ）
2005	（ⅰ）	（ⅱ）	（ⅲ）	（ⅳ）	（ⅴ）	（ⅵ）	（ⅶ）	（ⅷ）	（ⅸ）	（ⅹ）

出所：「世界遺産条約を履行するための作業指針2002および2005」より作成

---

14)　WHC. 11/01.

価値を審査する側に、恣意的な判断や政治的バイアスの余地が生まれよう。そして重要なのは、価値を審査する主体がだれなのか、という点である。

なお、2003年3月の第6回世界遺産委員会臨時会合において、文化（i‒vi）と自然（vii‒x）という評区分を2005年以降に撤廃すること、それにともない番号も統一すること（i‒x）、ただし評価基準や遺産分類は従来のままとすること、が議決された（**表16**を参照)[15]。

世界遺産登録のながれは、**図5**に示すとおりである。世界遺産条約の締約国が事前に提出した候補物件リストから、申請物件を世界遺産委員会に申請する[16]。同委員会は申請を受理すると、文化遺産の場合は

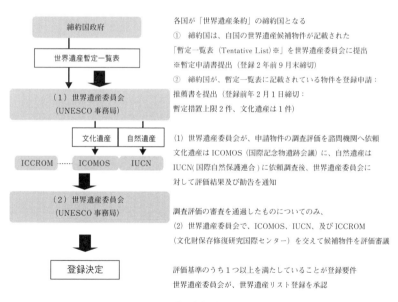

図5　世界遺産登録の流れ

---

15) Decision 6 EXT.COM 5.1.
16) 申請物件数については、2020年より1国1件に制限するも、2024年以

ICOMOS（国際記念物遺跡会議）に、自然遺産は IUCN（国際自然保護連合）に1年ほどの期間において資料・実地調査と評価を要請する。各諮問機関は調査をふまえ、世界遺産委員会に対して4段階の評価（①登録、②追加情報の照会：次回以降に再審議、③記載延期：推薦書の改訂・再調査、④登録不可：世界遺産委員会にて不可の場合は再推薦も不可）によって勧告する。原則として、2年目の世界遺産委員会で、ICOMOS、IUCN、ICCROM（文化財保存修復研究国際センター）を交えて申請物件について審議し最終判断を下す。

　以上みてきたとおり、世界遺産委員会が権力を行使した帰結として、各物件の行く末が決定される。それと同時に、同委員が出身国／自国の申請物件の登録審議に加わる状況も少なくない。むろんその頻度は、「世界遺産大国」であるほど高くなる。こうした政治的恣意性とそれが発揮された結果について、以下では中国を事例として考察する。

UNESCOにおける中国とその世界遺産政策

　1944年10月、ダンバートン・オークス会議にて中華民国は、戦後国際機構に必要な機能として「教育と文化の国際的協力を促進する明確な規定」を提案した。そして同国は、1946年に成立した UNESCO の原加盟国（20カ国目）として名を連ねた。他方で、1971年に国連総会決議第2758号が採択されたことで、翌1972年に中華人民共和国は、「中国の提案」に由来する当該機関でも「中国代表権」を承認され、文化保護の

降は過去に「情報照会」「登録延期」となった候補については申請可とする緩和措置が講じられた。

第Ⅳ章　中華世界の復興と国際秩序との相克

国際協力体制に足場を築くこととなった。ただし、同年に世界遺産条約が成立されていたものの、もしくは1982年に独立自主の対外政策（全方位外交）を打ち出していながら、中国が1980年代中頃までに主だったうごきをみせることはなかった。

　米国のUNESCOからの退場と相前後するように、中国は1985年11月に世界遺産条約に署名し（89カ国目）、翌1986年3月に批准するや、6件（泰山、万里の長城、北京と瀋陽の明・清朝の皇宮群、莫高窟、秦の始皇帝陵、周口店の北京原人遺跡）を登録申請した（**表18**を参照）。1987年にすべての登録が承認されたのを皮切りに、堅実に登録を重ねていった。2025年1月時点で計59件を登録しており、60件を保有するイタリアと最多件数を競う状況が続いている。文化と自然を対極のものとみなす欧州的価値体系の下で体系化されたといわれる世界遺産「行政」にあって、世界第2位の「世界遺産大国」である。

　地理的分布は、西北・西南地域に3分の1以上が偏在すると同時に、北京市と四川省だけで14件を抱える。また、「ラサのポタラ宮歴史的遺産群」や「古代高句麗王国の都市群と古墳群」などに象徴される、辺境地域に所在する物件が多い点も政策的特色である。また、マカオを含む中国領域内にある多様な文化体系や自然環境が含まれるが、台湾には登録物件がないどころか、中国政府による候補リストに、台湾に所在する物件は掲載されていないことも付記しておく[17]。

　世界遺産委員会の委員としては、1991年に初選出されたのを皮切りに、これまで四選を果たす（1991〜1997、1999〜2005、2009〜2011、2017〜2021年）。なお、多選は規定により禁止されている。

---

17)　中国の世界遺産政策をめぐる内政と外交との理論的リンケージについては、拙稿「中国のユネスコ世界遺産政策：文化外交にみる『和諧』のインパクト」『中国21』Vol.29、風媒社、2008、pp.183-202を参照されたい。

表18　中国の世界遺産一覧

件数	物件名称	遺産登録	登録年
1	泰山	複合	1987
2	万里の長城	文化	1987
3	北京と瀋陽の明・清朝の皇宮群	文化	1987 2004
4	莫高窟	文化	1987
5	秦の始皇帝陵	文化	1987
6	周口店の北京原人遺跡	文化	1987
7	黄山	複合	1990
8	九寨溝の渓谷の景観と歴史地区	自然	1992
9	黄龍の景観と歴史地区	自然	1992
10	武陵源の自然景観と歴史地区	自然	1992
11	承徳の避暑山荘と外八廟	文化	1994
12	曲阜の孔廟、孔林と孔府	文化	1994
13	武当山の古代建築物群	文化	1994
14	ラサのポタラ宮歴史的遺産群	文化 2000	1994 2001
15	廬山国立公園	文化	1996
16	峨眉山と楽山大仏の景観	複合	1996
17	麗江旧市街	文化	1997
18	古都平遥	文化	1997
19	蘇州の古典園林	文化	1997 2000
20	北京の頤和園と皇帝の庭園	文化	1998
21	北京の天壇	文化	1998
22	武夷山	複合	1999
23	大足石刻	文化	1999
24	青城山と都江堰水利（灌漑）施設	文化	2000
25	安徽省南部の古民居群：西逓村・宏村	文化	2000
26	龍門石窟	文化	2000
27	明・清朝の皇帝陵墓群	文化 2003	2000 2004
28	雲崗石窟	文化	2001
29	雲南保護地域の三江併流群	自然	2003
30	古代高句麗王国の都市群と古墳群	文化	2004
31	マカオ歴史地区	文化	2005

件数	物件名称	遺産登録	登録年
32	四川のジャイアントパンダ保護区	自然	2006
33	殷墟	文化	2006
34	開平碉楼と村落	文化	2007
35	中国南方カルスト	自然	2007 2014
36	福建土楼	文化	2008
37	三清山国立公園	自然	2008
38	五台山	複合	2009
39	「天地の中央」にある登封の史跡群	文化	2010
40	中国丹霞	自然	2010
41	杭州西湖の文化的景観	文化	2011
42	澄江化石地	自然	2012
43	元の上都遺跡	文化	2012
44	紅河哈尼棚田群の文化的景観	文化	2013
45	新疆天山	自然	2013
46	シルクロード：長安-天山回廊の交易路網	文化	2014
47	大運河	自然	2014
48	土司遺跡群	文化	2015
49	湖北の神農架	自然	2016
50	左江花山の岩絵の文化的景観	文化	2016
51	鼓浪嶼：歴史的租界	文化	2017
52	青海可可西里	自然	2017
53	梵浄山	自然	2018
54	良渚古城遺跡	文化	2019
55	中国の黄海-渤海湾沿岸の渡り鳥保護区群（第1段階）（第2段階）	自然	2019
56	泉州：中国宋・元朝の世界のエンポリウム	文化	2021
57	普洱の景邁山古茶林の文化的景観	複合	2023
58	北京中軸線：中華の理想的秩序を示す建造物群	文化	2024
59	バダインジャラン砂漠-砂の塔と湖畔	自然	2024

＊番号：世界遺産委員会の委員として審議参加
「自己承認率」＝61.0％

出所：UNESCO 資料より加治作成（2024年3月現在）

第Ⅳ章　中華世界の復興と国際秩序との相克

　国連システムでの機関長選挙などにも強い中国であるが、その成果と
して自国の推薦物件に関する多くの登録審議の場に、世界遺産委員会
の委員としても出席しており、任期中に登録決定された物件数は36件
と、保有総数に占める自己承認率は61.0％に達する。ただし、この数値
も2000年ころに比べると20ポイントほど下げてきた。
　「世界遺産の代表性」は、文化遺産と自然遺産との数的不均衡につい
ても問題提起するが、是正措置である「ケアンズ決議」が発効する直前
の2002年段階で、中国の世界遺産登録物件のうち文化遺産と複合遺産
が89.3％を占めていた。それが、2012年8月段階では10ポイントダウン
の79.1％と、UNESCO世界遺産リスト全体での80.5％を僅かながら下
回り、「世界遺産の代表性」を牽引する立場となった。
　この意味で、2019年に自然遺産に登録した「中国の黄海－渤海湾沿
岸の渡り鳥保護区群（第一期）」と、2024年に登録した「中国の黄海－
渤海湾沿岸の渡り鳥保護区群（第二期）」は、中国の新たなうごきとし
て留意すべきであろう。「第一期」申請と同時期（2018年1月）に、中
国国務院新聞弁公室は白書《中国的北極政策（中国の北極政策）》を発
刊し、自らを北極に関わるステークホルダーであり、地勢的に〈近北
極国家〉だと主張しはじめた。そして同国は、1925年に「スヴァール
バル条約」の締約国となった民国の主権を承継すると、その法的根拠を
訴えた[18]。まさに民国の「遺産」によって共和国の外交空間は拓かれた。
国連憲章や国連海洋法条約が北極圏外の国家による主権的行為を排除す
る一方で、この「スヴァールバル条約」は、締約国に対して北極海にあ
るノルウェー領スヴァールバル諸島で狩猟、捕獲、捕獲などを含む開発
や商業活動を行う権利を約している。近年、北極周辺では資源獲得競争
や軍事演習が活発になっており、世界遺産「行政」を活用した国益獲得

18)　中国国務院新聞弁公室《中国的北極政策》2018年1月.

165

に関しては、中国の「実績」から多くの示唆と課題が見いだされよう。

　他方で、ウェストファリア体制的国際関係にあって、中華文化圏の輪郭を誇示することには妥協しない中国の世界遺産政策は、中国外交研究の観点からも多くの示唆が得られる。例えば、2003年の第27回世界遺産委員会は、朝鮮民主主義人民共和国が申請した「高句麗の古墳群」の登録延期を決議するとともに、中国領域内の「古代高句麗王国の都市群と古墳群」（中国の暫定リストに記載はあるが、申請なし）を指名し、両者の文化的・歴史的一体性などを考慮すべきとして、翌2004年の世界遺産委員会で再審議するために、諮問機関であるICOMOSに対して調査するよう要請した。あわせて、両国に対しては共同申請も含めて協議するよう促した[19]。次の年の同委員会では、両国から別々に登録申請がなされたのを受けて、審議の結果、「将来的な共同管理の可能性を模索するよう」勧告しつつも、それぞれ単独の物件としてリスト登録を承認した[20]。ちなみに、両委員会に委員国として出席した中国の案件が先に決議されたことを付記する。

　また、2013〜2014年にかけて策定された「一帯一路」や、この戦略構想を具現するために中国政府が2015年に設立したAIIB（アジアインフラ投資銀行）などは、先進国へとさらなる発展を示す青写真であった。同時期の2014年、中国はキルギス、カザフスタンと共同で「シルクロード：長安−天山回廊の交易路網」を世界遺産リストに登録した。総延長が8,700kmに及ぶ越境的特性と文化的・歴史的共通性を有するシルクロードは、単一国家が申請するには文化性、歴史性、民族性などの点から合理的説明ができない。そこで、中国政府は初の共同申請を選択した。胡錦濤政権の後半に登録作業が始まった当初は、中央アジア5カ国

---

19)　WHC.03/27.COM/08C.27-28.
20)　WHC.04/28.COM/14B.25 及び WHC.04/28.COM/14B.33.

(カザフスタン、ウズベキスタン、キルギス、タジキスタン、トルクメニスタン)との共同申請が模索された。しかし、この地域への経済的・政治的コミットメントを急いだ中国は、2011年段階でパートナーを上述の2国に絞ったとされる。

また本事案に関しては、習近平政権が提唱した一帯一路との戦略的親和性も指摘される。中国政府は、2000年代初頭に国内の(反テロリズム政策として)地域格差を是正し経済フロンティアを開拓するため、国家プロジェクト「西部大開発」を展開した。一帯一路はこれを国際展開したもので、周辺海域でのシーレーン整備や港湾開発も急速に進められた。キルギスが申請3カ国を代表してUNESCOに提出したエリア図には、海上交易網も含むシルクロードの全体が示されており、一帯一路の戦略拠点と合致する(図6を参照)。

さらに、そこにはシルクロードの終着地である日本も描かれている。

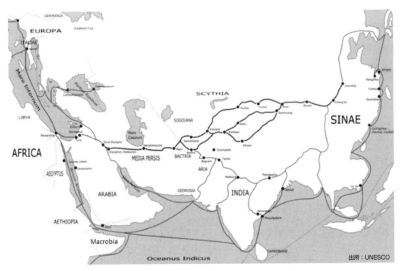

図6　シルクロード：長安‐天山回廊の交易路網

日中関係が尖閣問題に伴い「戦後最悪」の状況にあるなかで、日本も同じく2014年に「富岡製糸場と絹産業遺産群」を登録している。両国の同時登録によって、日本の近代化が中国抜きには実現しなかったこと、しかしその帰結がアジア侵略と敗戦であったという史実が改めてフォーカスされた。

　これに加えて、ジョセフ・ナイ（Joseph Nye）が提示したいわゆる「ソフトパワー」論[21)]は、中国の世界遺産政策に「民族／民俗政策」と「文化外交」という政策フォーマットを提供した。ソフトパワーとは国家の文化、政治思想や政策に起因する力学であり、求心的に作用して他のアクターの行動変化を促すものである。また、ナイはソフトパワーと誘因（attractiveness）の関係について以下のように定義する。ソフトパワーとは、強制するのではなく、求心的に説得する力である。つまり、その国の文化、政治的理想、政策の魅力を誘因とする。多国間協力を要する越境的課題に対処するためには、ソフトパワーがますます重要になる、と[22)]。

　ナイのソフトパワー論は、中国の対外政策に関わる学術界にも大きな影響を与えた。閻学通（Yan Xuetong）や王逸舟（Wang Yizhou）による新安全保障論を端緒として[23)]、李智（Li Zhi）[24)]をはじめ張玉国[25)]、上海社会科学院世界経済与政治研究院編[26)]、兪新天（Yu Xintian）[27)]などが、中華

---

21)　Joseph S. Nye, Jr., *Bound to Lead: The Changing Nature of American Power*, New York: Basic Books, 1990.
22)　Joseph S. Nye, Jr, *Soft power Soft Power: The Means To Success In World Politics*, PublicAffairs, 2005, p.66.
23)　閻学通《中国国家利益分析》天津人民出版社，1995，及び王逸舟《当代国際政治析論》上海人民出版社，1995.
24)　李智《文化外交：一種伝播学的解読》北京大学出版社，2005.
25)　張玉国《国家利益与文化政策》広東人民出版社，2005.
26)　上海社会科学院世界経済与政治研究院編《国際体系与中国的軟力量》時事出版社，2006.
27)　兪新天《掌握国際関係密鑰》上海人民出版社，2010.

168

第IV章　中華世界の復興と国際秩序との相克

民族の伝統文化に依拠した「軟実力／軟力量」の向上を中国外交論の重
点課題に挙げている。UNESCO世界遺産政策は、まさにこうした問題
提起への回答ともなってきた。

　他方で、2009年11月に開催された第64回国連総会で劉振民（Liu
Zhenmin）国連大使は、「文化財の原保有国への返還」決議案の審議
に際して、「民族と人民のアイデンティティの象徴として文化財は、
人類文明の価値ある財産である」と切り出した。そして、欧米列強
による円明園の破壊・略奪の歴史を例示しつつ「文化財の不法接収・
略奪は歴史と文明に対する冒瀆である」と断じ、UNESCOによる世
界遺産「行政」を通じて各国の文化権益が保護されるべきと主張し
て、この演説を締めくくった[28]。この発言を具現化したのが、翌2010
年4月にカイロで開催された「第1回文化財保護と返還のための国際
会議（Conference on International Cooperation for the Protection of Repatria-
tion of Cultural Heritage）」である。中国やエジプトの働きかけに応じて、
韓国、ギリシャ等の21カ国が参加し、歴史的文化財は原保有国へ返
還されるべきとの会議での見解をまとめた「カイロ宣言」が採択さ
れた。

　さらに、2011年10月の中国共産党第17期中央委員会第6回全体会議
（第17期6中全会）では、「文化体制改革を深化させ、社会主義文化の大
発展と大繁栄を推進するための若干の重大問題に関する中共中央の決
定」が採択され、「文化強国」建設が掲げられた。中国の世界遺産政策
は、グローバル化する世界地図のなかで中華世界の輪郭を再度明示・具
現しようという文化的理念に下支えされている。

---

28)　国連総会文書 A/64/PV.47.

おわりに

　世界遺産をめぐる「政治化の遺産」をもたらした構造的要因は何であったのか。「世界遺産の代表性」を確実に担保し得るメカニズムを構築するには、この点を解明することが先決である。多くの登録物件数を抱える、いわゆる世界遺産大国は、保護技術、制度、人材育成など高いノウハウを蓄積している。そして何よりも、世界遺産委員の選挙運動にも多様な資源を投入できる。そうした諸国の官僚が世界遺産委員会委員に選出されてきた。結果として、委員が自国の申請した案件を審議・承認する現行システムでは、UNESCO が本来狙いとした多様な世界遺産リストは実現し得ない。となると、この制度改正の必要性と要点は自明であるが、UNESCO での議論はこの重要課題から目を逸らしてきたと、言わざるをえない。

　劉振民国連大使が2009年の演説で述べたように、「UNESCO による世界遺産「行政」を通じて各国の文化権益が保護されるべき」との指摘は、正鵠を射たものであり、登録申請国に共通した意志である。しかし、文化政治をソフトパワーというオブラートで包み、自国の権益を拡充するために世界遺産「行政」にタダ乗りできる権限が、特定国家からなる世界遺産委員会に付与される——。登録物件数が最多の60件を誇るイタリアは、世界遺産委員としての任期中に登録決定された物件が38件と、全登録物件のうち63.3％を占める。この事実こそが、「政治化の遺産」を代表する。

　本章では、中国を事例として UNESCO 世界遺産をめぐる「政治化の遺産」について検証した。同国は、UNESCO 世界遺産というウェストファリア体制的国際関係のなかで、中華世界の輪郭を対外的に誇示して

きた。つまり、同国の政策では、文化遺産への偏重が経済要因ではなく、国際政治空間における文化領域の輪郭を描く政策意図によってもたらされる点を明らかにした。そして今日、再び世界遺産委員となった中国は、いわば「世界遺産の代表性」を牽引する立場として、文化遺産偏重との批判をかわすためにも、自然遺産比率を高めてきた。以上の結果から、それら実績とともに、したたかな内政と外交の政策的連環、さらに伝統的文化（圏）と安全保障空間を接続した戦略的意図も確認できた。

UNESCO において OUV がさす内容を再検討し、その保存・維持を人類共通の課題として設定するならば、制度改革の要点は明確である。世界遺産委員会に自己改革を期待するのは、あまりにナイーヴと言わざるを得ない。

第Ⅴ章

安全保障としての
グローバル・ヘルス
——WHOにおける「中国」の恣意性

はじめに

　世界保健機関（World Health Organization: WHO）は、国連システムのなかで公共衛生を所管する専門機関として1948年に設立された。また、国家単位での防疫措置を基本として国際連携を図ってきた反面、その憲章第1章1条は、「最高基準の健康を享有することは、すべての人々が持つ基本的な権利だ」とする活動理念（Health For All）を掲げる。すなわち、人々の健康を越境的に保障する同機関には、脱国家的なガバナンス能力と同時に国家主権に対する介入主義的なコミュニケーション機能が求められる。
　とりわけ2000年代に入り、新興・復興感染症のグローバルな拡大（パンデミック）が、国家や国際社会にとって安全保障領域の重大課

写真2　世界保健総会にオブザーバーとして招待された台湾（2009年）

題となった。その時代潮流のなかで、WHO への加盟資格のない台湾（Chine Taipei）は、2009 年から 2016 年までの 7 年間、世界保健総会（WHA：WHO の最高意思決定機関である年次総会）にオブザーバーとして招待された。しかしながら、蔡英文（Tsai Ing-wen）総統率いる民主進歩（民進党）政権の発足とともに、WHO からの台湾を WHA オブザーバーとして招聘する招待状が届かなくなった。

　2024 年 5 月、中国外交部の報道官は、いわゆる「台湾に対する WHA オブザーバー招待」が第 77 回 WHA の決議案に採用されなかったことについて言及した。「中国統一は不可逆的であって」「少数の国に対して、国連総会決議第 2758 号を歪曲せず」「衛生問題の政治化を速やかにやめるよう」勧告した[01]。

　名指しこそ避けたが中国の批判の矛先は、決議案として採択するよう WHO 事務局長に書簡を送ったマーシャル諸島、セントルシアやベリーズ等よりも、米国に向けられている。米国のアントニー・ブリンケン（Antony John Blinken）国務長官は、米中対立が深刻化するなかでも中国の王毅（Wang Yi）国務委員兼外交部長と折衝を重ね、戦略対話の可能性を模索し続けてきた。しかし同時に、台湾の活動空間の拡大を支持し続けており[02]、米国政府の主導により、2024 年先進 7 カ国（G7）外務・開発大臣会合も、WHA への「台湾の意義ある参加」を支持することを明記した共同声明を採択した。中国政府は米国こそが「以台制華」（台湾カードによって中国を制すること）を画策しているとみなす。

---

01)　中国外交部 https://www.mfa.gov.cn/web/fyrbt_673021/dhdw_673027/202405/t20240527_11312526.shtml

02)　台湾の WHA オブザーバー参加を支持する声明は、米国務長官名義で毎年発出される。
　　米国務省，Taiwan as an Observer at the 77th World Health Assembly, May 1, 2024
　　https://www.state.gov/taiwan-as-an-observer-at-the-77th-world-health-assembly/

グローバルパブリック・ヘルスの危機的状況は、特に2000年代以降にその頻度が高まりつつある。切れ目のない防疫セーフティネットを構築し、特定の地域が取り残されることによる地理的な空白を埋めるとともに、パブリック・ヘルスの有益な知見・経験を共有する必要がある。しかし一方で、WHOに国家主権を超越する権限はなく、国際法に違反する内政干渉は戦後国際秩序をかえって危機に晒すことになる。さらに国際政治のはざまにある非国家主体の公共衛生をいかに保障するか、WHOをめぐる政治ダイナミクスは日々高まりつつある。

　以上の問題意識に基づき、まず国連システムにおける中国（共和国／共産党政権）が、台湾排除を所与とした合法的地位を獲得してきた経緯と現状を概観する。次に、主権国家からなる国連機関でありながら、グローバルなパブリック・ヘルス分野を所管するWHOの多様な加盟・参加方式を整理したうえで、当該機関への「参加」を模索する台湾の政策展開を国際政治の文脈から検証する。最後に、グローバル・ヘルスが安全保障化した国連システムにおいて、決定力を発揮する「中国方案」を考察することで、非国家主体を含む世界政治空間のガバナンスへの視座を提起したい。

国連における中国プレゼンス──台湾排除の合法性と合理性

　中国（共和国）が建国後に初めて同盟関係を約した中ソ友好同盟相互援助条約は、「国連の目的及び原則に則って」「東アジア及び世界の持続的平和と普遍的安全が保障される」と謳う[03]。当時、国連代表権を承認

---

03)　例えば、唐家璇主編《中国外交辞典》世界知識出版社，2000，p.857.

176

第Ⅴ章　安全保障としてのグローバル・ヘルス

されていない共産党政権が国連重視を掲げたのは、自らが同機構を創設した法的根拠によるところが大きい。1945年4～6月にサンフランシスコで開催された国際機構創設のための連合国会議にて、共産党員の董必武が中華民国代表の1人として国連憲章に署名した（第Ⅰ章を参照）。同政権は、この事実をもって戦後国際レジームの創設者たる法的根拠とする[04]。

　ただし、このような共産党政権のナラティブは、国連システムのなかの「中国史」と一致しない。国連総会は、朝鮮戦争における中国当局による「抗米援朝」が「平和的解決にむけて朝鮮における戦闘行為を停止すべきとの国連側の提案を拒む」ものであり、まさに「侵略」行為であると指弾した[05]ことは、本書でもたびたび言及してきた。ソ連が拒否権を行使しては、安保理はしばしば膠着状態に陥った。代わって審議の場となった総会で、米国は中国に対する非難と援助禁止措置を率先し、この「侵略者決議」は採択に至った[06]。

　また、社会主義諸国や第三世界に審議の主導権を握られたくなかった米国ジョン・F・ケネディ政権は、翌1961年の第16回総会に中国代表権問題を持ち込んだ[07]。はたして中国代表権問題は、3分の2以上の賛成を可決要件とする重要事項として「総会化」され、1960年代前半はその政策が奏功する。ところが、1960年代後半に入ると、中国が軍事的・経済的領域で存在感を高めた結果、国連総会では中国支持が台湾支持を逆転した[08]。また、中ソ対立が先鋭化していったことも、米国政府が同

---

04)　唐家璇主編，前掲書，pp.610-611.
05)　国連総会決議 A/RES/498（Ⅴ）.
06)　国連総会文書 A/1770, A/PV.327.
07)　国連総会文書 A/PV.1080（XVI）.
08)　John Franklin Copper, *China's Foreign Aid: An Instrument of Peking's Foreign Policy*, Massachusetts: Lexington Books, D.C. Heath and Company, 1976, pp.85-88, 渡辺紫乃「対外援助の概念と援助理念：その歴史的背景」下村恭民、大橋英夫、

177

国との関係改善へと政策転換した一因となった。

1971年10月、第26回国連総会は決議第2758号を採択した。同決議は「中華人民共和国にそのすべての権利を回復させ、同国政府の代表を国連における唯一の合法的代表であると認め、蔣介石（Chiang Kai-shek）政権の代表を彼らが国連とその関連機関において不法に占めている地位から追放する」ことを決定した[09]。国連システムにおける中国代表権は、言うなれば、台湾の排除によって担保されるデファクトであり、同決議は、そのことに対して合法的正当性と論理的合理性を保証する法的根拠である。

1992年10月、中台双方の民間窓口機関である海峡両岸関係協会と海峡交流基金会は、香港で事務レベル会合を行った。両者は、「一つの中国」原則を共有するも解釈はそれぞれに委ねるとの合意に至り、そして中国側は対等な立場を容認したとされる（「92年コンセンサス（九二共識）」）。しかし、江沢民政権の寛大な対応に付け込むように、翌1993年1月に李登輝（Lí Teng-hui）総統は、初の外交白書《外交報告：対外関係與外交行政》を発行した。同白書は、台湾が国連システムから排除されている問題を国際社会に提起した。そして、「中華民国」として「広範にわたり国際組織に積極的に参画、活動し、とりわけ可能なかぎり速やかに国連へ復帰すること」を対外政策の重点方針に掲げたのだ[10]。

日本国際問題研究所編『中国の対外援助』日本経済評論社、2013、pp.19-39、加治宏基「だれが中国の『安全』を保障したのか？：国連「中国代表権」獲得にむけた対外援助政策」愛知大学国際問題研究所『愛知大学国際問題研究所紀要』第145巻、2015、pp.25-66。サラ・ロレンツィーニ著（三須拓也・山本健訳）『グローバル開発史』名古屋大学出版会、2022、pp.160-167。

09) 国連総会決議 A/RES/2758（XXVI）.

10) 清水麗は、国連で中国議席を失った台湾が、1970-80年代を通じて「中華民国外交」で培った対外的実践をふまえ、李登輝政権下では対外的に台湾としての承認を求める「台湾外交」を具現化させたと指摘する。清水麗『台湾外交の形成：日華断交と中華民国からの転換』名古屋大学出版会、

第Ⅴ章　安全保障としてのグローバル・ヘルス

　これは、国連における台湾問題の画期であり、すなわち「中国代表権」問題から台湾「加盟」問題への質的転換であった。1993年8月、台湾を中華民国として承認するベリーズ、コスタリカ、エルサルバドル、グアテマラ、ホンジュラス、ニカラグア及びパナマは、「普遍性の原則及び国連における分断国家の二重代表の確立した方式に基づく、国際的な文脈における台湾にある中華民国の異常な状況の検討」を国連総会の追加議題に加える要望書簡をブトロス・ブトロス＝ガーリ国連事務総長に提出した[11]。また同年9月には、ドミニカ共和国、グレナダ、セントルシア[12]、セントビンセント及びグレナディーン諸島、ソロモン諸島[13]、ドミニカ国が[14]、共同提案国に加わった。

　「国連における分断国家の二重代表の確立した方式」とは、東西ドイツや南北朝鮮の加盟方式を想定したものである。前者に関しては、1973年にそれぞれ主権国家として加盟したドイツ連邦共和国が、ドイツ民主共和国を統合し一つの主権国家となった1990年までの加盟状況を指す。また、韓国と北朝鮮（朝鮮民主主義人民共和国）は、翌1991年にそれぞれ加盟を果たした。これらを前例として、中国と台湾に対しても、実質的な同時加盟を認めるべきとの提案であり、「二つの中国」を容認するものであった。

　この書簡が提出されるや否や、中国政府は「二つの中国」の可能性を速やかに否定してみせた。1993年9月、中国国務院台湾事務弁公室と新聞弁公室は白書《台湾問題と中国の統一（台湾問題与中国統一）》を発行し、台湾が「中国の不可分の一部である」と改めて主張した。さらに、

　　2019、pp.260-278。
11)　国連総会文書 A/48/191.
12)　国連総会文書 A/48/191/Add.1.
13)　国連総会文書 A/48/191/Add.2.
14)　国連総会文書 A/48/191/Add.3.

翌1994年の国連一般委員会でも、同国代表は「少数の国が国連での台湾「代表権」を画策」するうごきについて「強烈な憤り」を示し、総会決議案に追加することを許さなかった。その理由として、国連憲章の目的と原則及び総会決議第2758号の規定に反すること、そして中国に対する主権侵害と内政干渉を挙げたうえで、台湾と東西ドイツ、南北朝鮮の状況を同一視すべきでないと忠告した[15]。

　同様の外交"攻防"は、2008年に台湾で馬英九（Ma Ying-jeou）総統が選出されるまで展開される。中国国民党の馬政権は、独立志向だった民進党の陳水偏（Chen Shui-bian）政権とは対照的に、中国との関係を安定させることに注力した。結果として、台湾の国連「加盟」への機運はトーンダウンした。より正確を期せば、国連「参加」政策、特にWHAへのオブザーバー参加へと変容していった[16]。

台湾のWHO「参加」──説明変数としてのグローバル・ヘルス？

　国連総会決議第2758号に基づき、1972年の第49回WHO執行理事会は同機関における「中国」代表権の変更を承認し、その旨をWHAに推薦すると決定した[17]。同年5月、第25回WHAも同様決議を採択したため、WHOでも中華人民共和国の「中国」代表権が承認された[18]。国

---

15)　国連総会文書 A/BUR/49/SR.1.
16)　加治宏基「世界保健機関への参加をめぐる決定要因：台湾のWHAオブザーバー資格取得を事例として」『国際問題研究所　紀要』第134号、愛知大学国際問題研究所、2009、pp.123-138。
17)　WHO文書 EB49.R37.
18)　WHO文書 WHA30.43.

連の「加盟」要件で最も重要なのが、主権国家であることだ。憲章第4条1項が示すとおり、国連の門戸は創設国に加えて、「この憲章に掲げる義務を受諾し、且つ、この機構によってこの義務を履行する能力及び意思があると認められる他のすべての平和愛好国に開放されている」。さらに同2項は、「前記の国が国際連合加盟国となることの承認は、安全保障理事会の勧告に基づいて、総会の決定によって行われる」と規定する。

　ただし、国連とその専門機関の加盟・参加方式を精査すれば、そのあり方はいささか複雑である。特にWHOは、グローバル・ヘルスという越境的課題に対応した業務特性を反映して、加盟・参加方式が多様である[19]。バチカンとパレスチナは国連加盟国でないものの、ともに国連常駐オブザーバーであり、同時にWHAではオブザーバー資格も有する。他方で、WHOに正式加盟するクック諸島とニウエは、国連加盟国でなく総会オブザーバー資格も有していない。なぜなら、ともにニュージーランドと自由連合盟約を締結しており、外交権と国防権を同国に委譲しているからだ。

　WHO憲章第3章3条によれば、「すべての国家に開放される」と、主権国家を加盟要件の第一義とする。この点は国連のそれと同様であるが、同8条で「準加盟」という方式も設定している。準加盟とは「国家間関係を司る能力を持ちえない領域またはグループ」を想定するもので、台湾の実態に適合する。ただし、加盟申請は「その国際関係について責任を有する加盟国又は他の権力者がこの領域又は領域の集合に代わって」行わねばならず、中国と台湾の双方がこれを拒んできた。そして台湾は、国家資格での「加盟」を求めるがゆえに、準加盟を含むその他の選択肢

---

19)　Douglas Williams, *The Specialized Agencies and the United Nations: The System in Crisis,* New York: St. Martin's, 1987, p.63.

をしばらくの間は排除していた。

　バチカンやパレスチナがその地位にあるオブザーバーは、「WHO の未加盟国、地域」に開かれた、WHO の「参加」方式の1つである。WHA 手続規則の第46項は、WHO の各種「会議に参加し、かつ審議議題に関して発言することができる」オブザーバーとなるには、「WHA または付属委員会の長からの招待状と各協議体の同意」が必要であると定める。「実務外交（務実外交）」を展開する李登輝政権下の1997年3月、章孝厳（Chiang Hsiao-yen /John Chiang）外交部長は「中華民国」としてオブザーバー参加を求める書簡を中島宏 WHO 事務局長に送付した。また、翌1998年以降は、台湾を中華民国と承認するスワジランドなど友好国が、同様の主旨の決議案を WHA の議題に加えるよう要請した。

　2000年に発足した陳水扁政権はこの頃、WHA で議案審議に至った場合を想定して情勢分析を行っている。その内容は、「中国（共）の干渉を避けられない」ため、「191の WHO 加盟国の過半数支持を得ることは、依然として非常に困難だ」と、厳しい予測であった[20]。また台湾独立派の重鎮である黄昭堂（黄有仁 : Ng, Yuzin Chiautong）も、「中華民国の名称」による国連「再加盟・復帰」となれば、総会決議第2758号を見直す審議が不可避であり「少なからぬ悪影響」は避けられない、と懸念を吐露した[21]。結果的に、WHA が台湾からの書簡を受理することはなく、支持諸国の要請に直接回答することもなかった。

　そこで陳政権は2002年、「衛生実体（Health Entity）」という新たな概念を提起し、WHO 参加にむけてテコ入れを図った[22]。これは、非国家

20)　台北駐日経済文化代表処（2001 年 8 月）http://www.roc-taiwan.or.jp/who/wo2.html
21)　黄昭堂〈国のアイデンティティと安全保障〉《台湾青年》No.447, 台湾独立建国聯盟 , 1998, pp.1-9。
22)　外交部・行政院衛生署〈WHO への参加を勝ち取る「衛生実体」として

主体に国際組織の門戸が開かれた先例として、いわゆる APEC 方式と呼ばれる「経済実体（Economic Entity）」あるいは WTO における「独立関税地域（Separate Customs Territory）」に着想を得たものだ。台湾はそれ以前にも、1998年の腸内ウィルス（EV-71）感染[23]や1999年の台湾中部大地震[24]など、国際的支援を思うように受けられなかった事案を経験してきた。「台湾の2,300万の人民が、（略）WHO の枠組みから排除されている」状況を差別政策に例えて、当局は「ヘルス・アパルトヘイト（Health Apartheid）」だと主張し、WHO 参加の正当性を訴えたこともあった[25]。

　さらに2007年には、近づく立法委員と総統選挙を見据えて「台湾」名義での WHO 加盟を模索し、国連加盟キャンペーン "UN for Taiwan" を展開した。その一環として陳政権は、陳馮富珍（マーガレット・チャン：Margaret Chan）WHO 事務局長に宛てて当該機関への加盟を求める書簡を送付しているが、WHO 事務局は受理せず返送している[26]。北京五輪を翌年に控えた時期であり、現実的には中国の胡錦濤総書記に軍事オプションはなかったが、「軍隊の業務はただ1つ、すなわち台湾工作で

　　の新思考　上〉及び〈WHO への参加を勝ち取る「衛生実体」としての新
　　思考　下〉《台北週報》2089号 3月－2090号 4月，2002年、竹内孝之「第
　　6章　台湾の国際参加」若林正丈編『台湾総合研究Ⅱ：民主化後の政治』
　　調査研究報告書、アジア経済研究所、2008、pp.111-130。
23)　5歳以下の幼児78名が死亡し、13万に上る症例報告のうち405件の陽
　　性が確認された。
24)　人的被害は死者約 2,200 人、負傷者約 8,700 人に上る。
25)　中華民国行政院新聞局 <http://www.roc-taiwan.or.jp/who/who1.htm>
　　陳唐山外交部長も、米保守系シンクタンク CSIS パシフィック・フォーラ
　　ムのニューズレターに寄稿した論文にて、国際社会が "Health Apartheid"
　　をやめ、台湾の WHO への適切な参与を認めるよう訴えた。
　　Chen Tan-Sun, The Lessons of SARS, PacNet Number 21A, Honolulu: Pacific Forum
　　CSIS, May 17 2004.
26)　台北駐大阪経済文化弁事処〈陳水扁総統，WHO 加盟について国際記者
　　会見で語る〉（2007年 5月14日）.

183

ある」と「党中央内部の」ある会議で語ったとされる[27]。独立志向の強い陳政権が展開した"UN for Taiwan"は、台湾の国連機関加盟に一貫して反対していた米国からも反発と不信を招き、同政権はかえって追い込まれるかたちとなった[28]。

　台湾のWHO政策ひいては国連政策は、なぜかくも曲折を経てきたのか。また、そうせざるを得なかった要因は何だったのか。1つは、最大の支持国である米国の絶対的影響力である。米国歴代政権は、台湾のWHO参加を支持する議会決議を採択するものの、少なくともドナルド・トランプ（Donald Trump）政権までは、1998年に上海を訪問中だったビル・クリントン大統領が提唱した「3つのノー」（米国は①台湾独立を支持せず、②台湾を政府として承認せず、③台湾の国際機関への加盟を支援しない）を堅持してきた。殊に、ジョージ・ブッシュ政権は、「現状維持」を守るよう重ねて警告しており[29]、国連「加盟」の是非を問う公民投票に賛同することはなかった[30]。

　もう1つは、国連専門機関であるWHOが、不規則に変動する国家間政治とグローバルヘルス・ガバナンスの間で揺らぐためである[31]。WHO憲章第1章1条は、「最高基準の健康を享有することは、すべての人々

---

27)　王玉燕〈胡錦涛：共軍唯一工作　対台湾作戦〉《聯合報》2007年8月27日.

28)　加治宏基「世界保健機関への参加をめぐる決定要因：台湾のWHAオブザーバー資格取得を事例として」『国際問題研究所　紀要』第134号、愛知大学国際問題研究所、2009、pp.123-138。

29)　Glenn Kessler and Mike Allen, Taiwan Warned U.S., *The Washington Post*, December 9, 2003.

30)　David E. Sanger, U.S. Asks Taiwan to Avoid A Vote Provoking China, *The New York Times*, December 9, 2003.
　　2007年6月、陳政権が公民投票の実施を正式発表するや、マコーマック米国務省報道官は反対の姿勢を表明するとともに撤回を要求した。

31)　加治宏基「台湾のWHO『参加』をめぐる国際政治？：グローバルヘルス行政のなかの非国家主体」『不確実性の世界と現代中国』日本評論社、2022、pp.107-120。

が持つ基本的な権利だ」とする活動理念（Health For All）を掲げる。ス
テークホルダー間の利害が複雑にからむ公共保健領域にあって、人々の
健康を越境的に保障する同機関には、脱国家的なガバナンス能力と同時
に国家主権に対する介入主義的なコミュニケーション機能が求められる。

"Health For All" は1977年の第30回WHAにて、2000年までに達成
すべき目標と議決された[32]。また2000年頃より、重症急性呼吸器症候群
（SARS）や鳥インフルエンザ、新型インフルエンザ、さらに近年の新型
コロナウイルス感染症（COVID-19）といった新興・復興感染症が世界
的な広がりをみせる[33]。越境的感染が繰り返された2000年代初めの10年
間に、パブリック・ヘルスの政治性も地球大に露見した[34]。また、貧困
やテロリズムへの対応も重要な任務だとする認識が定着するにともな
い[35]、越境的疾病対策のルールでありながら形骸化していた国際保健規
則（IHR）[36]を更新する機運も高まる。そして、2005年の第58回WHA
は、全会一致でWHA決議58.3を採択しその改訂を決定した。

同決議は、同じくIHR改訂を要請した過去の諸決議を想起しつつ、
SARSやポリオといった感染症による健康危機に対するWHOの機能
強化を規定した。改訂版のIHR2005は第3条3項で、すべての人々に対
する「普遍的適用（the universal application）」の原則を謳っており、感染
発生地域へのWHOの直接関与に関して法的拘束力を有する[37]。従って

---

32) WHO 文書 WHA30.43.
33) Press Release by WHO, Situation Update 18-SARS outbreak: WHO investigation team moves to China, new travel advice announced, 2 April 2003.
34) Colin McInnes and Kelley Lee, *Global Health and International Relations*, Cambridge: Polity, 2012.
35) WHO, Weekly *Epidemiological Record*, Vol. 92, No. 23, June 2017, pp.321-323.
36) WHO 文書 WHA22.46.
37) 1951年に制定された「国際衛生規則」(ISR) は、1969年に「国際保健規則」(IHR) と改称されるも、対象疾患を黄熱、コレラ、ペストに限定するなど形骸化していた。WHA決議WHA58.3は、WHA48.7やWHA56.28など

WHOは、感染状況の把握、感染源と感染経路の究明と情報公開、さらに防疫支援など機能を拡充させ[38]、ときに強力なイニシアティブをもって調査、防疫において介入主義を実践することとなった[39]。

　2009年6月、WHOのチャン事務局長は「2009年インフルエンザ・パンデミック（pandemic（H1N1）2009）」の発生を宣言した[40]。インフルエンザの世界的大流行としては、「香港風邪」以来41年ぶりとなる。なお、74カ国でおよそ3万件の症例が確認されており、同氏は、「我われ全員でこの事態に取り組み、ともに乗り切ろう」という言葉で会見を締めくくった。IHR2005の普遍的適用を念頭に置いた「我われ」には台湾住民も含まれるが、国連機関の長が公式の場で台湾の存在を前提とした管轄領域について言及したのは、1971年以来初めてである。

　WHO事務局は2009年1月、普遍的適用の原則を履行すべく、IHR2005を台湾に適用すると決定し、WHOとの常設連絡部署にあたるIHR担当窓口（National IHR Focal Point）が台北に開設された[41]。そして同年の第62回WHAは、「中華台北（Chinese Taipei）」名義での台湾のオブザーバー参加を認めた。2006年のWHO事務局長選挙では、中国の強力な選挙活動によって香港出身のチャンが選出された[42]。中国政府

　　IHR改訂を要請する諸決議を想起しつつ、SARSやポリオといった新興・再興感染症による健康危機に対するWHOの機能強化を規定した。

38)　WHO文書 WHA56.28.
39)　大谷順子「第三章 中国の感染症」『国際保健政策からみた中国：政策実施の現場から』九州大学出版会、2007など。
40)　WHOは、新型インフルエンザの警戒水準を最高度の6に引き上げると同時に、健康への被害程度を示す新基準（3段階）を定め、現状を「中度」であると判断した。ただし、弱毒性（moderate）のため「移動制限や国境閉鎖」の必要はないとも言明した。
　　WHO, WHO global influenza preparedness plan, Geneva, 2005（WHO/CDS/CSR/GIP/2005.5）.
41)　中華民国衛生署　http://www.cdc.gov.tw/ct.asp?xItem=21491&ctNode=220&mp=1
42)　投票直前に、北京では「中国・アフリカ協力フォーラム」首脳会談が開

の影響力が強まるだろうと目されていただけに、一連のうごきは驚きを
もって受け止められた。ただし実のところ、2007年のIHR2005発効段
階では台湾当局の適用申請は拒否されている。

　1997年以来、審議の議題にさえ上らなかった台湾のWHO参加が、
なぜこの段階で認められたのか。新型インフルエンザの感染拡大が迫る
台湾、そして世界各国・地域への予防措置だった、との解釈はあまりに
表面的で雑駁にすぎよう。しかもWHOは、ステークホルダー間の政
治対立によって恒常的に防疫措置に支障を来している、と指摘されて久
しい[43]。2008年に国民党の馬英九政権が発足したことで、「一つの中国」
原則を前提とした中台関係、ひいては対米関係も、民進党政権期とは対
照的に安定を取り戻した。台湾のWHO参加の可否を決定する要因が、
中台関係にあることの証左である。

　IHR2005の台湾適用からほどなくして、馬総統は記者会見でWHA
参加について言及している。同氏は、「国際社会への復帰または国際組
織への加盟は、当然ながら中国大陸の一部としてではない。そうでなけ
れば主権が矮小化されてしまう。参加名称については、当然「中華民
国」が最優先される。それができなければ、「台湾」でも受け入れてよ
い。それでもできないのであれば、「中華台北（Chinese Taipei）」でも受
け入れられる」と、台湾の自律的選択を主張した[44]。

　催され、中国の対アフリカ支援増額や債務免除が約された。
　中国外交部〈胡錦濤主席在中非合作論壇北京峰会開幕式上的講話（全文）〉
　2006年11月4日.
43)　Victor-Yves Ghebali, The Politicization of the UN Specialized Agencies: a
　Preliminary Analysis, *Millennium: Journal of International Studies*, Vol.14 No.3, 1985,
　p.321. Javed Siddiqi, *World Health and World Politics: The World Health Organization
　and the UN System*, Columbus: University of South California Press, 1995, p.30.
44)　台北駐日経済文化代表処
　http://www.taiwanembassy.org/JP/ct.asp?xItem=87728&ctNode=6284&mp=202

グローバルヘルス・ガバナンスをめぐる「中国方案」

　2002年11月、中国広東省の深圳市近郊で非定型性肺炎の感染事例が
初めて報告された。WHOによりSARSと命名されたこの感染症の感染
エリアは、ベトナムやシンガポールなどインド以東のアジアが中心で
あった。比較的早い段階で感染拡大を防いだ主たる要因は、WHOが中
核機関となって、関係諸機関との連携基盤である国際感染症対策ネッ
トワーク（Global Outbreak Alert and Response Network）を速やかに強化し
たことである。また、WHOは2003年6月、蘇益仁（Su Ih-jen）行政院
衛生署疾管制局長が率いる台湾代表団をマレーシアでのSARS対策会議
に召集したほか、WHO専門家チームを台湾へ派遣した。一連の対応は
いずれも、1971年に総会決議第2758号が採択されてから初めてのこと
だった。

　さらに、WHOが終息宣言後の2003年9月に公表した国・地域別の
感染件数のリストからも、SARSの直後の中国のグローバルヘルス・ガ
バナンスが特殊であったことを裏付けられよう。30カ国・地域におけ
るのべ8,098人・件の感染結果を示すリストには、中国（China：累計
感染数5,327）とは区分されて台湾（China, Taiwan：346）、香港（China,
Hong Kong Special Administrative Region：1,755）、マカオ（China, Macao
Special Administrative Region：1）の感染状況が記載されている[45]。対照的
に、同じくWHOによる公表資料であるCOVID-19の感染状況リスト
は、「中国」と一括記載されており地域内訳も不明である[46]。WHOの理

---

45)　WHO, Summary of probable SARS cases with onset of illness from 1 November
　　2002 to 31 July 2003, Revised 26 September 2003.
46)　WHO, Coronavirus（COVID-19）Dashboard.

念 "Health For All" は、非国家主体を恒常的に包摂するものでなく、時にそれらを排除する政治力学が内在している。

　ここでは、中国政府の WHO に対する姿勢・政策変化に着目し、それがグローバルヘルス・ガバナンスを変容させる力学とプロセスを検証する。SARS の越境的感染拡大が各地で報告されるなか、WHO は中国に関する実態を摑むことができなかった。西太平洋地域委員会の尾身茂事務局長が陣頭指揮にあたり、電話、書簡、3 月 22 日に香港で行った集中討議を含む面談など、あらゆるチャネルを通じて中国衛生部に対して情報開示と広東省への渡航許可を求めた。しかし、内政干渉を警戒する中国側は、WHO からのアプローチに一切応じず、2003 年 4 月初旬までは出入国制限を講じることもなかった。このように、WHO のセーフティネットは国家主権による制約を大きく受けた[47]。

　この間、WHO のヘンク・ベケダム（Henk Bekedam）駐華代表は、中国当局への配慮を随所で示した。専門家チームが北京に到着した際にも、「主権国家の権益を尊重しており、中国政府の要請がなければ、中国各地での独自調査は行わない」との声明を出している[48]。また、中国側に幾度となく不満を伝えることはあったが、同政府がコミュニケーションを中断せぬよう一貫して自制的だった。しかし、4 月 16 日の報道記者会見で同氏は、情報提供を渋り隠蔽疑惑に関しても説明責任を果たさぬ中国政府に対し、「国際社会からの不信感」を赤裸々に語った[49]。これに海外メディアは反応し、そして中国に対する批判的な国際世論が一気に形

---

47)　WHO, *SARS: How a global epidemic was stopped*, Geneva: 2006, pp.73-85.

48)　中国科学院「WHO 駐華代表漢衛在中国的 9 個月」2003 年 5 月 12 日
　　http://www.cas.ac.cn/htlm/Dir/2003/05/12/2305.htm

49)　例えば、2003 年 2 月 11 日に開かれた広東省保健当局の記者会見では、非定型性肺炎の感染者 305 人のうち死者は 5 人だと発表された。WHO, SARS, 2006.

成された。

　すると4月20日を境に、中国政府は態度を変化させた。その日午前、同政府は「SARSとの戦い」が最優先課題だと宣言し、非公表だった339症例分の情報を提供するとともに、不適切な対応と情報隠蔽の責を問うかたちで張文康衛生部長と孟学農北京市長を解任した[50]。また同日午後には、国務院新聞弁公室が記者会見を開き情報開示にかかる不手際を認めた[51]。さらに、呉儀（Wu Yi）衛生部長（国務院副総理を兼務）は、同年5月に開催された第56回WHAにて「我が国は、SARSを機に国際社会との協力関係を築いており、SARSの撲滅にむけた努力を惜しまない」と宣言した[52]。

　中国政府は、国内防疫とグローバル・ヘルスは不可分な安全保障であり、WHOの内政介入に近い措置を受容せねばならない現実に直面した。ただし同国は、台湾のWHO参加政策をグローバル・ヘルス、さらには国連システムの危機に便乗したものと捉えており[53]、その「態度変化」は文字通りのWHOとの協調や和解を意味しなかった。つまり、WHOも指摘した4月20日という分水嶺は、中国が同機関との関係性、そして台湾の国連機関参加という政治案件をめぐり、危機をチャンスに変える基点であった。

　第58回国連総会（2003年9〜10月）での中国代表による演説には、WHOに対する態度変化が如実に示された。李肇星（Li Zhaoxing）外交部長は、国連機能の強化、殊に経社理改革の必要性を訴えた一般討論演説で、貧困撲滅、感染症や自然災害に関するパブリック・ヘルス事業に

---

50)　WHO, 2006，同上。
51)　《財経》雑誌編集部《SARS調査：一場空前災難的全景実録―財経雑誌記者現場採訪》中国社会科学出版社，2003，p.36.
52)　WHO文書 WHA56.29.
53)　劉宏〈台当局想借非典入世衛〉《環球時報》2003年5月5日，第十七版.

おいて、（WHOだけでなく）国連システム全体としてイニシアティブを発揮すべきと、加盟国に呼びかけた[54]。王光亜（Wang Guangya）国連大使も、「グローバルヘルス・ガバナンスの構築強化」決議案の提案理由を説明するなかで、国連が定めたミレニアム開発目標の達成いかんは、WHO各加盟国の国内体制の強靭化と連携深化にかかっていると強調した[55]。

WHO駐華代表処が2004年に発行した《世界衛生組織在中国的国家合作戦略：2004～2008戦略優先事項》は、台湾に関する具体的措置に全く触れていない。またWHO機関紙では、中国の専門家が「パブリック・ヘルス政策の指揮系統が地方分権的に多様化しつつある」と指摘するも、台湾の存在を完全にスルーした[56]。しかし、2007年にWHO西太平洋地域事務局が刊行したSARS報告書では、WHOが中国政府の同意の下で台湾や香港などで実施した調査支援活動について詳報されている[57]。この年に、台湾をグローバルヘルス・ガバナンスに包摂する「余裕」が示された理由は、中国とWHOが、普遍的適用を原則とするIHR2005から台湾を排除することで合意済みだったからだ。

同年6月にIHR2005が発効するのに合わせて、台湾当局が当該規則の適用を申請すると、第60回WHAはこれを拒絶した[58]。その決定因であり法的根拠は、第58回WHA（2005年5月）の開催直前に、中国衛生部の高強（Gao Qiang）常務副部長とWHOのイ・ジョンウク（Lee Jong-wook）事務局長の間で交わされたパブリック・ヘルス領域での連携協

---

54) 国連総会文書 A/58/PV.9.
55) 国連総会文書 A/58/PV.43.
56) Yuanli Liu, China's public health-care system: facing the challenges, *Bulletin of the World Health Organization*, 82, Geneva: 2004, pp.532-538.
57) WHO, Regional Office for the Western Pacific 2006, *SARS: how a global epidemic was stopped*, Manila: WHO, Regional Office for the Western Pacific.
58) WHA 17-148（including the US against）.

力に関する覚書（以下、覚書）にあった[59]。中国は、IHR2005が採択されることを見据えて、WHO側と覚書に関する協議を2004年の第57回WHAの頃より始めている。以来1年間を費やして高強副部長は、グローバルヘルス・ガバナンスに関する中国政府の意向を覚書に盛り込むことに成功した[60]。

　国連システムにおける中国代表権は、台湾の排除によって担保されるデファクトであり、総会決議第2758号は、その実態に対して合法的正当性と論理的合理性を保障してきた。この覚書は、「中国衛生部がWHOと中国との連絡窓口である」と定めており、台湾がこの国連機関との直接連絡チャネルを設置できないよう法的規制をかけた[61]。しかし同時に、覚書には、「台湾の専門家チームがWHO主催の実務者レベルの会合に参加できるよう、中国政府は特別に配慮する」とある[62]。2008年に台湾で馬総統が就任し中台関係が安定すると、同国は翌2009年から台湾にWHAオブザーバー参加を認めた。中国政府はこの覚書に

---

59)　正式名称は〈中国衛生部与世界衛生組織関与加強衛生合作与交流的諒解備忘録〉(Memorandum of Understanding Between the Ministry of Health, the People's Republic of China and the World Health Organization On Strengthening Health Cooperation and Exchanges)。なお、これより以前にも中国衛生部とWHOは、1978年、82年、そして83年に技術協力の推進を図る協定「中華人民共和国衛生部与世界衛生組織関与衛生技術合作的備忘録」を交わし改訂したが、いずれも「平等、相互尊重、互恵」と並んで内政不干渉の原則を繰り返し確認している。

60)　中国衛生部
http://www.moh.gov.cn/sofpro/cms/previewjspfile/ldzz/cms_0000000000000000087_tpl.jsp?requestCode=28085&CategoryID=7142

61)　第3項「業務方式」1.

62)　WHOの公表から遅れること1年、中国政府は2006年5月の第59回WHAでこの覚書の存在を初めて明らかにすると同時に、台湾の保健専門家が多くのWHOの技術会議に参加できるようになったと、覚書の意義を強調した。
WHO Doc., A59/GC/3. Inviting Taiwan to Participate in the World Health Assembly as an observer, The 59th World Health Assembly Part I Summary Records of Meetings of Committees, pp.4-5.

第 V 章　安全保障としてのグローバル・ヘルス

よって、台湾が“Health For All”の対象となるか否かの権限を事実上掌
握したといえよう [63]。

　以上検証してきたとおり、中国政府は台湾の政権との政治的関係に応
じて、グローバルヘルス・ガバナンスから台湾を排除するだけでなく、
時にはそれを包摂するデファクトも容認した。なお、従来の台湾排除政
策でもそうだったように、マルチラテラルな外交アリーナである WHO
との間で交わした覚書によって、自国の政治判断に対する合法的正当
性と論理的合理性を獲得した。すなわち、台湾を WHO 行政の対象か
ら排除するのか、それとも包摂するかは、中国の政治判断に委任されて
おり、この国連システムを既成事実とするため、外交努力を重ねてきた。
このプロセスこそが、グローバルヘルス・ガバナンスの「中国方案」で
ある。

おわりに

　本章ではまず、戦後国際秩序たる国連における中国の主権保全、国
家統一の来歴を概観した。続いて、軍事的安全保障の後景として看過
されがちではあるものの、特に2000年代に入り対応が急務となった非
伝統的安全保障領域において、WHO のグローバルヘルス・ガバナン
スに着目し、中国がいかにイニシアティブを確立してきたかを検証し
た。

---

63)　ヘンク・ベケダム WHO 駐華代表は、中国政府による「配慮」によって、
　　台湾とは「全面的かつ十分なチャネル」を保持していると強調した。
　　国務院台湾事務弁公室
　　http://www.gwytb.gov.cn/gzyw/gzyw1.asp?offset=2150&gzyw_m_id=44

SARS 対応をめぐっては、グローバル・ヘルスを保障するために WHO が介入主義を発揮すると、当初は抵抗していた中国であったが、国際的批判に屈するかたちで WHO の防疫措置を受け入れざるを得なかった。同国はその教訓から、2007年に IHR2005 が発効するのに合わせて WHO と締結した覚書によって、台湾に対するその普遍的適用を回避することに成功した。そして、WHO のグローバルヘルス・ガバナンスにおけるイニシアティブを強化しただけでなく、WHO による非国家主体への対応においても決定権を掌握した。公共衛生学を専門とする陳坤（Chen Kun）はかつて、先進国がその経済力を背景として、グローバルヘルス・ガバナンスにおいて他国へ政治介入する危険性を指摘した[64]。そして今日、WHO は、2022〜2023年度予算 49億6,840万ドル（6億440万ドル増補正後）のうち米国に 22.0000% を、中国に 12.0058% を依存する[65]。米国のトランプ政権が WHO からの再脱退を進める今日、先の指摘になぞらえるなら、名実ともに中国が、グローバルヘルス・ガバナンスにおいて最大の政治力を発揮する立場となったのだ。

　他方で、本章の検証作業を通じて、グローバルな公共衛生分野を所管する WHO への「参加」を模索する、台湾の政策の曲折も明らかとなった。台湾は、主権国家として国連機関に加盟すること以上に、WHO が非国家主体に用意する参加方式に自らを衛生実体として適合させた。グローバル・ヘルスが安全保障化した現状に鑑みれば、台湾の柔軟な政策展開は合理的である。しかし同時に、ある種の非合理性をはらんでいるとも指摘できよう。それは、民主主義体制にある台湾が、公共衛生という安全保障にかかわる WHO 参加政策を、自律的に策定する余地を専ら持ち合わせていないという現実である。換言すれば、WHO

---

64)　陳坤《公共衛生安全》浙江大学出版社，2007，pp.147-148.
65)　WHO 文書 A75/6.

のグローバルヘルス・ガバナンスとは、まさに国際政治の相克であり、それは台湾のプレゼンスをめぐる説明変数である。

　COVID-19パンデミックが終息して以降も、台湾がWHAから排除される状況は続く[66]。グローバル・ヘルスが安全保障化した国連システムにおいて、決定力を発揮する「中国方案」を確認したことで、中国が同機関のグローバルガバナンスに埋め込んだ構造的命題が、改めて注目される。

---

66)　米国務省, Taiwan as an Observer at the 77th World Health Assembly, May 1, 2024 https://www.state.gov/taiwan-as-an-observer-at-the-77th-world-health-assembly/
　　台湾の呉釗燮外交部長と陳時中衛生福利部長は共同記者会見で、「台湾の人々の保健人権が侵害されている」状況を「いじめ」と表現し、中国政府の政策を批判した。台湾外交部〈第120号新聞稿〉（2020年5月18日）。対中非難に関する報道記事として例えば、Why Taiwan has becomes a problem for WHO, BBC, 30 March, 2020.

終　章

中国の「国際の平和及び安全」
にある不変と普遍？

「国際の平和及び安全」という目的と原則、そして「正義」

　「1945年に第二次世界大戦を終えたとき、諸国は廃墟と化し、そして世界は平和を求めた」。国連は、自らの来歴をこの一文から書き起こす[01]。ここでいう「世界」とはだれ／どの国を指すのか。そして「平和」とは何を意味するのか。国連の「中心」に坐す安保理常任理事国、すなわち米国、英国、ソ連、フランスと、国連の「中心の周辺部」であった中国（民国）は、枢軸国に対する完全な勝利（complete victory）に基づく「正義」を1942年の連合国宣言[02]以降の国連創設過程において共有していく。これら諸国が追求した「国際の平和及び安全」（国連憲章第1章第1条）は、ファシズムや軍国主義の根絶を意味しており、1945年に現実のものとなった。

　なお、この正義の歴史認識は今日もなお国連の「中心」が共有するところであって、日中・日韓関係に限らず日米同盟においてもたびたび提起されてきた。米国政府は、2013年12月に安倍晋三首相が靖国神社を参拝すると、「近隣諸国との緊張を悪化させるような行動をとったことに失望している」と声明を発し非難した[03]。また、あわせて米国は、国

---

01)　History of the United Nations https://www.un.org/en/about-us/history-of-the-un
02)　正式名称は連合国共同宣言。United Nations Dept. of Public Information, *Yearbook of the United Nations 1946-47*, New York: 1947, p.1.
03)　在日米国大使館、2013年12月26日。
　　https://www.japan2.usembassy.gov/e/p/2013/tp-20131226-01.html　＊リンク切れ
　　Abe Visit to Controversial Japanese Shrine Draws Rare U.S. Criticism, The Wall Street Journal, Dec. 26, 2013.
　　https://www.wsj.com/articles/SB10001424052702304483804579281103015121712
　　なお、中国外交部も同様に、「日本軍国主義に対する国際社会の正義の審判を覆」すものだと非難した。中国在日本大使館「安倍首相靖国神社参拝で談話　秦剛中国外交部報道官」2013年12月26日。
　　http://jp.china-embassy.gov.cn/jpn/jbwzlm/qtzg/201312/t20131226_10432167.htm

終　章　中国の「国際の平和及び安全」にある不変と普遍？

際の平和と安全を維持するために、「（日本の）首相の過去への反省」を再確認する必要があると、日本政府に要請した。さらに、2015年4月に訪米した安倍首相は、バラク・オバマ大統領との首脳会談、そして日本の総理大臣として初となる米議会上下両院合同会議での演説に先立ち、アーリントン国立墓地を訪問し無名戦士の墓に献花した。南北戦争以来の殉国者を埋葬する同国立墓地のなかでも、無名戦士の墓への参拝は、第二次世界大戦の戦没者への哀悼の意を表す行為と広く認知される。この時の安倍首相に限らず、公式訪米した日本の首相が、首脳会談の前にここを訪れ献花することは、2000年ころよりしばしばみられた。なお、中国は折に触れてこの「正義」を直視するよう日本に求めるが、日本の首相が中国の政治指導者と会談する前に、追悼施設を訪問することは慣例とされてはいない。

中国の「国際の平和及び安全」

　本書第Ⅰ章では、この「正義」に依って立つ「中国」が、米英等とともに取り組んだ2つの戦後構想について論じた。1945年の勝利をアプリオリなものとする「戦後」の起点からみれば、それらは2つの自己正当化であったといえよう。すなわち第一は、連合国が枢軸国の戦争犯罪を合法的に断罪する手続きであり、戦犯裁判として結実した、過去に対する自己正当化である。そして第二は、連合国が国連安保理という安全保障体制の「中心」に坐すことを目的とした、未来に対する自己正当化であった。

　前者の過程において中国は当初、日本軍国主義の張本人である「ヒロ

ヒト」を厳罰に処すべきと主張するも、冷戦構造への備えを急ぐ英国と米国はそれを許さず、過去の清算は急速に幕引きが図られた[04]。他方、国連創設にむけた協調では、民国は連合国の「中心の周辺部」に足場を築いたことで、のちに国連安保理常任理事国という地位を手中に収める。その転機が1944年のダンバートン・オークス会議であった。7項目からなる「中国の提案」は、国連の創設国となる民国のイニシアティブを国連憲章に明記した「遺産」として、のちに共和国に継承された[05]。その最たるものがUNESCOの設立であり、第Ⅳ章では、遺産をめぐって中華の「遺産」を共和国がいかに継承したかを論じたが、改めて後述する。

国連創設安保理常任理事国としてダンバートン・オークス会議から半年ほど経た1945年4月、サンフランシスコで開催された「国際機構創設のための連合国会議」では、「国際の平和及び安全」の維持にかかわる安保理の権限と任務が定められた[06]。国連憲章への署名は、民国が国連の「中心」に坐すべき権限を保証する法的根拠であるとともに、それによって拒否権という超法規的権力を獲得した。中共から唯一選出された董必武が「中国」代表の1人として憲章に署名したことで、同党は共和国の建国後、国連における「中国代表権」の法的根拠をこれに求

---

04)　UNWCC Minutes of 33rd Meeting (26 Sep. 1944), p.4, UNWCC Minutes of 35th Meeting (10 Oct. 1944), p.1, 10.

05)　国連の成立については、Waldo Chamberlin, Thomas Hovet, Jr., [and] Erica Hovet, *A Chronology and Fact Book of the United Nations 1941-1969*, New York: Oceana Publications, 1970. 斉藤鎮男『国際連合論序説』新有堂、1977、Bennett, A. LeRoy, *Historical Dictionary of the United Nations*, 1995. 最上敏樹「国際連合」『国際機構論』東京大学出版会、1996。及び Jacques Fomerand, *Historical dictionary of the United Nations*, Lanham, Md.: Scarecrow Press, 2007. などに詳しい。

06)　国連憲章第1条1項及び第24条1-2項。
　　国連憲章：1945年6月26日に連合国50カ国（後日ポーランドが調印し51カ国）によりサンフランシスコにて調印。調印国の過半数の批准を得た同年10月24日、発効。締約国193カ国（2025年3月現在）。

終　章　中国の「国際の平和及び安全」にある不変と普遍？

める[07]。国連創設過程を通して、「中国」は権限拡充に一定の成果を収め、中共は「中国」を継承する資格を得た。

第Ⅱ章では、国連「中国代表権」が国連化された要因と、同決議案が採択されるに至った力学を、中国とアジア・アフリカ諸国との関係史から整理した。1971年10月の第26回国連総会は、アルバニア等が提案した共和国招請の決議案を採択した。同決議は「中華人民共和国にそのすべての権利を回復させ、同国政府の代表を国連における唯一の合法的代表であると認め、蔣介石政権の代表を彼らが国連とその関連機関において不法に占めている地位から追放する」ことを決定した[08]。ここに、連合国宣言以来の国連の正義は、共和国が継承することとなった。それとともに、これ以降、国連における「中国」は、台湾の排除によって担保されるデファクトとなり、同決議はこの状況に対して合法的正当性と論理的合理性を保証した。

国連平和（維持）活動（PKO）は、国連憲章に明文規定をもたない。各ミッションは、安保理や総会の決議に基づく個別的対応を積み重ねるかたちで実力行使を授権され、国連の目的を実践する有効かつ重要なスキームとして既成事実化されてきた。PKO は「国際の平和及び安全」の維持におけるいわば実働部隊であり、安保理、特に常任理事国はその最高意思決定権を有する。従って安保理常任理事国は、PKO ミッションへの大量派遣は控えるとの不文律がある、否あったというべきであろう。

---

07)　唐家璇主編《中国外交辞典》世界知識出版社，2000，p.610 等.
　　また、共和国建国後の国連「中国代表権」問題に関する同時代の論稿として、時事通信社外信部編『北京・台湾・国際連合』時事通信社、1961、川崎一郎「中華人民共和国政府の国際的地位」愛知大学国際問題研究所『国際政経事情』（25 号）、1958-Ⅱ、——「中華人民共和国政府の国際的地位」愛知大学国際問題研究所『国際政経事情』（26 号）、1958 等を参照。
08)　国連総会決議 A/RES/2758(XXVI).

201

主権・領土の相互尊重を外交の基本原則に謳ってきた中国自身も、国連「中国代表権」を獲得して以来、長らくPKOに対して慎重姿勢（「有限参与」）を崩さなかった。1989年4月に国連ナミビア独立支援グループ（UNTAG）へ選挙監視員20人を派遣したのを皮切りに、兵員派遣も展開したが、抑制的かつ限定てきなものであった。転機は、1999年5月に安保理から武力行使の権限を受けていないNATO軍が起こした[09]、駐ベオグラード中国大使館に対する"誤爆"だった[10]。「国際の平和及び安全」の範疇外で、地域的国際機構であるNATOによる単独の平和執行という武力行使によって起きた"正確な誤爆"で、中国文民3人が死亡し20人が負傷した。

　この事態に、米国は主導的に安保理審議を進め、当該空爆を「憲章第7条に明記される軍事的強制措置だ」と事後承認した[11]。常任理事国が国連の安全保障体制に対して発揮する恣意性によって、中国はPKO政策の転換（「積極参与」）を決定した。画期は2003年で、4月に前月比218人増となる220人の部隊が派遣されており、警察、文民、兵員の総数は329人となった[12]。翌2004年以降は計1,000人を超え、2008年以降は2,000人ラインが基準値となっている。なお、同国は2000年代初頭に中国国防部維和事務弁公室を設置し、PKOの制度設計や外国部隊を含む人材

---

09)　国連安保理は、ロシアの反対により、武力行使には改めて審議と決議を必要とすることを条件としていた。安保理決議第1199号：S/RES/1199 (1998).

10)　馮継承は、中国政府のPKOに対する言説分析から、1949-1980年、1981-1987年、1988-1997年、そして1998年から現在という4つに時期区分した。特に1998年から現在を「積極参与と理念革新」の時期と定位する。馮継承〈中国対聯合国維和行動的認同演変：話語実践的視角〉《国際論壇》第14巻第3期，2012年，pp.52-57。

11)　安保理決議第1244号：S/RES/1244 (1999).

12)　United Nations Department of Peacekeeping Operations, Monthly Summary of Contributions (Military Observers, Civilian Police and Troops), April 2003.

終　章　中国の「国際の平和及び安全」にある不変と普遍？

育成の強化にも積極的に関与し始めた。

　PKOによる「国際の平和及び安全」の維持における「中国方案」は、国連の安全保障体制の最高意思決定機関と現場を直結させた。結果的には、自国の軍事コードに基づきPKOのそれを設定したり、軍事装備なども中国企業からの調達が増えるなど、その「成果」が確認できる。また、中国が1,000人規模で人員派遣する国連南スーダン共和国ミッション（UNMISS）等、現場のニーズや課題への対応も効率化が進んだ反面で、現地社会の「中国化」も指摘される（第Ⅲ章）。

　先に若干ふれたとおり、ダンバートン・オークス会議での「中国の提案」から、UNESCOは生み出された。第Ⅳ章では、中華の「遺産」を共和国がいかに継承したかを論じた。中国は世界遺産委員会の権限を活用し、いまや世界トップレベルの世界遺産保有国となった（59件：2024年3月時点）。「古代高句麗王国の都市群と古墳群」（2004年）に象徴されるが、辺境地域に所在する物件を中国単独で登録したり、あるいは2014年にキルギス、カザフスタンと共同で登録した「シルクロード：長安－天山回廊の交易路網」は中国の世界戦略「一帯一路」と相乗効果を生む。同国は、ウェストファリア体制的国際関係にあって中華世界の輪郭を対外的に誇示してきた。さらに近年は、各国が安全保障の新たな領域としてその権益を獲得しようとせめぎ合う北極圏に対して、自国の物件として登録しアウトリーチを可能とした。

　冷戦が終結し、さらに2000年代になると、領域主権的・軍事的分野だけでなく、パブリック・ヘルスまで安全保障化（securitization）がグローバルに拡張していった。第Ⅴ章では、世界保健機関（WHO）が所管するパブリック・ヘルスの領域で中国が発揮するイニシアティブ（「中国方案」）について考えた。WHOは、「最高基準の健康を享有することは、すべての人々が持つ基本的な権利だ」とする活動理念（Health

203

For All）を掲げる。

　中国は、馬英九（国民党）政権期の台湾（Chine Taipei）を WHA に
オブザーバー参加させることで、国際的な防疫対策においても影響力を
高めた。しかし、蔡英文総統率いる民主進歩（民進党）政権の発足とと
もに、台湾は再び WHA に参加できなくなり、その状況は頼清徳政権
となっても続く。中台関係によって台湾の WHA 参加の可否が決まる。
WHO の理念 "Health For All" が実現するか否かは、政治要因が大きく
影響する。パブリック・ヘルスが安全保障化されたことで確認できるの
は、国連における「中国」という地位が、台湾の排除によって担保され
る合法的なデファクトである。

　換言すれば、WHO のグローバルヘルス・ガバナンスは、そこでイニ
シアティブを執る主要国による「平和及び安全の維持」と表裏をなす[13]。
その「中国方案」が台湾のプレゼンスを決定する実態に鑑みれば、グ
ローバルヘルス・ガバナンスは、必ずしも台湾の「平和及び安全」を維
持するセーフティネットとして機能するとは言い難い。

中国の「国際の平和及び安全」にある不変

　国連憲章は、安全保障体制の中核にある安保理常任理事国に対して、
強大かつ集権的な権能を認めている。安保理常任理事国間の協調は、こ
の五大国が国連の安全保障体制を掌握するための必須要件であり、翻っ

---

13)　1994 年に国連開発計画（UNDP）が提起した「人間の安全保障（Human
　Security）」に関する議論でも、同様の指摘がなされてきた。
　S. Neil MacFarlane, Yuen Foong Khong, *Human Security And the UN: A Critical
　History*, Indiana University Press, 2006.

終　章　中国の「国際の平和及び安全」にある不変と普遍？

て、常任理事国にとって拒否権という絶対権力は、自らの権威を維持するため、行使に歯止めをかける自己拘束ともなる。この意味において、「正義」は今日なお変わらず国連の基本理念である。しかし、本書を通して確認された実態は、国益を優先する安保理常任理事国がその超法規的権力を背景に規範を歪曲し、安保理内外で発揮する政治的恣意性であった。

　例えば、共和国の国連加盟を支持するソ連は、それに反対し審議を拒否する米国が提案した朝鮮戦争関連の7つの関連決議案に対して拒否権を行使し[14]、安保理は主たる責任を履行し得ない状況に陥った。超法規的権力である拒否権の行使は、こうした政治的意図や恣意性が大きく反映される。中国もまた、国連における「中国」という地位を維持するため、拒否権の行使によって、その恣意性を発揮してきた。これまでの議論をふまえ、1971年に国連での代表権を獲得して以降の、中国（共和国）の拒否権行使の状況を概観することで、同国が追求する「平和」への視座を探る（**図7**を参照）。

　「台湾カードを切るのは、きわめて危険な"火遊び"だ」。中国の王毅外相は2021年4月、米外交問題評議会とのオンライン会議の席上で、米国政府への不快感を露わにしつつ警告した[15]。むろん念頭にあるのは、「内政干渉」を繰り返す米国の対中姿勢である。王外相による「火遊び」批判は、2019年7月が管見において初出である。米国が台湾へ武器輸出し、台湾の蔡英文総統の訪米を承認したことに対する中国の立場、見解を記者からたずねられ、王外相は、米中関係に及ぼす悪影響の責は米国

---

14)　各決議案に関する安保理議事録は以下を参照。S/2688, S/2671, S/1894, S/1894 (second part of draft resolution), S/1894 (first three preambular paras. of draft resolution), S/1752, S/1653.

15)　中国外務省〈王毅同美国対外关系委员会视频交流〉
https://www.fmprc.gov.cn/web/wjbz_673089/zyhd_673091/t1871233.shtml

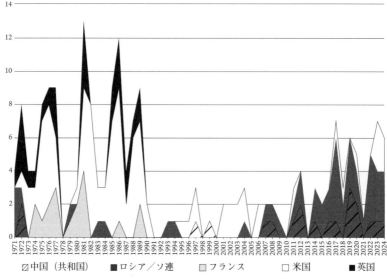

図7　常任理事国による拒否権行使の推移

自らが負うことになると警告した[16]。この言説は、王外相の発言のあった2021年になって中国外務省報道官の定例記者会見でも繰り返される[17]。

一方で中国当局は、これまで一度も尖閣諸島問題に関して「火遊び」批判を呈したことはない。そして他方で、「国家主権と安全保障上の国益に関しては、あらゆる必要な措置を講じる」と主張してきた[18]。なる

---

16) 中国外交部〈王毅：在渉台問題上玩火将搬起石頭砸自己的脚〉2019年7月12日
https://www.fmprc.gov.cn/web/wjbz_673089/zyhd_673091/t1680711.shtml

17) 例えば、中国外交部〈2021年4月13日外交部発言人趙立堅主持例行記者会〉https://www.fmprc.gov.cn/web/wjdt_674879/fyrbt_674889/t1868614.shtml 及び〈2021年5月24日外交部发言人赵立坚主持例行记者会〉https://www.fmprc.gov.cn/web/wjdt_674879/fyrbt_674889/t1878152.shtml

18) 例えば、中国外交部〈外交部発言人就美日領導人聯合声明渉華消極内容記者問〉2021年4月17日 https://www.fmprc.gov.cn/web/wjdt_674879/

終　章　中国の「国際の平和及び安全」にある不変と普遍？

ほど逆説的だが、内政たる台湾問題が対外関係における核心であり、尖
閣諸島問題を含む安全保障上の重大インシデントにつながる導火線であ
るという中国的ロジックは、これまでの拒否権の行使状況からも確認で
きる。

　1997年1月、グアテマラに対する停戦監視団の派遣と医療支援に関す
る安保理決議案の採決にあたって、中国は反対票を投じた[19]。投票後に
同国は、一貫して当該国の和平プロセスの進展を望んでおり、総会では
関連決議に賛成してきたと、自身の立場を弁明した。ただし、「中国の
再三にわたる忠告を無視して、グアテマラ政府は4年連続して国連憲章
の目的と原則及び総会決議第2758号の規定に違反しては」「中国に内政
干渉し」「中国分裂にかかわった」と、投票理由を述べている。そして、
「我われが望まぬ状況を招いたのは、グアテマラ政府が誤った判断を下
したからだ」と、中国は台湾問題と安保理での投票行動の因果関係を言
明した[20]。

　当のグアテマラは、これ以降も台湾との国交を維持する一方で（2025
年1月現在）、台湾の国連加盟に関する決議案の提案国になっていない。
同様の事案は1999年、マケドニアへのPKO派遣をめぐる安保理審議で
も確認できる。中国の拒否権によってPKO派遣を阻止されたマケドニ
アは2001年、中華人民共和国政府が全中国を代表する唯一の合法的政
府であって、台湾は中国の不可分の領土の一部であると承認した。か
くして中国は、国連憲章に定められた安保理常任理事国としての権限を、
これまでに計18回行使することで（2025年1月現在）、国連におけるそ

---

　fyrbt_674889/t1869624.shtml なお、米国は日本、韓国などに働きかけ、新疆
　ウイグル自治区における人権問題に関しても懸念を表明するが、これに対
　して中国当局が個別に反論することはない。
19)　国連安保理文書 S/1997/18.
20)　国連安保理文書 S/PV.3730, p.20.

のプレゼンス、つまり台湾排除のデファクトを抜かりなく固めてきたかに見える。

　しかし2001年、江沢民総書記は「米中間の最大懸案は台湾問題である」と公言しており[21]、8月に出席したニューヨーク・タイムズ・カンパニー会長や主筆らとの面談でも、当該問題をめぐり「武力行使を放棄するわけにはいかない」と直截に語った[22]。米中国交樹立にむけた130回を超えるかつての政府間交渉では、台湾問題が常にボトルネックであった。結果的には、上海コミュニケ以来30年間にわたり、「平和的解決 (a peaceful settlement/solution)」という戦略的曖昧さでもって、これを封印してきた。それにもかかわらず、次世代指導者・次期政権への権力移行を翌年に控えた江総書記は、なぜこのタイミングで武力行使の可能性に言及したのだろうか。

　江総書記の狙いは、自身の執政期間を通じて膨張し続ける台湾の国際的プレゼンスと、諸外国による主権侵害である台湾支援、そしてそれらを推奨する米国に対して、レッドラインだと警鐘を鳴らすことにあった。六四天安門事件の直後、ポスト冷戦期の幕開けとともに、同氏は総書記に選任された。中国は当時、領土・主権の相互尊重など平和五原則や国連憲章に根ざした新国際秩序を構築する必要性を説くとともに、米国の一極化には断固反対する姿勢を崩さなかった。

　台湾が「中華台北（Chinese Taipei）」名義でAPECに加盟した1991年には、国連の議場及び文書で「台湾／中華民国」という名称が使用されることは「決して許容できない」と、国連事務総長に対して訂正の徹底を要請する書簡を送りつけた[23]。この書簡では、バヌアツ、オーストラ

---

21)　米中関係学会員との会談時での発言とされる。Henry Alfred Kissinger, *On China*, Paperback, New York: Penguin Books, 2012, p.483.

22)　中国外務省 , President Jiang Zemin Meets the New York Times, 13 August, 2001.

23)　国連総会文書 A/46/501/Rev. 1, pp.1-3.

終 章　中国の「国際の平和及び安全」にある不変と普遍？

リア、フィジー、ニュージーランド、パプアニューギニア、サモア、ソロモン諸島による、台湾に友好的な発言と記述を批判している。しかしその実、諸国の後ろ盾となっている米国の姿勢もまた、総会決議第2758号の主旨から逸脱するものだといった、中国のいら立ちが見え隠れする。

　それとは裏腹に、ポスト冷戦期には、その後も世界貿易機関（WTO）など国連システムを越えた領域では、「中華台北」もしくは台湾それ自体の国際行動空間は拡大していった。こうした時代潮流のなかで、中国は20年余りの封印を解き拒否権を行使した。グローバル・ガバナンスの「中国方案」についても確認されたとおり、中国の国連における「平和及び安全」を考察すると、そこに通底するのは、「内政とする台湾問題」である。

　それは、中国外交における不変の命題であり課題でもある反面で、その現状を維持するため、2010年代になって中国が拒否権を行使する頻度は高まりつつある。さらに、中国が可視化した政治的恣意性にともない、米中対立や海洋権益をめぐる紛争も確認されつつある。経済成長や軍事的プレゼンスの高まりなど、中国の国力の変化とともに、その要因については、外的変化を俯瞰する視点からの考察も求められる。

中国の「国際の平和及び安全」にある普遍？

　最後に、中国が維持に努めてきた「国際の平和及び安全」を、国際的な潮流に置くことで、そこにどのような普遍的な意義があるかを検討する。国際NGO「フリーダムハウス」の報告書（Freedom in the World

209

2024）によれば、2023年は、調査対象国195・地域15のうち、政治的自由度が後退した国・地域の数が52であった一方で、改善した国・地域数は21だった。しかも後退レベルが111ポイントだったのに対して改善レベルは47ポイントにとどまった。2006年から23年までの18年間に、後退数が改善数を一貫して上回る結果となった（**図8**を参照）。

　国際政治学で様々な視点から繰り返し議論されてきたとおり、国際関係は、国家における集権的な政府に相当する主体が存在しないアナーキーな構造にある[24]。これを共通する前提として、現実主義は自国の安全保障のために国家同士の権力闘争が常態化すると考える一方で、国家間の協調により「政府なき統治」は成立し得ると論じるのがリベラリズムである。

　冷戦の終結によって、資本主義が社会主義を圧倒し、自由経済と民主政治が地球大に広がり、それが普遍的制度を構築し続けるかにみられた。国連システムの理念においても、リベラル・デモクラシーというイデオロギーと価値が基盤をなす規範となるようなグローバルな体系が、後天的に組み込まれていったのが、この時期である[25]。さらに、ジョン・アイケンベリー（John Ikenberry）は、リベラル・デモクラシーの国際体系を、米国による主導の下で、西側先進諸国が経済的開放性、政治的互恵性を担保する重層的なもので、あくまで主権国家が同盟・連携する、国際的な立憲的秩序（the constitutional order）であった、と説く。また彼は、

---

24)　Helen V. Milner, Robert O. Keohane eds., *Internationalization and Domestic Politics*, Cambridge University Press, 1996.

25)　Tim Dunne, Lene Hansen, and Colin Wight, The End of International Relations theory?, European Journal of International Relations, 19(3), *The European International Studies Association*, 2013, pp.405-425. John G. Ikenberry, The end of Liberal Order?, *International Affairs*, 94 (1), 2018, pp.7-23. 古城佳子「グローバル・ガバナンス論再考：国際制度論の視点から」グローバル・ガバナンス学会編／大矢根聡・菅英輝・松井康浩責任編集『グローバル・ガバナンス学Ⅰ　理論・歴史・規範』法律文化社、2018、pp.20-36。

終　章　中国の「国際の平和及び安全」にある不変と普遍？

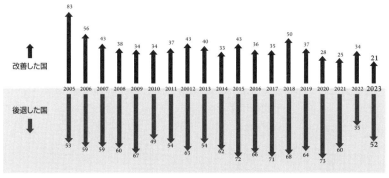

図8　政治的自由度の変遷

それが冷戦終結後はグローバル化の深化にともない、国際機構や地域機構、NGOなど多様な主体を包摂した結果、グローバルな立憲的秩序へと移行しつつあったと、指摘した。

しかしながら、2005年が分岐点となり、「歴史の終わり」は逆コースをたどることとなった[26]。さらに2010年代以降は、民主主義体制や憲法の枠組みも継続しているにもかかわらず、言論の自由の抑圧や法を逸脱した統治「権威主義的立憲体制 (autocratic constitutional states)[27]」が拡大しつつあり、それを彼は「リベラルな近代の危機（the End of Liberal Intl. Order）」と称した。

いまや第二次世界大戦の勝利に基づく「正義」を共有する米中の対立

---

26)　なお、V-Dem研究所も同じく世界各地にて選挙、自由、平等などから民主主義の現状を調査し、より詳細な計測分析を行う。2024年報告書によれば、同様の世界的傾向を示す。また、民主主義体制と権威主義体制が逆転したのは2010年を過ぎたあたりとする。
V-Dem Institute, *Democracy Report 2024: Democracy Winning and Losing at the Ballot*, 2024, p.20.
27)　G. John Ikenberry, (2000: 2019) *After Victory: Institutions, Strategic Restraint, and the Rebuilding of Order After Major Wars*.

211

が、世界政治の動向を規定する構造的要因となった。第一次ドナルド・トランプ政権期に、日本の安倍晋三総理大臣が提唱した「自由で開かれたインド太平洋」を包摂するかたちで、「競争政策」が対中政策の基本路線となった[28]。日米同盟は、中国を「唯一の競争相手 (the only competitor)」と名指しするジョー・バイデン（Joseph Biden）政権にも継承され、多元的な「包囲網」の形成が図られつつある[29]。2021年4月に菅義偉総理大臣との初会談を行い、日米首脳共同声明では「台湾海峡の平和と安定の重要性」と「両岸問題の平和的解決を促す」ことが強調された[30]。加えて両首脳は、日米安保条約（第5条）に則して、尖閣諸島を含む日本の防衛に米国がコミットするとの認識を共有しており、前月に開催された日米安全保障協議委員会（日米「2＋2」）でも、この点が確認されている[31]。

　「台湾問題」に関する共通懸念は、日米同盟の枠組を越えて同年5月のG7外務・開発大臣会合と6月の同首脳会合の共同声明[32]にも明記

---

28)　トランプ政権は2017年12月に策定した初の「国家安全保障戦略」のなかで、中国を「（戦略的）競争国 (Strategic competitors)」に指定し、インド太平洋地域における対中包囲網の形成に注力することを宣言した。White House, National Security Strategy of the United States of America, Washington, DC: White House, 2017, pp.45-47.

29)　バイデン政権は2021年3月に公表した「国家安全保障戦略」の策定にむけた暫定的指針のなかで、現行の開かれた国際システムへの脅威となりうる唯一の競争国たる中国に対抗するため、日本との連携とインド太平洋地域における軍事力の強化を掲げた。White House, Interim National Security Strategic Guidance, Washington, DC: White House, 2021, pp.7-9 and 13-15.

30)　The White House, U.S.- Japan Joint Leaders' Statement: U.S. – JAPAN GLOBAL PARTN ERSHIP FOR A NEW ERA, APRIL 16, 2021.

31)　U.S. Department of State, Reaffirming the Unbreakable U.S.-Japan Alliance, March 14, 2021.
　　日本国外務省「日米安全保障協議委員会（日米「2＋2」）共同記者会見」2021年3月16日
　　https://www.mofa.go.jp/mofaj/na/st/page3_003036.html

32)　G7 Foreign and Development Ministers' Meeting Communiqué, London, May 5,

終　章　中国の「国際の平和及び安全」にある不変と普遍？

された。G7共同声明で中国への批判と懸念が示されたのは、1989年の六四天安門事件後にフランスで開催されたアルシュ・サミット以来だ[33]。当時、G7が直面した課題は、中国をいかにして国際秩序に参入させるかであった。

　それから30年余りを経た2021年2月、中国・北京で開催された第24回オリンピック冬季競技大会は、再び分断した世界情勢を可視化する場となった。開会式会場となった北京国家体育場（通称：鸟巢／鳥の巣）に、米国や英国、オーストラリアやカナダなど西側諸国の首脳・外交幹部の姿はなかった。米国のバイデン政権は、新疆ウイグル自治区の状況について「ジェノサイドと人道に対する罪」と認定し[34]、さらに『リンゴ日報《蘋果日報》』の廃刊など香港における中国政府の強権的政策を理由として、政府当局者を派遣しない外交ボイコットに踏み切ったからだ。

　対照的に、ロシアのウラジーミル・プーチン（Vladimir Putin）大統領をはじめ開会式に出席した25カ国のうち多くは、中国が提唱する「一帯一路」で益するとされる中央アジア、中東や東南アジアの諸国であった。その状況は、ソ連によるアフガン侵攻に反発する米国など60数カ国がボイコットしたモスクワ大会（1980年）や、それへの報復措置と

2021 及び CARBIS BAY G7 SUMMIT COMMUNIQUÉ, Our Shared Agenda for Global Action to Build Back Better, 13 June, 2021, p.22.
　　さらに、5月の米韓首脳共同声明にも盛り込まれた。
The White House, U.S.- ROK Leaders' Joint Statement, MAY 21, 2021.
https://www.whitehouse.gov/briefing-room/statements-releases/2021/05/21/u-s-rok-leaders-joint-statement/

33)　G7 Information Centre, University of Toronto, Declaration on China, July 15, 1989.
http://www.g8.utoronto.ca/summit/1989paris/china.html

34)　Bureau of Democracy, Human Rights, and Labor, US Department of State, 2020 Country Reports on Human Rights Practices: China (Includes Hong Kong, Macau, and Tibet), Washington, DC: March 30, 2021.

して東欧諸国などが参加しなかったロサンゼルス大会（1984年）でみられた、冷戦的対立のデジャヴであった。

　既視感にいっそうの現実味を与えたのは、五輪開幕の当日、中国の習近平国家主席とプーチン大統領が発表した共同声明であった。両首脳は、「少数勢力」という表現で名指しは避けたものの、「強権政治に訴え他国の内政に干渉しては、その正当な権益を侵害している」と、批判の矛先を「ユニラテラリズムに固執する」米国に向けた。また、再三の反対にも聞く耳を持たず「東方」拡大を重ねたNATOやインド太平洋戦略、豪英米の安全保障協力（AUKUS）に関しても、冷戦思考に囚われ核戦争のリスクを高めていると糾弾した[35]。

　それから約3週間後、プーチン大統領はウクライナへの軍事侵攻を断行した。直後に緊急招集された国連安保理では、理事国でない日本も含め約80カ国が共同提案した対ロ制裁決議案に、ロシアが常任理事国の特権である拒否権を行使した。すると安保理に代わって審議の場となった緊急特別総会では[36]、軍事行動の即時停止と撤退をロシアに求める決議が採択された[37]。ただし、総会決議には法的拘束力がないこともあって、西側諸国は防衛費の増加を決定するなど軍事的／伝統的安全保障論へと回帰し、「新冷戦」や「冷戦2.0」といった国際情勢・認識が改めて注視される。

　こうした状況も考慮しつつ、中ロ首脳共同声明に関して注目すべきは、「国連を核心とする国際レジームを保持し、国連とその安保理が発揮する核心的協調機能による真の多国間主義を実践する」と、国連重視を堅持した点である。特に中国は従来、開発問題や公共衛生、気候変動に加

---

35)　中国外交部〈中華人民共和国和俄羅斯連邦関与新時代国際関係和全球可持続発展的連合声明〉2022年2月4日.

36)　国連安保理決議 S/RES/2623(2022).

37)　国連総会決議 A/RES/ES-11/1.

終　章　中国の「国際の平和及び安全」にある不変と普遍？

えてサイバー空間といった非伝統的安全保障を重点領域と位置づけ、国連がそれら問題の解決に向けた交渉の場を提供すると評価してきた。さらに習主席は、同月下旬に行ったプーチン大統領との電話会談でも、国際社会が国連憲章の趣旨と原則を遵守し、当該機構を中心とした国際システムと国際法を基盤とした国際レジームが維持されるよう強調する[38]。

　米中対立が先鋭化・常態化する中で、2022年に入り中国の政治的、外交的リスクが高まったことは事実である。しかし、中国は米国を中心とするリベラル・デモクラシー諸国への対抗姿勢を堅持してきたと同時に、主権及び領土保全の相互尊重を侵害するロシアの軍事行動への反対姿勢をにじませる。結果的に同国は2022年のいずれの対ロ制裁決議案にも棄権するわけだが、その決定要因は、もはやマルクス・レーニン主義といったイデオロギー的なものではない。権威主義的政治体制を採るグローバルイーストでありながら、ロシアとも距離を置くその対外姿勢には、グローバルサウスたる「中国の特色ある」プレゼンスが見て取れる。

　「中国」は国連創設国の1つとして、一貫して国連重視を掲げてきた。その国連は今日193カ国が加盟する世界最大の国際機構であり、戦後国際秩序の骨格をなす。この普遍的機構が積み重ねてきた経験、教訓、そして英知を生かすため、同国とどのように国際秩序を共創するかという、古くて新しい課題は不可避的なものとなっている。

---

38)　中国外交部，前掲．

あとがき

　天津から北京へ向かう硬座から、駆け抜ける沿線の農村を眺めていた。ポプラ並木が続く未舗装の道端には、トラックの荷台にスイカが山積みである。段ボールの"カンバン"にマジックで大書きされている値段は……さすがに読めない。

　天津駅を出て30分ほどが経ったころ、通路を挟んだボックス席は、ヒマワリの種を食べながらトランプで盛り上がっている。かたやこちら側の席には、中国語中級クラスの友人FとGがうたた寝している。本場の「天津飯」を食べたくて、早朝に北京を出て行ったものの、「天津には天津飯がない」というあるあるに落胆しつつ、包子（中華まん）の有名店「狗不理」で食べて満足した帰りしなである。初級クラスの私にとっては、頼みの二人が寝てるため、向かいの席に座る、はにかみ気味の日焼けした細身の現地男性（私より5つほど年長のよう）さえ、ハードルは高い。10分ほど思案し、結局のところ口をついて出たのは「你好（こんにちは）」だった。なんとも冴えない……。

　すると彼は、自分の顔の前で手を振った。いかにも「没有，没有（無いよ）」と言わんばかりに。「さすがにこれくらいは通じるやろう」と、もう一度「你好！」笑顔で言ったつもりだが。やはり手を振り、今度は顔全体にクシャっとしわを寄せながら首もゆっくりと振った。その笑顔の意味を察するまで数秒間…「なるほど、聾の方や」とピンときて、バッグからノートとペンを取り出した。漢字圏の、何よりも当時の私にとっての常套手段があった。半ば強引に、タンクトップのお兄さんとの沈黙の会話が始まる。

216

あとがき

「你好。」「我们能会话。」今なら絵文字の1つも書きつけるだろうが…。サムアップすると笑顔で返してくれた。

彼からも「你好。」ペンを握る彼の手には、ものすごい力が入っている。その筆圧から、あまりペンを使ったことはないのだと見て取れた。続けて…

「天津」「目的」と書いて、私を指さした。そして、うなずきながらペンを返す。

「天津」「没有」「天津饭」「吃狗不理（狗不理を食べた）」「好吃（おいしかった）」と私。

すると「狗不理」を指さし、首を傾げた。

「あれ、有名なはずやけど」と思いつつ「包子」と答えた。

この盛り上がる雰囲気に目覚めた友人らも巻き込み、4人の会話が始まった。彼の住む町にはきれいな川が流れていること、小さな弟妹がいること。私たちは日本からの短期留学生であること、北京で知り合ったことなど。そして、私がたずねた。というよりも、そうだという回答を勝手に予測して、次の質問を少し考えながら。

「你去」「北京」「观光」「吗？」

彼の答えは「劳动」だった。

その回答の意味を察するまで数秒間…「なるほど、出稼ぎ労働者や」とピンときて、肢体のうごきが止まった。小島麗逸先生や上原一慶先生の著作で読んだ「社会状況」が、生身の人間として目の前に座っている。

彼は最後に、「私は労働を頑張る（加油）」そして「あなたたちは勉強を頑張りなさい」といって、北京駅のホームで人ごみのなかに飛び込んでいった。

国際政治学とアジア・地域研究を学際的にまなび始めた大学3年の夏

休みに、私はとりあえずその現場を見ようと、中国に行ってみた。中国語はできなかったが、町ゆく人たちが助け合い何とかなった時代である。それは、天安門広場の石敷きには黒っぽく目立つシミがあったり、六四天安門事件の痕が社会にまだ残っていた1990年代後半のことだった。

　冷戦終結後の1990年代には、各地の混乱状況に国連が介入することへの「期待」が高まった。しかしその後に、国益と任務の格差により文民の保護は優先事項とならなかったどころか、大量のいわゆる虐殺といった非人道的行為を黙認した事案も明らかとなる。ボスニア・ヘルツェゴビナで1995年に起きた「スレブレニッツァの虐殺」として知られる事案では、6,000人ほどの人々が殺害されたとの報告がある。平和維持活動が過渡的状況にあった時代に私は学生生活を送り、次第に人と国家、国際機構が構成する政治的空間とその力学に関心を膨らませていった。

　本書は、拙稿「中華民国の"戦後"構想：「台湾化」の序章としてのアプリオリ」（塩山正純編『20世紀前半の台湾』あるむ、2019）、拙稿「だれが中国の『安全』を保障したのか？：国連『中国代表権』獲得にむけた対外援助政策」（愛知大学国際問題研究所『紀要』、2015）、拙稿「中国の国連平和維持活動：『国際の平和及び安全の維持』は脅威か」」（進藤榮一、木村朗編著『中国・北朝鮮脅威論を超えて』耕文社、2017）、拙稿「中国の世界遺産政策にみる政治的境界と文化実体の国際的承認」（馬場毅、謝政諭編『民主と両岸関係についての東アジアの視点』東方書店、2014）、拙稿「台湾のWHO『参加』をめぐる国際政治？：グローバルヘルス行政のなかの非国家主体」（李春利編『不確実性の世界と現代中国』日本評論社、2022）をもとに、それぞれの構成を再検討したうえで大幅な加筆・修正を加えたものである。

あとがき

　これらを含め論稿を執筆する過程では多くの方々のご指導・ご鞭撻をいただいた。「中国とはなにか」その動態や主体を精緻に特定・分析し言語化する重要性と、何よりも研究する瑞々しさを教えていただいた大学時代の恩師・菱田雅晴先生には、心からの感謝を申し上げたい。政治、経済、社会など各領域の先生方が会し、それぞれの「現場」状況を熱を込め、そして楽し気に議論する大型研究プロジェクトをオーガナイズされる姿は、私が研究を職業として考える動機となった。

　また大学院では、国連というとてつもなく広範な分野を所管する世界機構を研究対象として構想する私に、加々美光行先生、佐藤元彦先生、河辺一郎先生、黄英哲先生、山本一己先生、伊藤利勝先生などの各専門家より、それぞれに学恩をたまわった。加々美先生が一貫して重視された中国の学術界との対話は、時代とともにその重要度が高まりつつある。現地の「人」へのまなざしからは、国際政治を討究するうえでも不可欠な教えをいただいた。それとともに、多くの研究者・専門家との交流の重要性を説き送り出してくださったことに、改めて感謝の言葉を申し上げたい（2022年4月22日に泉下の人となられた加々美先生への追悼文は、日本現代中国学会「ニューズレター」第69号を参照）。

　佐藤先生には、よく海外・国内研修にお声がけいただき、どれほどの国や地域にご一緒したかはもはや覚えていない。佐藤先生が学生時代に聞かれた西川潤先生からの「まずは現場に身を置き、そこの空気の中で考える」との言葉を実践され続け、範を示してくださった。そして、朗らかに笑いながら高い集中力で全体像を掴んでは核心を問う研究スタイルから、いつも多くの示唆をいただいている。

　菱田先生からの卒論指導のなかで、『中国21』に掲載された「1970年代の国連における中国の行動について」を紹介いただいたのが、河辺先

生との縁であった。高木誠一郎先生のほかに初めて国連と中国をつなげる問題関心をお持ちの方とお会いでき、なんとも嬉しかった。そして、かつて愛知県図書館に付設されていた国連寄託図書館にて、国連文書の検索と読解の作法を教えていただいたり、米国の議事録や外交文書の講読会なども設定してくださった。いずれも私の研究方法論を形成する上では不可欠な時間であった。

　砂山幸雄先生には、やはり大学院生のころからお世話になってきた。そして、科研費プロジェクトに誘っていただき、中国政治思想という学術空間とそこで活躍される方々との対話経験を積ませていただいた。いま私が中国の研究者とつながる基盤を形成した、重要な経験である。また、同僚としても、多くの困難にもあきらめずにひとつずつ課題を解決される姿をみてきた。その高い能力と怯まぬ精神力に敬意を込めてお礼申し上げたい。

　学部時代には前山亮吉先生に政治学の手ほどきを受け、そして定形先生には大学院時代にゼミに参加させていただいた。国際政治学と地域研究の連環を考えるうえで、深い考察と突破力ある論理性に感銘を受けながら、イデオロギーの政治行動を分析する視点を培うことができた。

　君島東彦先生、佐々木寛先生、児玉克哉先生からは、世界を良い方向へと変えていく学問的作法を教示いただいた。特に平和学という研究領域の実効性について、いつも多くを教えていただいている。日中平和学対話の可能性を実感するのも、こうした先人のおかげである。

　私にとって中国の研究者（仲間）の存在は、いつも考察と思考の支えとなってきた。国連研究について説いてくださった李鉄城先生、博士課程では国際政治（史）に対する中国のロジックを教えてくださった時殷弘先生など師とする方々だけでなく、学術交流を続けてくださる劉成先生、王広涛先生や賀平先生、劉星先生からは、いつもよい刺激を受けて

あとがき

いる。また、熊李力先生、塗明君先生、王芳先生、方琢先生など各研究機関で活躍する同窓生らとの対話は励みである。

　日本の研究者（仲間）の存在が、私が研究をあきらめない理由であり、原動力になっている。研究領域が隣接する鈴木隆先生や石塚迅先生には、中国政治法律のダイナミクスを教示いただくばかりで、次こそはお返ししたいと毎度思っている。三須拓也先生、清水奈名子先生、竹峰誠一郎先生や堀田幸裕先生とも、あっという間の「若手時代」、いまなお、そして今後も変わらずに、切磋琢磨しあうことでこれからの糧としていきたい。

　また1人ひとりの名前をすべて挙げることはできないが、これまで多くの先生方や友人たちからいただいたコメント、ヒアリング対象者、中国や諸国の人々からいただいた反応によって、私の問題意識は磨かれ本書はかたちになった。それら皆さまにお礼申し上げる。

　本書は、愛知大学国際問題研究所叢書として出版助成を得て刊行される。愛知大学は、「世界文化と平和に寄与すべき新日本の建設に適する国際的教養と視野を持つ人材の育成」を建学の精神として、1946年に設立された。その精神をうけて建学と同時期に設立された同研究所の学究活動に、本書が多少なりとも寄与できれば幸いである。厳しい財政状況のなかで、本出版助成の制度を維持し運用してくださっている所長の佐藤元彦先生に、感謝申し上げる。また、匿名の査読者には、ご多忙の折、貴重なコメントをいただいた。それらに十分な応答ができたとは思えないが、第二次世界大戦後の国際秩序の中核をなしてきた巨大な機構の実相を、中国外交の視点でつなぎながら、引き続き真摯に研究に励みたい。

また、出版助成の申請・受理や出版にかかる契約など諸手続きを担当された愛知大学国際問題研究所の加藤智子さんにもお礼を申し上げたい。そして何よりも、編集を担当していただいた明石書店の今枝光宏氏には、感謝というよりもお詫びを申し上げる。氏の編集史上もっとも手を焼いた著者であったが、最後まで根気強く作業を進めてくださった。今枝さんのプロフェッショナルな編集技能と熱意によってこそ、本書が世に出されることは特に記しておくとともに、厚く感謝を申し上げる。

　最後に、両親・家族への感謝を記したい。飛鳥の自然からアジアへと駆け回る私を、いつも応援してくれた両親。姉は「普通」の明日がくることが、いかに難しいかを日々教えてくれている。そうしたなかで、前向きな姿勢をみせてくれることが、いかに支えとなったか。その励ましに対するお礼としても、本書をささげたい。そして、ともすれば一家団欒とはかけ離れた生活のなかで、私を力づけ同じ方向へともに進むパートナーと2人の子どもも、本書の生みの親である。

2025年　正月
祖父・勇の机を借りて
加治宏基

参考文献

序　章

日本語文献

五十嵐隆・大澤傑　編著『米中対立と国際秩序の行方：交叉する世界と地域』東信堂、2024。

江藤名保子「習近平政権の『話語体系建設』が目指すもの：普遍的価値への挑戦となるか」『Views on China』東京財団政策研究所、2017 年 7 月 25 日 https://www.tkfd.or.jp/research/detail.php?id=258

大芝亮・秋山信将・大林一広・山田敦　編『パワーから読み解くグローバル・ガバナンス論』有斐閣、2018。

岡部達味「国際政治学と中国外交」日本国際政治学会『国際政治』114 号、「グローバリズム・リージョナリズム・ナショナリズム：二一世紀における役割を模索するアジア」、1997 年 3 月。

加治宏基「米中対立の遠景としての国連における台湾問題：キッシンジャーからの“宿題”をどう解くか」、『東亜』（649）、霞山会、2021。

川島真『21 世紀の「中華」：習近平中国と東アジア』中央公論新社、2016。

川島真・遠藤貢・高原明生・松田康博　編『中国の外交戦略と世界秩序』昭和堂、2019。

河辺一郎『国際公共政策叢書20　国連政策』日本経済評論社、2004。

古城佳子「グローバル・ガバナンス論再考：国際制度論の視点から」グローバル・ガバナンス学会　編 / 大矢根聡・菅英輝・松井康浩　責任編集『グローバル・ガバナンス学Ⅰ：理論・歴史・規範』法律文化社、2018。

清水奈名子『冷戦後の国連安全保障体制と文民の保護：多主体間主義による規範的秩序の模索』日本経済評論社、2011。

髙木誠一郎「中国の対外認識の展開（1972-1982 年）：国連総会一般演説の内容分析」、岡部達味　編『中国外交：政策決定の構造』日本国際問題研

究所、1983。

段瑞聡『蔣介石の戦時外交と戦後構想』慶應義塾大学出版会、2021。

張紹鐸『国連中国代表権問題をめぐる国際関係（1961-1971)』国際書院、2007。

中西寛・飯田敬輔・安井明彦・川瀬剛志・岩間陽子・祢館久雄・日本経済研究センター編　著『漂流するリベラル国際秩序』日本経済新聞出版、2024。

西村成雄　編『中国外交と国連の成立』法律文化社、2004。

原田太津男「経済安全保障：安全保障概念の深層へ向けた問いかけ」南山淳・前田幸男　編『批判的安全保障論：アプローチとイシューを理解する』法律文化社、2022。

菱田雅晴「Governance から治理へ：党治理への収斂」愛知大学現代中国学会編『中国21』Vol.57、東方書店、2022。

樋口陽一『リベラル・デモクラシーの現在：「ネオリベラル」と「イリベラル」のはざまで』岩波書店、2019。

増田雅之「中国の国連 PKO 政策と兵員・部隊派遣をめぐる文脈変遷」『防衛研究所紀要』第13巻第2号、2011年1月。

山口信治「中国の国際秩序観：選択的受容からルール設定をめぐる競争へ」『国際安全保障』第45巻第4号、国際安全保障学会、2018年3月。

劉弘毅「中国の非伝統的安全保障：認識の変容と政策への影響」山田満・本多美樹　編著『「非伝統的安全保障」によるアジアの平和構築：共通の危機・脅威に向けた国際協力は可能か』明石書店、2021。

中国語文献

龐仲英《中国与亜州：観察・研究・評論》上海社会科学出版社，2004.

胡鞍鋼　主編《全球化挑戦中国》北京大学出版社，2002.

金観濤・劉青峰〈中国現代思想的起源：超穏定結構与中国政治文化的演変〉香港中文大学中国文化研究所当代《中国文化研究中心専刊5》香港中文大学出版社，2000.

蘇長和〈中国与国際制度〉《世界経済与政治》中国社会科学院世界経済与政治研究所，2002.10.

王緝思〈国際関係理論与中国外交研究〉《社会科学季刊》1巻.

――― 総主編，査道炯　主編《中国学者看世界：「非伝統安全巻」》新世界出版社，2007.

王逸舟〈融入：中国与世界関係的歴史性変化〉《中国社会科学報》中国社会科学院，2009.

―――〈論総合安全〉《世界経済与政治》中国社会科学院世界経済与政治研究所，1998年第4期.

許紀霖・羅崗ほか《啓蒙的自我瓦解：1990年以来中国思想文化界重大論争研究》吉林出版集団有限公司，2007.

閻学通《中国国家利益分析》天津人民出版社，1996.

―――《中国崛起：国際環境評估》天津人民出版社，1998.

―――〈国際関係理論是普世性的〉《世界経済与政治》第2期，2006.

―――・梅紅・劉桂玲・楊伯江・馬燕氷・戚保良・孫暉明　等著《中国与亜太安全：冷戦后亜太国家的安全戦略走向》時事出版社，1999.

張宇燕・高程《美国行為的根源》中国社会科学出版社，2018.

趙進軍　主編《和平・和諧・合作：中国外交十年歴程》世界知識出版社，2012.

中国連合国協会　編，劉志賢　主編，張海濱　副主編《連合国70年：成就与挑戦》世界知識出版社，2015.

英語文献

Aaron L. Friedberg, *A Contest for Supremacy: China, America, and the Struggle for Mastery in Asia*, W. W. Norton & Co. Inc., 2011. （＝佐橋亮監訳『支配への競争：米中対立の構図とアジアの将来』日本評論社、2013）

―――, "The Authoritarian Challenge: China, Russia and the Threat to the Liberal" *International Order The Sasakawa Peace Foundation*, 2017.

Alastair Iain JohnstonIs, Chinese Exceptionalism Undermining China's Foreign Policy

Interests? Jennifer Rudolph and Michael Szonyi eds., *The China Questions: Critical Insights into a Rising Power*, Harvard University Press, 2018.

――― "What (If Anything) Does East Asia Tell Us About International Relations Theory?", *Annual Review of Political Science*, 15, 2012.

Amitav Acharya, Barry Buzan, "Why is there no non-Western International Relations theory? Ten years on.", *International Relations of the Asia-Pacific*, 17 (3), 2017.

Arieh J. Kochavi, *Prelude to Nuremberg: Allied War Crimes Policy and the Question of Punishment*, The University of North Carolina Press, 1998.

Barry Buzan, Ole Wæver, and Jaap de Wilde, *Security: A New Framework for Analysis*, Lynne Rienner, 1998.

Charles P. Kindleberger, *The World in Depression: 1929–1939*, University of California Press, 1973: 1982.（＝石崎昭彦・木村一朗訳＝『大不況下の世界：1929－1939』東京大学出版会、1982）

David Shambaugh, *China Goes Global: The Partial Power*, Oxford University Press, 2013.（＝加藤祐子訳『中国グローバル化の深層：「未完の大国」が世界を変える』朝日新聞出版、2015）

Deborah Brautigam, *The Dragon's Gift: The Real Story of China in Africa*, Oxford University Press, 2011.

Donald J. Puchala, Katie Verlin Laatikainen, Roger A. Coate, *United Nations Politics: International Organization in a Divided World*, Routledge, 2006.

François Godement, "Expanded Ambitions, Shrinking Achievements: How China Sees the Global OrderEuropean Council on Foreign Relations", *Policy Brief*, 204 March 2017.

Graham T. Allison, *The Thucydides Trap*, https://foreignpolicy.com/2017/06/09/the-thucydides-trap/June 9, 2017, 10:21 AM

Helen V. Milner and Andrew Moravcsik (eds)., *Power, Interdependence, and Nonstate Actors in World Politics*, Princeton University Press, 2009.

Independent International Commission on Kosovo, *Kosovo Report*, Oxford University Press, 2000.

John G. Ikenberry, "The end of Liberal Order?", *International Affairs*, 94 (1), 2018.

――― , *After Victory: Institutions, Strategic Restraint, and the Rebuilding of Order after Major*

Wars, Princeton University Press, 2000: 2019.（＝鈴木康雄訳『アフター・ヴィクトリー：戦後構築の論理と行動』NTT 出版、2004）

JohnJ. Mearsheimer, *Tragedy of Great Power Politics*, W. W. Norton & Company, 2001: 2014.（＝奥山真司訳『［完訳版］大国政治の悲劇』五月書房新社、2019）

Lanteigne, M. and M. Hirono (eds)., *China's Evolving Approach toPeacekeeping* Routledge, 2012.

Michael Pillsbury, *The Hundred-Year Marathon: China's Secret Strategy to Replace America As the Global Superpower*, Henry Holt & Co. 2015.（＝野中香方子訳『China 2049：秘密裏に遂行される「世界覇権100年戦略」』日経 BP 社、2015）

Ole Wæver, Securitization and Desecuritization, Ronnie D. Lipschutz (ed), *On Security*, Columbia University Press, 1995.

Rana Mitter, *CHINA'S GOOD WAR: How World War II Is Shaping a New Nationalism* Harvard University Press, 2020.（＝関智英監訳、濱野大道訳『中国の「よい戦争」：甦る抗日戦争の記憶と新たなナショナリズム』みすず書房、2022）

Robert C. Hilderbrand, *Dumbarton Oaks: The Origins of the United Nations and the Search for Postwar Security*, University of North Carolina Press, 1990.

Robert Keohane, *After Hegemony*, Princeton University Press, 1984.（＝石黒馨・小林誠訳『覇権後の国際政治経済学』晃洋書房、1998）

Samuel Kim, China's International Organizational Behavior, Thomas Robinson and David Shambaugh eds., *Chinese Foreign Policy: Theory and Practice*, Oxford: Clarendon Press, 1994.

―――, *China, the United Nations, and World Order*, Princeton Univ. Press, 1979

Tim Dunne, Lene Hansen, and Colin Wight, "The End of International Relations theory?", *European Journal of International Relations*, 19(3), The European International Studies Association, 2013.

Townsend Hoopes and Duglas Brinkley, *FDR and he Creation of the U.N.*, Yale University Press, 1997.

UNDP, *Human Development Report 1993*, Oxford University Press, 1993.

―――, *Human Development Report 1994*, Oxford University Press, 1994.

Zhang Feng, The Tsinghua approach and the Inception of Chinese Theories of International Relations, *The Chinese Journal of International Politics*, 5(1), Spring, 2012.

Zheng Yongnian, *China and International Relations:The Chinese View and the Contribution of Wang Gungwu*, Routledge, 2010.

第 I 章

日本語文献

伊香俊哉「中国国民政府の日本戦犯処罰方針の展開」（上）・（下）『戦争責任研究』第32・33号、2001。

入江啓四郎「國際政治における中國の地位」愛知大学国際問題研究所『国際政経事情』第18号、1954–Ⅱ。

大沼保昭『戦争責任論序説』東京大学出版会、1975。

大澤武司『毛沢東の対日戦犯裁判：中国共産党の思惑と1526名の日本人』中央公論新社、2016。

加治宏基「国連における「中国代表権」問題をめぐる国際環境と「中国」：国連創設過程およびアジア・アフリカ連帯運動展開過程を中心に」愛知大学修士論文、2003。

川崎一郎「中華人民共和国政府の国際的地位」愛知大学国際問題研究所『国際政経事情』（25・26号）、1958。

黒岩亜維「モスクワ外相会議と四国宣言」西村成雄編『中国外交と国連の成立』法律文化社、2004。

斉藤鎮男『国際連合論序説』新有堂、1977。

時事通信社外信部編『北京・台湾・国際連合』時事通信社、1961。

清水正義「先駆的だが不発に終わった連合国戦争犯罪委員会の活動1944年：ナチ犯罪処罰の方法をめぐって」『東京女学館短期大学紀要』第20輯、1998。

清水奈名子・竹峰誠一郎・加治宏基「「戦後」再論：その多元性について」愛

知大学現代中国学会編『中国21』Vol.45、東方書店、2017。

宋志勇「終戦前後における中国の対日政策：戦争犯罪裁判を中心に」立教大学史学会『史苑』第54巻1号、1993。

段瑞聡『蔣介石の戦時外交と戦後構想』慶應義塾大学出版会、2021。

西村成雄『中国外交と国連の創設』法律文化社、2004。

———「1945年東アジアの国際関係と中国政治：ヤルタ『密約』の衝撃と東北接収」日本現代中国学会『現代中国』第71号、1997。

———編『中国外交と国連の成立』法律文化社、2004。

日本国際問題研究所中国部会編『中国共産党史資料集12』勁草書房、1975。

林博史『戦犯裁判の研究：戦犯裁判政策の形成から東京裁判・BC級裁判まで』勉誠出版、2010。

———「連合国戦争犯罪政策の形成：連合国戦争犯罪委員会と英米」（上）・（下）関東学院大学経済学部総合学術論叢『自然・人間・社会』第36号、第37号、2004。

———編集・解説『連合国対日戦争犯罪政策資料：連合国戦争犯罪委員会第1〜8巻』現代史料出版、2008。

日暮吉延『東京裁判の国際関係』木鐸社、2002。

マーク・マゾワー　著（伊田卓巳　訳）『国際協調の先駆者たち：理想と現実の200年』NTT出版、2015。

最上敏樹「国際連合」『国際機構論』東京大学出版会、1996。

———「国際機構創設の動因」『国際機構論』東京大学出版会、2006。

山口信治「中国の国際秩序観：選択的受容からルール設定をめぐる競争へ」『国際安全保障』第45巻第4号、2018。

和田英穂「被侵略国による対日戦争犯罪裁判：国民政府が行った戦犯裁判の特徴」『中国研究月報』第645号、中国研究所、2001。

中国語文献

陳隆志・陳文賢　主編《聯合国：體制，効能與発展》台湾新世紀文京基金会，台湾聯合国研究中心，2008.

胡菊蓉《中外軍事法廷審判日本戦犯：関於南京大屠殺》南開大学出版社,
　　1988.

葉惠芬　編《中華民国与聯合国史料彙編　籌設編》国史館, 2001.

藍適齊〈戦犯的審判〉《中国抗日戦争史新編　第六編　戦後中国》国史館,
　　2015.

李鉄城〈中国的大国地位与対創建聯合国做出的重大貢献〉陳魯直・李鉄城
　　主編《聯合国与世界秩序》北京語言学院出版社, 1993.

─── 《聯合国50年増訂本》中国書籍出版社, 1996.

─── 主編《聯合国的歴程》北京語言学院出版社, 1993.

唐家璇　主編《中国外交辞典》世界知識出版社, 2000.

田進・孟嘉等　著《中国在聯合国》世界知識出版社, 1999.

謝啓美・王杏芳　主編《中国与聯合国》世界知識出版社, 1995.

楊公素《中華民国外交簡史》商務印書館, 1997.

張樹徳《中国重返聯合国紀実》黒竜江人民出版社, 1999.

張鉄男・宋春・朱建華主編《中国統一戦線記事新編1919-1988》東北師範大学
　　出版社, 1990.

張群・黄少谷《蔣総統為自由正義興和平而奮闘述略》蔣総統対中国及世界之
　　貢献纂編編纂委員会, 1968.

中国国民党中央委員会党史委員会編印《中華民国重要史料初編：対日抗戦時
　　期》第二編, 作戦経過（四）, 1981.

─── 《中華民国重要史料初編：対日抗戦時期》第三編, 戦時外交（三）,
　　1981.

中国聯合国協会編《中国的聯合国外交》世界知識出版社, 2009.

中国社会科学院近代史研究所訳《顧維鈞回顧録》第五分冊, 中華書局,
　　1987.

朱坤泉〈四強之旅与大国之夢〉張圻福主編《中華民国外交史綱》人民日報出
　　版社, 1995.

参考文献

英語文献

Arieh J. Kochavi, *Prelude to Nuremberg: Allied War Crimes Policy and the Question of Punishment*, The University of North Carolina Press, 1998.

Bennett, A. LeRoy, *Historical Dictionary of the United Nations*, Scarecrow Press, 1995.

Jacques Fomerand, *Historical dictionary of the United Nations*, Lanham, MdScarecrow Press, 2007.

The UNWCC, *The History of the United Nations War Crimes Commission*, His Majesty's Stationary Office, 1948.

Waldo Chamberlin, Thomas Hovet, Jr.,[and] EricaHovet, *A Chronology and Fact Book of the United Nations 1941-1969*, Oceana Publications, 1970.

第Ⅱ章

日本語文献

アジア経済研究所企画調査室『中国対外経済政策の原則とその展開』アジア経済研究所、1973。

アジア調査会　編『中国総覧』1971年版、アジア調査会、1971。

飯塚央子「中国における核開発：向ソ一辺倒から米中接近へ」『中国21』Vol.14、風媒社、2002。

浦野起央　編著『アフリカ国際関係資料集』有信堂、1975。

岡倉古志郎『非同盟研究序説　増補版』新日本出版社、1999。

河辺一郎「事務総長をどう評価するか」宇都宮軍縮研究室『軍縮問題資料』191、1996。

笠原正明　編集代表・アジア政経学会『1960年代における中国と東南アジア』現代中国研究叢書ⅩⅡ、東京大学出版会、1974。

菊池昌典・袴田茂樹・宍戸寛・矢吹晋　著『中ソ対立：その基盤・歴史・理論』有斐閣、1976。

共同通信社『世界資料』7月号、共同通信社、1995。

国際協力銀行開発金融研究所開発研究グループ「新興ドナーによる援助の実態調査について」『開発金融研究所報』第35号、国際協力銀行、2007

年10月。

国際連合広報局編『創立50周年記念国連年鑑特別号：国連半世紀の軌跡』中央大学出版部、1997。

斉藤孝「第二回A・A会議の歴史的意義」『エコノミスト』1965年6月22日号。

定形衛「アジア・アフリカ連帯運動と中ソ論争：アジア・アフリカ会議と非同盟会議のはざまで（1964-65年）」日本国際政治学会編『季刊国際政治』95号、有斐閣、1990年6月。

―――「国際共産主義運動と非同盟外交：ユーゴの対ソ連、中国外交（1977-78年）日本国際政治学会編『季刊国際政治』95号、有斐閣、1990年6月。

恒川恵市「新植民地主義」高坂正堯・公文俊平編『国際政治経済の基礎知識』有斐閣、1983。

高山英男「社会主義国際関係論と中ソ対立：国際関係認識をめぐって」日本国際政治学会編『国際政治』95号、有斐閣、1990。

西川潤『叢書現代のアジア・アフリカ9　アフリカの非植民地化』三省堂、1971。

バーネット,A.D.、鹿島守之助訳『中共とアジア：米国政策への挑戦』鹿島研究所出版会、1961。

土生長穂「新植民地主義にかんする理論的諸問題」岡倉古志郎他『アジア・アフリカ講座ⅠA・A・LAと新植民地主義』勁草書房、1964。

平松茂雄『中国の核戦力』勁草書房、1996。

福田円『中国外交と台湾：「一つの中国」原則の起源』慶應義塾大学出版会、2013。

馬成三『現代中国の対外経済関係』明石書店、2007。

三須拓也「『非介入の名のもとでの介入』：ケネディ政権とコンゴ国連軍」緒方貞子・半澤朝彦編著『グローバル・ガヴァナンスの歴史的変容：国連と国際政治史』ミネルヴァ書房、2007。

―――「コンゴ国連軍と反ムルンバ秘密工作1960年7月～9月：クーデターを支えた国連平和維持活動」『名古屋大学法政論集』第193号、2002。

武者小路公秀『国際政治を見る眼：冷戦から新しい国際秩序へ』岩波書店、1977。

渡辺紫乃「対外援助の概念と援助理念：その歴史的背景」、下村恭民・大橋
　　　英夫・日本国際問題研究所編『中国の対外援助』、日本経済評論社、
　　　2013。

中国語文献

《当代中国》叢書編集部編《当代中国的対外経済合作》中国社会科学出版社，
　　　1989.

《当代中国的核工業》編集委員会編《当代中国的核工業》中国社会科学出版
　　　社，1987.

康捷・魏兵・柳霜　主編《核弾内幕》太白文芸出版社，1995.

李鉄城《聯合国五十年　増訂本》中国書籍出版社，1996.

―――《中華人民共和国対外関係文件集》第一集，世界知識出版社，1957.

――― 主編《聯合国的歴程》北京語言学院出版社，1993.

劉志攻《中華民国在聯合国大会的参与　外交政策，国際環境及参与行為》台
　　　湾商務印書館，1985.

毛小菁〈中国対援助方式回顧与創新〉《国際経済合作》第3期，2012.

毛沢東《毛沢東選集》第五巻，北京外文出版社，1977.

―――《毛沢東外交文選》中央文献出版社，1994.

銭其琛　顧問，王泰平　主編，張光佑・馬可錚副　主編《新中国外交50年》
　　　下，北京出版社，1999.

石林《当代中国的対外経済合作》中国社会科学出版社，1989.

蘇格《美国対華政策与台湾問題》世界知識出版社，1998.

唐家璇　主編《中国外交辞典》世界知識出版社，2000.

王文隆　著，薛化元　主編《政治大学史学叢書13　外交下郷，農業出洋：中
　　　華民国農技援助非洲的実施和影響（1960-1974)》国立政治大学歴史学
　　　系，2004.

王正華　編《中華民国與聯合国史料彙編：中国代表権》国史館，2001，民90.

中華人民共和国外交部档案館　編《中華人民共和国外交档案選篇》第2集：
　　　中国代表団出席1955年亜非会議，世界知識出版社，2007.

謝益顕　主編《中国外交史　中華人民共和国時期1949～1979》河南人民出版

社，1988.

殷雄・黄雪梅　編著《世界原子弾風雲録》新華出版社，1999.

〈戦後世界歴史長編〉編委会〈戦後世界歴史長編〉《戦後世界歴史長編1949》
　　　5，上海人民出版社，1979.

中国聯合国協会編《中国的聯合国外交》世界知識出版社，2009.

中国商務部国際貿易経済合作研究院編《国際発展合作之路：40年改革開放大
　　　潮下的中国対外援助》中国商務出版社，2018.

中華人民共和国外交部外交研究室《周恩来外交活動大事記：1949～1975》世
　　　界知識出版社，1993.

中華人民共和国外交部　中共中央文献研究所編《周恩来外交文選》中央文献
　　　出版社，1990.

―――《毛沢東外交文選》中央文献出版社・世界知識出版社，1994.

周恩来《周恩来選集》下巻，人民出版社，1984.

英語文献

Amen Timothy Grove, Third World Solidarity and the Non-Aligned Nations Movement,
　　　PhD. Dissertation, University of Washington, 1984.

Andrea Benvenuti, Nehru's Bandung moment: India and the convening of the 1955 Asian-
　　　African conference, *India Review*, Volume 21, Issue 2, 2022.

Deborah Brautigam, *The Dragon's Gift: The Real Story of China in Africa*, Oxford University
　　　Press, 2009.

Evan Luard, *A History of The United Nations, vol. 2: The Age of Decolonization, 1955-1965*,
　　　Palgrave Macmillan, 1989.

George T. Yu, *China and Tanzania: A Study in Cooperative Interaction*, Center for Chinese
　　　Studies University of California, 1970.

―――, Sino-Soviet Rivalry, David E. Albright, *Africa and International Communism*
　　　Indiana University Press, 1980.

John Franklin Copper, *China's Foreign Aid: An Instrument of Peking's Foreign Policy*, MA:
　　　D.C. Heath and Company, 1976.

John W. Lewis and Litai Xue, *China Builds the Bomb*, Stanford University Press, 1991.

Leo Mates, *Nonalignment- Theory and Current Policy*, Institute of International Politics and Economics, Belgrade: 1972.

Melvin Gurtov, Communist China's Foreign Aid Program, *Current History*, September 1965.

Penny Davies, *China and the End of Poverty in Africa: Towards Mutual Benefits?* Diakonia, 2007.

Peter B. Heller, *The United Nations Under Dag Hammarskjöld 1953-1961*, The Scarecrow Press, 2001.

Peter Willetts, *The Non-Aligned Movement—the Origins of a Third World Alliance* ,Frances Pinter, 1978.

The World Bank, *International Debt Statistics 2024*, World Bank Group, 2024.

United Nations, *The Blue Helmets: A Review of United Nations Peace-Keeping*, The United Nations Department of Public Information, 1996.

Wolfgang Bartke, *The Economic Aid of the PR China to Developing and Socialist Countries*, K. G. Saur Verlag, 1989.

———, *China's Economic Aid*, C. Hurst & Co. Ltd. 1975.

アメリカ大使館文化交換局出版部 *Chinese Representation in the United Nations U.S.*, Policy Series, No.401965

第Ⅲ章

日本語文献

天児慧編著『中国は脅威か』勁草書房、1997。

上杉勇司『変わりゆく国連 PKO と紛争解決：平和創造と平和構築をつなぐ』明石書店、2004。

菅英輝『冷戦期アメリカのアジア政策：「自由主義的国際秩序」の変容と「日米協力」』晃洋書房、2019。

福田菊『国連と PKO：「戦わざる軍隊」のすべて』第二版、東信堂、1994。

平松茂雄『軍事大国化する中国の脅威』時事通信社、1995。

増田雅之「中国の国連 PKO 政策と兵員・部隊派遣をめぐる文脈変化：国際
　　貢献・責任論の萌芽と政策展開」『防衛研究所紀要』第13巻第2号、
　　2011。

松葉真美「国連平和維持活動（PKO）の発展と武力行使をめぐる原則の変化」
　　『レファレンス』60（1）、国立国会図書館調査及び立法考査局、2010。

中国語文献

陳友誼・郭新寧・華留虎《藍盔在行動：聯合国維和行動紀実》江西人民出版社，
　　1997.

寵森〈聯合国維和行動：趨勢与調整〉《世界経済与政治》2007年第6期.

馮継承〈中国対聯合国維和行動的認同演変：話語実践的視角〉《国際論壇》第
　　14巻第3期，2012.

国務院新聞弁公室《釣魚島是中国的固有領土》2012.

胡樹祥　主編《中国外交与国際発展戦略研究》中国人民大学出版社，2009.

李少軍〈論干渉主義〉《欧州》1994年第6期.

李一文《藍盔行動：聯合国与国際冲突》当代世界出版社，1998.

梁守徳・李義虎　主編，張勝軍・劉小林　執行主編《中国与世界：和平発展
　　的理論和実践》世界知識出版社，2008.

劉鉄娃《保護的責任：国際規範建構中的中国視角》北京大学出版社，2015.

王宏周〈評美国対外政策的〈新干渉主義〉思潮〉《国外社会科学》1994年05
　　期.

王逸舟《当代国際政治析論》上海人民出版社，1995.

閻学通《中国国家利益分析》天津人民出版社，1995.

―――〈国際環境及外交思考〉《現代国際関係》1999年第8期.

楊成緒　主編，呉妙発　副主編《新挑戦：国際関係中的"人道主義干預"》中
　　国青年出版社，2001.

総会文書〈銭其琛中華人民共和国外交部長演説〉A/49/PV.8.

鄭哲栄・李鉄城《聯合国大事編年1945－1996》北京語言文化大学出版社，
　　1998.

鐘龍彪・王俊〈中国対聯合国維持和平行動的認知与参与〉《当代中国史研究》
　　　　第13巻第16期，2006.

英語文献

Arun SahgalChina's Search for Power and Its Impact on India, *The Korean Journal of Defense Analysis* Vol. XV No.1the Korea Institute for Defense Analyses, 2003.

Boutros Boutros-GhaliAn, *Agenda for Peace: Preventive diplomacy*, peacemaking and peace-keepingA/47/277–S/2411131-Jan-92.

Independent International Commission on Kosovo, *Kosovo Report*, Oxford University Press, 2000.

Katherine E. Cox, Beyond Self-Defense: United Nations Peacekeeping Operations & the Use of Force, *Denver Journal of International Law and Policy*, 27, 1999.

Lanteigne, M. and M. Hirono (eds)., *China's Evolving Approach to Peacekeeping*, Routledge, 2012.

Mats Berdal and Spyros Economides (ed.), *United Nations Interventionism 1991-2004*, Cambridge University Press, 2007.

Saadia Touval, Why the U.N. Fails: It Cannot Mediate, *Foreign Affairs*, Vol. 73, Number 5 September/October, 1994.

Shi Yinghong and Shen Zhixiong, Chapter 13 After Kosovo: Moral and Legal Constraints on Humanitrian Intervention, Bruno Coppieters and Nick Fotion ed., *Moral Constraints on War: Principles and Cases* Lanham/Md.: Lexington Books, 2002.

The Panel on United Nations Peace Operations Report of the Panel on United Nations Peace Operations2000: A/55/305–S/2000/809.

UNDP, *Human Development Report 1993*, Oxford University Press, 1993.

国連 PKO ブックレット「United Nations Peacekeeping Operations」
　　　　http://101.110.118.63/www.un.org/en/peacekeeping/documents/UN_
　　　　peacekeeping_brochure.pdf

第IV章

日本語文献

加治宏基「中国のユネスコ世界遺産政策：文化外交にみる『和諧』のインパクト」『中国21』Vol.29、風媒社、2008。

河上夏織「世界遺産条約のグローバル戦略を巡る議論とそれに伴う顕著な普遍的価値の解釈の質的変容」『外務省調査月報』2008/No.1、2008。

河辺一郎「ユネスコ改革とは何か」『軍縮問題資料』2000年1月号、宇都宮軍縮研究室、2001。

七海由美子「世界遺産の代表性」『外務省調査月報』2006/No.1、2006。

松浦晃一郎『ユネスコ事務局長奮闘記』講談社、2004。

———『世界遺産：ユネスコ事務局長は訴える』講談社、2008。

三品英憲『中国革命の方法：共産党はいかにして権力を樹立したのか』名古屋大学出版会、2024。

毛里和子『現代中国：内政と外交』名古屋大学出版会、2021。

最上敏樹『ユネスコの危機と世界秩序』東研出版、1987。

中国語文献

費孝通等《中華民族多元一体格局》中央民族学院出版社，1989.

李智《文化外交：一種伝播学的解読》北京大学出版社，2005.

秦玉才　編著《西部大開発20年》浙江大学出版社，2023.

上海社会科学院世界経済与政治研究院編《国際体系与中国的軟力量》時事出版社，2006.

時殷弘《戦略問題三十篇：中国対外戦略思考》中国人民大学出版社，2008.

王逸舟《当代国際政治析論》上海人民出版社，1995.

閻学通《中国国家利益分析》天津人民出版社，1995.

兪新天《掌握国際関係密鑰》上海人民出版社，2010.

張玉国《国家利益与文化政策》広東人民出版社，2005.

周星〈従《伝承》的角度理解文化遺産〉《中国非物質文化遺産》（第九輯），中山大学出版社，2005.

参考文献

宗華偉〈専業性国際組織政治化探析〉《世界経済与政治》2022年第11期，中国社会科学院世界経済与政治研究所，2022.

英語文献

Joseph S. Nye, *Soft Power: The Means To Success In World Politics*, PublicAffairs, 2005.（＝山岡洋一訳『ソフト・パワー：21世紀国際政治を制する見えざる力』日本経済新聞社、2004）

Joseph S. Nye, Jr. Bound to Lead: The Changing Nature of American Power Basic, Books, 1990.（＝久保伸太郎訳『不滅の大国アメリカ』読売新聞社、1990）

Lawrence S. Finkelstein, The Political Roles of the Director-General of UNESCO, Lawrence S. Finkelstein ed., *Politics in the United Nations System*, Duke University Press, 1988.

Rana Mitter, *CHINA'S GOOD WAR: How World War II Is Shaping a New Nationalism* Harvard University Press, 2020.（＝関智英監訳、濱野大道訳『中国の「よい戦争」：甦る抗日戦争の記憶と新たなナショナリズム』みすず書房、2022）

Robert W. Gregg, The Politics of International Economic Cooperation and Development, Lawrence S. Finkelstein ed., *Politics in the United Nations System*, Duke University Press, 1988.

第Ⅴ章

日本語文献

宇佐美滋「難航した米中原子力平和利用協定」日本国際政治学会『国際政治』第118号、有斐閣、1998。

大谷順子「中国の感染症」『国際保健政策からみた中国：政策実施の現場から』九州大学出版会、2007。

外交部・行政院衛生署「WHOへの参加を勝ち取る〈衛生実体〉としての新思考」（上）・（下）『台北週報』2089号3月－2090号4月、2002。

239

加治宏基「台湾のWHO『参加』をめぐる国際政治？：グローバルヘルス行政のなかの非国家主体」、李春利編著『不確実性の世界と現代中国』日本評論社、2022。

―――「米中対立の遠景としての国連における台湾問題：キッシンジャーからの"宿題"をどう解くか」『東亜』（649）、霞山会、2021。

―――「世界保健機関への参加をめぐる決定要因：台湾のWHAオブザーバー資格取得を事例として」『国際問題研究所紀要』第134号、愛知大学国際問題研究所、2009。

黄昭堂「国のアイデンティティと安全保障」『台湾青年』No.447台湾独立建国聯盟、1998。

古城佳子「グローバル・ガバナンス論再考：国際制度論の視点から」グローバル・ガバナンス学会編／大矢根聡・菅英輝・松井康浩責任編集『グローバル・ガバナンス学Ⅰ：理論・歴史・規範』法律文化社、2018。

サラ・ロレンツィーニ（三須拓也・山本健訳）『グローバル開発史』名古屋大学出版会、2022。

清水麗『台湾外交の形成：日華断交と中華民国からの転換』名古屋大学出版会、2019。

竹内孝之「台湾の国際参加」若林正丈編『台湾総合研究Ⅱ：民主化後の政治』調査研究報告書、アジア経済研究所、2008。

原田太津男「経済安全保障：安全保障概念の深層へ向けた問いかけ」南山淳・前田幸男編『批判的安全保障論：アプローチとイシューを理解する』法律文化社、2022。

劉弘毅「中国の非伝統的安全保障：認識の変容と政策への影響」山田満・本多美樹編著『「非伝統的安全保障」によるアジアの平和構築：共通の危機・脅威に向けた国際協力は可能か』明石書店、2021。

中国語文献

《財経》雑誌編集部《SARS調査：一場空前災難的全景実録―財経雑誌記者現場採訪》中国社会科学出版社，2003.

陳坤《公共衛生安全》浙江大学出版社，2007.

胡鞍鋼，李兆辰〈人類衛生健康共同体視域下的中国行動，中国倡議与中国法案〉《新疆師範大学学報（哲学社会科学版）》第41巻第5期，2020.

潘維，瑪雅　主編《人民共和国六十年与中国模式》生活・読書・新知三聯書店，2010.

邱亜文《世界衛生組織：體制，効能與発展》台湾新世紀文京基金会，台湾聯合国研究中心，2008.

蘇長和〈中国与国際制度〉中国社会科学院世界経済与政治研究所《世界経済与政治》2002年第10期.

唐家璇　主編《中国外交辞典》世界知識出版社，2000.

劉宏〈台当局想借非典入世衛〉第十七版《環球時報》，2003年5月5日.

王逸舟〈論総合安全〉中国社会科学院世界経済与政治研究所《世界経済与政治》，1998年第4期.

王逸舟《中国対外関係転型30年：1978-2008》社会科学文献出版社，2008.

———〈融入：中国与世界関係的歴史性変化〉中国社会科学院《中国社会科学報》，2009年第1期.

王玉燕〈胡錦涛：共軍唯一工作　対台湾作戦〉《聯合報》，2007年8月27日.

王緝思　総主編，査道炯　主編《中国学者看世界：「非伝統安全巻」》新世界出版社，2007.

閻学通《世界権力的転移：政治領導与戦略競争》北京大学出版社，2015.

楊振家〈人類衛生健康共同体：理論簡釈与世界意義〉《理論建設》2020年第6期，2020.

英語文献

Aaron L. Friedberg, *A Contest for Supremacy: China, America, and the Struggle for Mastery in Asia*, W. W. Norton & Co. Inc. 2011.（＝佐橋亮監訳『支配への競争：米中対立の構図とアジアの将来』日本評論社、2013）

Alastair Iain Johnston, Is Chinese Exceptionalism Undermining China's Foreign Policy Interests?, Jennifer Rudolph and Michael Szonyi eds, *The China Questions:*

Critical Insights into a Rising Power, Harvard University Press, 2018.

Barry Buzan, Ole Wæver, and Jaap de Wilde, *Security: A New Framework for Analysis*, Lynne Rienner, 1998.

Colin McInnes and Kelley Lee, *Global Health and International Relations*, Polity, 2012.

David E. Sanger, U.S. Asks Taiwan to Avoid A Vote Provoking China, *The New York Times*, December 9, 2003.

David Shambaugh, *China Goes Global: The Partial Power*, Oxford University Press, 2013. (＝加藤祐子訳『中国グローバル化の深層：「未完の大国」が世界を変える』朝日新聞出版、2015)

Douglas Williams, The Specialized Agencies and the United Nations: The System in CrisisSt. Martin's, 1987.

Glenn Kessler and Mike Allen, Taiwan Warned U.S., *The Washington Post*, 9-Dec-03.

Henry Alfred Kissinger, *On China* Penguin Books, 2012. (＝塚越敏彦・松下文男・横山司・岩瀬彰・中川潔 訳『キッシンジャー回想録 中国（上)・(下)』岩波書店、2021)

Javed Siddiqi, *World Health and World Politics: The World Health Organization and the UN System*, University of South California Press, 1995.

John Franklin Copper, *China's Foreign Aid: An Instrument of Peking's Foreign Policy*, Massachusetts: Lexington Books, D.C. Heath and Company, 1976.

John G. Ikenberry, "The end of Liberal Order?", *International Affairs*, 94 (1), 2018.

Michael Pillsbury, *The Hundred-Year Marathon: China's Secret Strategy to Replace America As the Global Superpower*, Henry Holt & Co., 2015. (＝野中香方子訳『China 2049：秘密裏に遂行される「世界覇権100年戦略」』日経BP社、2015)

Salvatore Babones, Yes, Blame WHO for Its Disastrous Coronavirus Response, *Foreign Policy*, 27-May-20.

Samuel Kim, China's International Organizational Behavior Thomas Robinson and David Shambaugh eds., *Chinese Foreign Policy: Theory and Practice*, Clarendon Press, 1994.

Tim Dunne, Lene Hansen, and Colin Wight, "The End of International Relations theory?" *European Journal of International Relations*, 19(3) The European International

Studies Association, 2013.

UNDP, *Human Development Report 1993*, Oxford University Press, 1993.

———, *Human Development Report 1994*, Oxford University Press, 1994.

Victor-Yves Ghebali, "The Politicization of the UN Specialized Agencies: a Preliminary Analysis", *Millennium: Journal of International Studies*, Vol.14, No.31985.

WHO, *Weekly Epidemiological Record* Vol. 92, No. 23, Jun-17.

Yuanli Liu, *China's public health-care system: facing the challenges*, Bulletin of the World Health Organization, 822004.

Zhang Feng, The Tsinghua approach and the Inception of Chinese Theories of International Relations, *The Chinese Journal of International Politics*, 5(1), Spring 2012.

終　章

日本語文献

浅野亮・土屋貴裕『習近平の軍事戦略：「強軍の夢」は実現するか』芙蓉書房出版、2023。

アンドリュー・S・エリクソン、ライアン・D・マーティンソン　編（五味睦佳監訳）『中国の海洋強国戦略：グレーゾーン作戦と展開』原書房、2020。

川崎一郎「中華人民共和国政府の国際的地位」『国際政経事情』（25号）、愛知大学国際問題研究所、1958-Ⅱ。

———「中華人民共和国政府の国際的地位」『国際政経事情』（26号）、愛知大学国際問題研究所、1958。

河村有教　編著『台湾の海洋安全保障と制度的展開』晃洋書房、2019。

古城佳子「グローバル・ガバナンス論再考：国際制度論の視点から」グローバル・ガバナンス学会編 / 大矢根聡・菅英輝・松井康浩責任編集『グローバル・ガバナンス学Ⅰ：理論・歴史・規範』法律文化社、2018。

斉藤鎮男『国際連合論序説』新有堂、1977。

時事通信社外信部　編『北京・台湾・国際連合』時事通信社、1961。

南山淳・前田幸男　編『批判的安全保障論：アプローチとイシューを理解す

る』法律文化社、2022。

最上敏樹「国際連合」『国際機構論』東京大学出版会、1996。

中国語文献

曹徳軍《理解戦略叙事：国際政治中的話語武器与修辞策略》社会科学文献出版社，2024.

馮継承〈中国対聯合国維和行動的認同演変：話語実践的視角〉《国際論壇》第14巻第3期，2012.

胡鞍鋼　主編《全球化挑戦中国》北京大学出版社，2002.

祁懐高《中国与隣国的海洋事務研究》世界知識出版社，2022.

唐家璇　主編《中国外交辞典》世界知識出版社，2000.

王緝思　総主編，牛軍　主編《中国学者看世界：「中国外交巻」》新世界出版社，2007.

閻学通《世界権力的転移：政治領導与戦略競争》北京大学出版社，2015.

英語文献

Abraham M. Denmark, *U.S. Strategy in the Asian Century: Empowering Allies and Partners*, Columbia University Press, 2020.

Bennett, A. LeRoy, *Historical Dictionary of the United Nations*, 1995.

Graham Allison, *Destined for War: can America and China escape Thucydides' Trap?*, Scribe Publication, 2017.（＝藤原朝子訳『米中戦争前夜：新旧大国を衝突させる歴史の法則と回避のシナリオ』プレジデント社、2017）

Helen V. Milner, Robert O. Keohane eds., *Internationalization and Domestic Politics*, Cambridge University Press, 1996.

Henry Alfred Kissinger *On China*, Penguin Books, 2012.（＝塚越敏彦・松下文男・横山司・岩瀬彰・中川潔　訳『キッシンジャー回想録 中国（上）・（下）』岩波書店、2021）

Jacques Fomerand, *Historical dictionary of the United Nations*, Scarecrow Press, 2007.

John G. Ikenberry, "The end of Liberal Order?", *International Affairs*, 94 (1), 2018.

———— *After Victory: Institutions, Strategic Restraint, and the Rebuilding of Order after Major Wars*, Princeton University Press, 2000: 2019.（＝鈴木康雄訳『アフター・ヴィクトリー：戦後構築の論理と行動』NTT 出版、2004）

Michael A. McDevitt, *China as a Twenty-First Century Naval Power: Theory, Practice, and Implications*, Naval Institute Press, 2023.

Peter G. Danchin, Horst Fischer eds., *United Nations Reform and the New Collective Security*, Cambridge University Press, 2010.

S. Neil MacFarlane, Yuen Foong Khong, *Human Security And the UN: A CriticalHistory*, Indiana University Press, 2006.

Tim Dunne, Lene Hansen, and Colin Wight, "The End of International Relations theory?" *European Journal of International Relations*, 19(3), The European International Studies Association, 2013.

United Nations Dept. of Public Information, *Yearbook of the United Nations 1946-47*, United Nations Department of Public Information, 1947.

Waldo Chamberlin, Thomas Hovet, Jr., [and] Erica Hovet, *A Chronology and Fact Book of the United Nations 1941-1969*, Oceana Publications, 1970.

図表一覧

【表】

表1 サンフランシスコでの「国際機構創設のための連合国会議」「中国」
代表団名簿 ……………………………………………………………… 053~054

表2 アジア関係会議（1947年3月） 参加国・政権 ………………………………… 067

表3 第1回アジア・アフリカ（AA）会議の参加国・政権（1955年4月）………… 073

表4 非同盟会議参加国の国連における「中国代表権」問題に対する姿勢 ……………… 076

表5 周恩来中華人民共和国首相のアフリカ歴訪 ………………………………………… 078

表6-1 第1回会議（1961年9月） 参加国家・政府首脳 …………………………… 083

表6-2 第2回会議（1964年10月） 参加国家・政府首脳 …………………………… 084

表6-3 非同盟諸国特別政府代表協議会（1969年7月） 参加国家・政府代表 ……… 085

表6-4 ニューヨーク閣僚会議（1969年9月） 参加国家・政府閣僚 ………………… 086

表6-5 非同盟諸国準備会議（1970年4月） 参加国家・政府首脳 …………………… 087

表6-6 第3回会議（1970年9月） 参加国家・政府首脳 …………………………… 088

表6-7 非同盟諸国閣僚協議会（1971年9月） 参加国家・政府閣僚 ………………… 089

表7 国連「中華人民共和国招請」案の表決 ………………………………………… 100

表8 「中華人民共和国政府がアラブ諸国との相互関係を処理する上での5原則」
（中国＝アラブ諸国関係5原則）………………………………………………… 110

表9 「中華人民共和国対外経済技術援助に関する8項目原則」………………………… 110

表10 中華民国のアフリカ経済協力と国連「中国代表権」問題をめぐる
アフリカ諸国 ………………………………………………………………………… 112

表11 中華人民共和国のアフリカ経済協力（受入国と援助額：US$ million）……… 113

表12 米国と中国の防衛支出及びGDPの比較 …………………………………………… 122

表13 尖閣諸島周辺の接続水域入域、領海侵入が確認された中国公船等の数 ………… 129

表14 国連平和（維持）活動への派遣状況（国別ランキング）（as of end Aug. 2024）…… 142

表15 中国の国連平和（維持）活動への派遣状況（as of end Aug. 2024）……………… 142

表16 世界遺産登録の評価基準 ……………………………………………………………… 157

図表一覧

表17　2005年に改訂された評価基準の区分　……………………………………………… 160

表18　中国の世界遺産一覧　……………………………………………………………… 164

【図】

図1　戦後国際秩序をなす「国際連合」と「イデオロギー・価値」 …………………… 021

図2　CNKI における論文数の推移（キーワード別）…………………………………… 026

図3　中華人民共和国の対外援助額と1人あたり GDP ………………………………… 112

図4　常任理事国による派遣数 …………………………………………………………… 145

図5　世界遺産登録の流れ ………………………………………………………………… 161

図6　シルクロード：長安－天山回廊の交易路網 ……………………………………… 167

図7　常任理事国による拒否権行使の推移 ……………………………………………… 206

図8　政治的自由度の変遷 ………………………………………………………………… 211

247

【著者略歴】

加治　宏基（かじ　ひろもと）

1974年奈良県生まれ。愛知大学大学院中国研究科博士後期課程修了、博士（学術）。日本学術振興会特別研究員（DC1）、三重大学社会連携研究センター研究員、愛知大学現代中国学部助教、准教授を経て、愛知大学現代中国学部教授。

専門分野は、中国外交論、東アジア国際関係論、平和研究。

主な論文に、「台湾のWHO『参加』をめぐる国際政治？――グローバルヘルス行政のなかの非国家主体」（『不確実性の世界と現代中国』日本評論社、2022年）、「米中対立の遠景としての国連における台湾問題――キッシンジャーからの"宿題"をどう解くか」（『東亜』(649)、霞山会、2021年7月）、「中国の国連平和維持活動――『国際の平和及び安全の維持』は脅威か」（『中国・北朝鮮脅威論を超えて』耕文社、2017年）、「中国の世界遺産政策にみる政治的境界と文化実体の国際的承認」（『民主と両岸関係についての東アジアの視点』東方書店、2014年）など。

愛知大学国研叢書第5期第3冊

中国の外交と国連システム
――「国際の平和及び安全」をめぐるパラドクス

2025年3月20日　初版第1刷発行

著　者	加　治　宏　基	
発行者	大　江　道　雅	
発行所	株式会社　明石書店	

〒101-0021　東京都千代田区外神田6-9-5
電話 03 (5818) 1171
FAX 03 (5818) 1174
振替　00100-7-24505
https://www.akashi.co.jp/

組版／装丁：明石書店デザイン室
印刷／製本：モリモト印刷株式会社

（定価はカバーに表示してあります）　　　ISBN 978-4-7503-5892-5
© 2025 The Aichi University Institute of International Affairs, Printed in Japan

JCOPY　〈出版者著作権管理機構　委託出版物〉
本書の無断複製は著作権法上での例外を除き禁じられています。複製される場合は、そのつど事前に、出版者著作権管理機構（電話 03-5244-5088、FAX 03-5244-5089、e-mail：info@jcopy.or.jp）の許諾を得てください。

「非伝統的安全保障」による アジアの平和構築
共通の危機・脅威に向けた 国際協力は可能か

山田満、本多美樹 ［編著］

◎A5判／上製／260頁 ◎3,600円

国家主権の強いアジア地域で近年ますます重要性が高まる「非伝統的安全保障」。紛争、難民、開発、災害、教育、食糧、人身売買、体制移行などの多岐にわたるテーマを取り上げ、学際的アプローチを用いた地域研究を土台に、アジアの平和構築のあり方を考察する。

《内容構成》

第1章 アジアにおける「非伝統的安全保障」協力に基づく平和構築
── イシューとアクターからみる安全保障の位相 ［山田満］

第2章 グローバル・ガバナンスにおける法規範遵守のためのメカニズム
── 国連と市民社会の連携に注目して ［本多美樹］

第3章 災害リスクの軽減(DRR)におけるマルチステイクホルダー・ガバナンスの可能性
── 新型コロナウイルス感染症(COVID-19)影響下での
人道支援(スリランカ、バングラデシュ) ［桑名恵］

第4章 誰かを取り残している持続可能な開発目標
── インドネシアからの問いかけ ［堀江正伸］

第5章 難民問題をめぐる ASEAN の地域ガバナンス
── ロヒンギャ難民危機への新たな関与を事例に ［宮下大夢］

第6章 紛争後社会の移行期正義
── 「民主主義大国」インドネシアの取り組みと限界 ［阿部和美］

第7章 反人身売買対策に探るアジア的視点
── ジェンダーとの関係性に注目して ［島崎裕子］

第8章 インクルーシブ教育の現状と課題
── ミャンマーの視覚障害のある子どもの教育を事例に ［利根川佳子］

第9章 食糧安全保障の相克
── 食糧の安定供給と人間の安全保障のジレンマ ［佐藤滋之］

第10章 中国の非伝統的安全保障──認識の変容と政策への影響 ［劉弘毅］

〈価格は本体価格です〉

平和構築の
トリロジー
民主化・発展・平和を再考する

山田満 [著]

◎四六判／並製／260頁　◎2500円

世界各国で「民主主義」が揺らぐなか、いかにして自由・平等・公正な社会を実現していくのか。平和学や紛争解決の基本理論を踏まえ、「走錨する民主主義」「まだらな発展」「重心なき平和」という3つのキーワードを軸に、平和構築の新たな視点を提示する。

《内容構成》

　　　　はじめに
第1章　「リベラル・デモクラシー」とは何か
第2章　「走錨する民主主義」
第3章　自由民主主義を分断する新たなアプローチ
第4章　「まばらな発展」と人間の安全保障
第5章　SDGsは国際協調主義を復活させる契機になるのか
第6章　リベラル・デモクラシーがめざす平和構築
第7章　グッド・ガバナンスは紛争予防を促すのか
第8章　平和学からみた平和構築アプローチ
第9章　平和構築のオルタナティブをめざして
第10章　内発的な平和構築論
第11章　新しい国際社会の協調と秩序の構築に向けた創造
　　　　むすびにかえて

《価格は本体価格です》

世界歴史叢書

国連開発計画（UNDP）の歴史

国連は世界の不平等にどう立ち向かってきたか

クレイグ・N・マーフィー［著］

峯 陽一、小山田英治［監訳］　内山智絵、石髙真吾、
福田州平、坂田有弥、岡野英之、山田佳代［訳］

◎四六判／上製／684頁　◎8,800円

国連で「開発」の任務を果たす中心機関であるUNDP。それは、世界の国々が人間開発や人権などの普遍的な理想に近づけるよう、どのような支援を行い、また自ら発展してきたのか。UNDPの歩みをグローバル・ガバナンスの歴史として描き出す、壮大な試み。

《内容構成》

日本語版への序文

緒言

第1章　UNDPとは何か
──標準のイメージではない

第2章　UNDPの歴史的責務
──開発と国際連合

第3章　前身機関EPTAの誕生
──実践的な連帯のための組織

第4章　南の独立国を支援する
──脱植民地化と経済の変革

第5章　アフリカからの教訓
──ガーナ時代のルイスとその後

第6章　組織の転換点
──キャパシティ、コンセンサス、危機、帰結

第7章　敵か、友か
──解放運動と革命国家に関与する

第8章　学習する組織
──女性、ラテンアメリカ、アフリカ

第9章　人間開発の誕生
──「一気飲み」の開発でUNDPが哺乳類になる

第10章　環境問題への関心
──冷戦後、「聖人」のために働く

第11章　組織改革と民主的ガバナンス
──「フェビアン社会主義者は出場不可」

第12章　「海を耕す？」
──UNDPとグローバル・ガバナンスの未来

監訳者解説　よりよき未来の前触れ
──UNDPと「グローバル・ガバナンス」の歴史

〈価格は本体価格です〉

現代中国
を知るための54章
【第7版】

藤野彰［編著］

◎四六判／並製／360頁　◎2,000円

前著第6版（2018年刊）をベースに再構成し全面的に内容を改稿した最新版。第6版刊行以降の約5年間に起きた重大事件や新しい情報を盛り込み、複雑多岐を極める現代中国を多角的に複眼的に理解するために読者を導く最適な書籍である。

●内容構成

Ⅰ　習近平政権3期目の内政動向
紆余曲折の現代中国政治史／一党独裁システムの基本原理／「中国式現代化」の挑戦とリスク／中国共産党の伝統的な政治風土／膨張を続ける「党の軍隊」／国際問題化する新疆ウイグル情勢／和解遠のくチベット問題／習近平政権の「宗教中国化」ほか

Ⅱ　低成長期経済の新発展戦略
国家主導で進む「数字中国」建設／中央銀行デジタル通貨の試み／中国独自の経済制度／先行き不透明な不動産市場／後退する国有企業改革／激増する農産物輸入／強化される脱炭素化の取り組み／加速する再エネ開発と自動車の電動化／止まらない米中の技術覇権争い／日中経済交流は量から質へ／論議呼ぶ「一帯一路」ほか

Ⅲ　流動化する社会の地殻変動
社会を揺るがしたコロナ禍／増大する中間層とその政治社会意識／競争社会を生きる若者世代の苦悩／若者たちを魅了する「二次元」文化／変容する市民の消費行動／生活を脅かす「食の安全」問題／貧富格差縮小を目指す「共同富裕」／デジタル時代の新型主流メディア／変化に富む情報空間の世論／国民の間に浸透するキリスト教 ほか

Ⅳ　緊迫する対外関係と台湾・香港
対立が深まる米中両大国／歴史の呪縛が続く日中関係／揺れ動く中朝・中韓関係／ASEANに対する「分断」外交／危機が連鎖する南シナ海／国境問題で険悪化する中印関係／戦略的連携を強める中露／敵対と友好の対欧州関係／中南米で広がる影響力／緊張高まる台湾海峡情勢／死文化した香港「一国二制度」ほか

〈価格は本体価格です〉

●エリア・スタディーズ139●

ASEANを知るための50章【第2版】

黒柳米司、金子芳樹、吉野文雄、山田満 編著

■四六判／並製／328頁 ◎2000円

ASEAN結成60周年が近づき、2023年には日本との友好協力関係50周年を迎えた。国際情勢の不安定度が増すなか、「東南アジアにおける平和的発展の擁護者」としての地位と役割を維持していくためにASEANが直面する課題とビジョンを広範に論じる。

● 内容構成 ●

I ASEAN生成発展の歴史 ASEANの誕生 ほか

II ASEANの制度と機構 「バンコク宣言」ほか

III ASEANの理念と規範 東南アジア友好協力条約 ほか

IV ASEANの安全保障問題 非伝統的安全保障 ほか

V ASEANの経済統合 ASEAN経済共同体 ほか

VI ASEANの社会文化協力 国際化の進展と高等教育における協力交流／感染症への対応 ほか

VII ASEANと広域地域秩序 ASEANの中心性／メガFTA／インド太平洋の地政学／東アジア共同体 ほか

VIII ASEANの対外関係 ASEANの対日関係 ほか

IX ASEANの展望と評価 ASEANの評価 ほか

●エリア・スタディーズ147●

台湾を知るための72章【第2版】

赤松美和子、若松大祐 編著

■四六判／並製／424頁 ◎2000円

現在、国際社会においてその存在感を増す一方で、地域情勢の変動で耳目を集める台湾。本書は旧版をバージョンアップし、この地に関する基本的な知識を提供するとともに、最新の情報を盛り込む、台湾入門書である。

● 内容構成 ●

I 現在までの歩み 時代、明鄭時代、清代／日本統治時代の捉え方 ほか／新型コロナ対策の「優等生」／オランダ

II 政治と経済 政治体制／政党と国家像／移行期における正義 ほか

III 社会 エスニック・グループ／原住民・先住民／閩南人〔福佬人〕／客家人／外省人／社会運動／日本語教育／医学・医療／少子高齢化と社会保障／マスメディアとインターネット ほか

IV 文化 文学／美術／演劇／映画／テレビドラマ／ポピュラー音楽／文創／飲食文化／宗教／家族・親族・宗族 ほか

V 対外関係 外政／アメリカとの関係／中国との関係／香港との関係／東南アジアとの関係／日本との関係／沖縄との関係／安全保障／戦後処理と賠償問題／華僑と台湾 ほか

VI 人物 政治／歴史／経済／文化／芸能とスポーツ

〈価格は本体価格です〉

戦後米国の対台湾関係の起源

「台湾地位未定論」の形成と変容

鍾欣宏 著

■A5判／上製／248頁 ◎4200円

台湾の法的地位に関し、米国の台湾政策での「台湾地位未定論」を外交史的に考察、戦後米台関係の起源と台湾の法的地位の問題を検討する。対米関係という国際的視野からの台湾島の位置づけの問い直し、台湾の国家像をめぐる「台湾の来歴」の理解の一助とする。

● 内容構成 ●

序章
第1章 戦後米国の対台湾関係の始動と「台湾地位未定論」の形成
第2章 米国の対台湾関係の展開
　　——国連介入の試行、対日講和での「台湾地位未定論」の確定
第3章 「米・台・華関係」の「調和」過程
　　——主権と施政権の分離体制の形成
終章

世界歴史叢書

香港の歴史

東洋と西洋の間に立つ人々

ジョン・M・キャロル 著

倉田明子、倉田徹 訳

■四六判／上製／440頁 ◎4300円

本書は、分かりやすく、しかも学問的水準の高い、香港の通史である。雨傘運動から「国家安全法」提案に至る、昨今の香港危機にあたって、香港に関心をもつ読者の座右に置き、その歴史の特性を抑えることで、変動するニュースの深い理解の一助となろう。

● 内容構成 ●

はじめに 歴史の中の香港
第一章 植民統治初期の香港
第二章 国家と社会
第三章 植民地主義とナショナリズム
第四章 戦間期
第五章 戦争と革命
第六章 新しい香港
第七章 香港人になる
第八章 一九九七年へのカウントダウン
エピローグ 一九九七年を超えて
訳者あとがき

〈価格は本体価格です〉

現代アジアをつかむ
社会・経済・政治・文化
35のイシュー

佐藤史郎・石坂晋哉 編

■A5判／並製／512頁　◎2700円

この一冊で鷲（わし）づかみ。気になる章からつまみ読み。社会・経済・政治・文化の最新論点がわかる格好の入門書。熱量があふれ多様性に満ちた広大なアジアを丸ごとカバーした、魅力満載の35章512ページ。アジアのいまをのぞき見て、よく考えるために。

●内容構成●

第I部　社会
①人口・家族／②シングルマザー・寡婦／③ジェンダー／④ケア／⑤教育／⑥移民／⑦難民／⑧人身売買／⑨先住民族／⑩社会運動／⑪カースト

第II部　経済
⑫経済成長／⑬一帯一路構想／⑭開発・貧困／⑮資源・エネルギー／⑯農業・食料／⑰環境・公害／⑱都市化／⑲観光

第III部　政治
⑳民主化・民主主義／㉑香港・台湾／㉒軍事化／㉓核兵器・原発／㉔平和構築／㉕ASEAN／㉖汚職・贈賄／㉗感染症／㉘災害・防災

第IV部　文化
㉙仏教／㉚ヒンドゥー教／㉛キリスト教／㉜イスラーム／㉝世界遺産／㉞ポップカルチャー／㉟路上文化

「一帯一路」を検証する
国際開発援助体制への中国のインパクト
稲田十一著
◎2800円

現代中国における都市新中間層文化の形成
「小資」の構築をめぐって
呉江城著
◎5000円

日中歴史和解の政治学
「寛容」と「記憶」をめぐる戦後史
王広涛著
◎4500円

香港と「中国化」
受容・摩擦・抵抗の構造
倉田徹、小栗宏太編著
◎4500円

新しい国際協力論【第3版】
グローバル・イシューに立ち向かう
山田満、堀江正伸編著
◎2600円

リベラルな帝国アメリカのソーシャル・パワー
フォード財団と戦後国際開発レジーム形成
牧田東一著
◎9000円

EUの世界戦略と「リベラル国際秩序」のゆくえ
ブレグジット、ウクライナ戦争の衝撃
中村英俊、臼井陽一郎編著
◎3000円

グローバル感染症の行方
分断が進む世界で重層化するヘルス・ガバナンス
詫摩佳代著
◎2700円

〈価格は本体価格です〉